【资助项目】

国家社会科学基金一般项目（20BJL113）

湖南省自然科学基金面上项目（2024JJ5169）

湖南省教育厅重点项目（22A0335）

U0717416

产业转移驱动
国家级示范区高质量发展的机制与路径研究

胡黎明　赵瑞霞◎著

RESEARCH ON THE MECHANISM AND PATH OF DRIVING
HIGH-QUALITY DEVELOPMENT OF NATIONAL-LEVEL DEMONSTRATION
ZONES THROUGH INDUSTRIAL TRANSFER

经济管理出版社

ECONOMY & MANAGEMENT PUBLISHING HOUSE

图书在版编目（CIP）数据

产业转移驱动国家级示范区高质量发展的机制与路径研究 ／ 胡黎明，赵瑞霞著． -- 北京 ：经济管理出版社，2025． -- ISBN 978-7-5243-0196-7

Ⅰ．F127.9

中国国家版本馆 CIP 数据核字第 2025QG5470 号

组稿编辑：王玉林
责任编辑：高　娅　王玉林
责任印制：张莉琼
责任校对：陈　颖

出版发行：经济管理出版社
　　　　　（北京市海淀区北蜂窝 8 号中雅大厦 A 座 11 层　100038）
网　　址：www.E-mp.com.cn
电　　话：（010）51915602
印　　刷：北京市海淀区唐家岭福利印刷厂
经　　销：新华书店
开　　本：720mm×1000mm/16
印　　张：14
字　　数：259 千字
版　　次：2025 年 2 月第 1 版　　2025 年 2 月第 1 次印刷
书　　号：ISBN 978-7-5243-0196-7
定　　价：88.00 元

序　言

推进国内产业有序转移不仅是优化生产力空间布局和促进区域协调发展的内在要求，也是加速中西部及东北地区现代化进程、提升产业链供应链韧性与安全、促进经济高质量发展的有效途径。21 世纪伊始，我国东部沿海地区劳动力、土地等要素成本持续上升，资源环境压力也呈现不断加大趋势。为有效应对市场形势变化，东部沿海产业开始自发地向内地转移。我国政府瞄准这一市场趋势，因势利导，于 2010 年从全国层面首次出台《国务院关于中西部地区承接产业转移的指导意见》（国发〔2010〕28 号），并于同年批准设立了全国第一个国家级承接产业转移示范区——皖江城市带承接产业转移示范区。截至目前，中西部及东北地区先后共 13 个国家级示范区被批准设立。在此背景下，胡黎明教授主持了国家社会科学基金项目"产业转移驱动国家级示范区高质量发展的机制与路径研究"，本书正是在该课题结题报告基础上修正完成的。

本书以国家级承接产业转移示范区经济高质量发展为核心研究对象，前半部分作者将示范区经济高质量发展置于新一轮全球产业转移、新发展理念、全面建设社会主义现代化国家等多重理论与现实背景下，深入阐释经济高质量发展的理论新境界，探讨区域经济高质量发展的测评原则、测评方法、测评维度等，进而构建区域经济高质量发展测评指标体系，分析新一轮全球产业转移的特征、动因及风险，研究产业转移驱动承接地经济高质量发展的内部动力机制、外部动力机制及辅助动力机制等问题，系统地揭示产业转移驱动承接地经济高质量发展的基本规律。后半部分作者在分析国家级示范区经济高质量发展与产业承接基本现状的基础上，对产业转移驱动国家级示范区经济高质量发展的影响效应进行实证检验，并分析其作用机制，探讨其路径优化的核心条件和边缘条件，进而从金融、土地、财税、人力等角度系统地研究产业转移驱动国家级示范区经济高质量发展引导政策，为利用产业转移推进我国国家级示范区经济高质量发展提供系统方案。

在本书中，作者鲜明地提出了如下三个颇有见地的学术观点：经济高质量发展是以产业为基础的发展；承接产业转移是新时代我国欠发达地区经济高质量发展的重要途径；中国在新一轮全球产业转移浪潮中处于主导和枢纽位置。在这些学术观点的支撑下，作者综合运用指标构造、数理统计、计量分析、演化博弈论、定性比较分析等技术与方法，构建了企业微观区位决策模型、新经济地理学模型、演化博弈模型、推进动力模型、路径优化模型，探明了产业转移推进示范区经济高质量发展的动力机制、影响因素与依赖条件等基本理论问题，进而论证并构建了与以往学者不同的欠发达地区经济高质量发展理论框架。

总的来看，在新一轮以中国为主导的全球产业转移浪潮下，胡黎明教授和赵瑞霞副教授合著的《产业转移驱动国家级示范区高质量发展的机制与路径研究》一书，在理论上，对欠发达地区如何通过承接产业转移实现区域经济高质量发展提供了一种逻辑自洽的学理阐释，拓展了产业转移理论研究的学术领域，丰富和发展了区域经济学理论体系；在应用上，探明了产业转移驱动国家级示范区经济高质量发展的实践路径并设计了引导政策，为国家级示范区乃至中西部及东北地区通过承接产业转移驱动经济高质量发展的政策提供了理论、实证、经验支持和策略参考。同时，研究成果对于国家探索区域经济发展新动力，解决区域经济发展不平衡、不充分问题亦有重要的理论与实践价值。全书资料翔实、结构严谨、论证充分，体现了作者扎实的理论功底和较强的学术研究能力。

当然，我作为胡黎明教授的研究生导师，相信他在已经取得比较丰硕的研究成果之后，依然会继续努力，在理论与中国实践相结合中，出版更多的优秀学术成果。

中国工业经济学会副会长

湖南科技大学学术委员会主任

刘友金

2024 年 12 月 31 日

目　录

第一章 绪论

分析问题提出的背景、确定研究思路与方法、厘清文献脉络、构建研究框架是展开项目研究的前提。本章主要讨论以下四个主题：①研究背景和研究意义；②国内外相关文献综述和评价；③研究思路和研究方法；④研究内容和创新之处。

第一节 研究背景和研究意义

一、研究背景

国家级承接产业转移示范区①是引导产业从东部沿海发达地区向中西部和东北欠发达地区有序转移的示范区，又是在经济新常态下国家探索经济发展新动力的试验区，还是全面建设社会主义现代化背景下带动区域经济高质量发展的先导区。从 2010 年 1 月 12 日国务院批设全国第一个国家级承接产业转移示范区——皖江城市带承接产业转移示范区，到 2023 年 2 月 28 日国家发展改革委批设吉西南承接产业转移示范区、蒙东承接产业转移示范区，在这 13 余年里，全国陆续批设的国家级承接产业转移示范区已达 13 个。示范区的设立为欠发达地区积极承接产业转移，提升引链、补链、强链、延链能力，培育区域经济新增长点，打造跨越式发展新动能，更好地融入国内国际产业链供应链，推进经济高质量发

---

① 后面按照表述的方便性和必要性原则，有的地方简称"示范区"或"国际级示范区"，有的地方则继续使用全称。

展，助力双循环新发展格局构建提供了新机遇、新契机。

2023 年 1 月 31 日，在二十届中共中央政治局第二次集体学习中，习近平总书记明确指出，面对当前全球产业体系和产业链供应链呈现多元化布局、区域化合作、绿色化转型、数字化加速的态势，为实现全面建成社会主义现代化强国目标，要顺应产业发展大势，从时空两方面统筹抓好产业升级和产业转移[①]。2023 年 6 月 8 日，国家发展改革委根据中共中央办公厅、国务院办公厅印发的《创建示范活动管理办法（试行）》《国务院关于中西部地区承接产业转移的指导意见》《国务院关于近期支持东北振兴若干重大政策举措的意见》的有关要求，又专门出台了《承接产业转移示范区管理办法》，以进一步规范国家级承接产业转移示范区设立、建设、考核，加强全周期管理，更好发挥示范区的示范带动作用，推动中西部地区和东北地区有力、有序、有效地承接国内外产业转移。2024 年 7 月 18 日，党的二十届三中全会审议通过《中共中央关于进一步全面深化改革 推进中国式现代化的决定》，强调要完善产业在国内梯度有序转移的协作机制，推动转出地和承接地利益共享。

可见，产业转移特别是国内产业转移，作为以生产要素再配置延展我国东部原有产业优势的主导形式，是推进示范区经济高质量发展极为重要的力量，备受党和国家关注。同时，在中央人民政府的大力推动和倡导下，各地方政府特别是示范区内的各级地方政府对此也是高度重视，纷纷制定了相关的转移和承接方案。例如，北京市 2023 年 8 月出台的《关于进一步推动首都高质量发展取得新突破的行动方案（2023—2025 年）》，就坚定不移地以产业转移为抓手进一步疏解一般制造业等非首都功能，探索以智能、绿色、融合为方向的高质量发展。2023 年 3 月，中共广东省委、广东省人民政府印发的《关于推动产业有序转移促进区域协调发展的若干措施》包括五个方面 21 条政策举措，与 14 个省级配套文件、15 个市级实施方案为新阶段引导广东省产业转移搭起了政策框架、夯实了制度基础。13 个国家级承接产业转移示范区在产业转移上更是积极，出台的相关政策、措施不胜枚举。

然而，从早期批设的示范区建设的实际情况来看，大多数示范区的发展呈现"产业承接无序、增长后劲不足、发展质量不高"的弱质化特征，因此面临着"提质增效与可持续发展"的艰巨任务（赵瑞霞等，2022）。在我国经济由高速增长阶段转向高质量发展阶段的背景下，在全面建设社会主义现代化的新征途

---

① 习近平. 加快构建新发展格局 把握未来发展主动权 [J]. 求是，2023（8）：4-8.

中，国家级承接产业转移示范区在承接产业转移过程中如何实现高质量发展已成为社会关注的焦点。示范区要实现"抓住产业梯度转移的重大机遇，提高经济整体素质和竞争力，加快形成结构合理、方式优化、区域协调的发展新格局"的战略目标，厘清产业转移驱动示范区经济高质量发展的机制与路径是亟待破解的难题。

二、研究意义

（一）学术意义

在新一轮以中国为主导的全球产业转移浪潮下，本书针对产业转移驱动国家级示范区高质量发展的机制进行系统理论研究，是在"我国经济已由高速增长阶段转向高质量发展阶段"背景下，对欠发达地区如何实现区域经济高质量发展的一种具体学术理论阐释；本书构建了区域经济高质量发展的测评指标体系，厘清了产业转移驱动承接地高质量发展的机制，从而开辟了产业转移理论研究的新领域，丰富和发展了区域经济学理论体系。

（二）实践意义

在全面建设社会主义现代化的新征程中，本书紧扣习近平总书记关于"产业转移"的重要讲话和"高质量发展"国家战略，探明了产业转移驱动国家级示范区经济高质量发展的实践路径，并设计了引导政策，可以为国家级示范区乃至中西部地区通过承接产业转移驱动经济高质量发展的政策提供理论、实证、经验支持和策略参考；研究成果对于国家探索区域经济发展新动力，解决区域经济发展不平衡不充分问题亦有重要的现实价值。

第二节　国内外相关文献综述和评价

结合本书研究内容设计与主要研究对象，文献综述分为以下三个部分：①关于产业转移及其影响效应的相关研究；②关于高质量发展的相关研究；③关于国家级承接产业转移示范区的相关研究。

一、关于产业转移及其影响效应的相关研究

（一）产业转移的理论演进

产业转移是在区域分工深化的基础上，资源供给或产品需求条件发生变化

后，某些产业从一个国家（地区）转移到另一个国家（地区）的经济行为和过程，其实质是企业为了应对新形势而进行区位再调整的过程（刘友金和胡黎明，2011；Mariotti et al.，2002）。自 20 世纪 60 年代以来，随着国际产业转移实践的兴起，国内外学者通过多年的深入研究先后形成了"雁行模式理论""产品循环学说""边际产业扩张理论""国际生产折衷理论""新经济地理理论"等国际产业转移经典理论。

1. 雁行模式理论

赤松要（Akamatsu，1962）根据日本的棉纺业发展史提出有关后起产业发展模式的"雁行模式理论"。该理论认为，后发国家要实现经济技术的发展，需要向发达国家开放本国的市场，引进国外产品。当国内通过引进国外产品学会了该产品生产的技术时，后发国家就可以利用国内的资源和优势自行生产产品来替代原有的产品进口。随着本国生产规模的不断扩大，后发国家通过利用本国的资源和劳动力优势提升本产品的国际竞争力，最终实现本国对该产品的出口。因此，在整个过程中，后发国家的产业发展遵循"进口—国内生产（进口替代）—出口"循环更替的产业模式。因该理论模型像在空中飞行的雁阵，故被命名为"雁行形态产业发展论"。它描述了三只"雁"带来的经济发展浪潮，依次是后进国家在经济不完善时大量吸收国外产品的进口浪潮，后进国家进口产品后模仿、引进先进工艺技术的国内生产浪潮，国内生产达到更大市场规模和更高竞争优势后的出口浪潮。该理论较为符合东亚区域经济顺势起飞态势，加快了各国的工业化进程，更好地指导各国根据雁行特点制定产业发展政策。该理论的主要局限在于身处雁阵低阶梯的发展中国家处于劣势地位，只能跟随和模仿发达国家的产业结构调整，始终不能超越发达国家。

2. 产品循环学说

继赤松要提出"雁行模式理论"之后，Vernon（1966）在对美国及国际间长期存在的贸易失衡及对外投资模式选择问题深入研究基础上提出了著名的"产品循环学说"。该理论从产品的生命周期变化这一独创性视角系统性描述和总结了区域或国际间的产业转移，将产品的生命周期分为新产品时期、成熟产品时期和标准化产品时期三个时期。随着产品从研发设计到成熟完善再到达到标准进入市场三个阶段的属性转变，产品所必需的生产要素也会变化，进而引起产品生产在要素禀赋存在差异的国家之间转移。例如，产品进入研发阶段后，需要高水平研究能力、高资本投入及高收入消费市场，发达国家可以凭借自身优势在本国生产、出口，垄断市场并获取丰厚利润；产品进入成熟阶段后，根据技术扩散程度和生产成本最优，其生产逐渐转移到次发达国家市场，可以降低成本的同时扩大市场份额；产品进入标准化阶段后，其生产就可以大规模转移到工资低、劳动力密集的发展中国家，实现产品生产根据国家要素丰裕程度进行国际间转移。该理论充分利用了产品生产的要素禀赋优势。然而，该理论的局限性也是比较明显的：一是对发达国家间产业转移行为不能提供一个令人信服的解释；二是对缺乏技术优势的发展中国家的产业向外转移更是缺乏解释力。

3. 边际产业扩张理论

Kojima（1973，1978）在系统总结与继承"雁行模式理论"和"产品循环理论"的基础上，提出了在产业转移理论中具有广泛影响的"边际产业扩张理论"。该理论以新古典经济学中的比较优势理论为内核，集成了"雁行模式理论""产品循环学说"的部分学术思想。该理论在比较优势理论的基础上对当时日本跨国投资企业的行为进行分析，认为由于国家之间存在的发展差距，本国处于劣势的产业可能是后发国家潜在的优势产业，因此投资国在国际产业转移过程中，应该考虑将本国的边际产业（已处于或将陷入比较劣势产业）按照比较成本，依次转移至具有比较优势的投资对象国，利用产业空间移动来收缩劣势、专业化优势，这样既能为对象国带来先进的技术、资金和管理经验，又能使投资国将转移所获的利润用来发展优势产业，实现双方福利最大化。该理论不仅概括了第二次世界大战后日本对外进行产业转移的动机、发展过程和投资经验，还将研究视角由宏观的国际间产业转移转向企业行为、生产环节等微观领域方面，为广大发展中国家的产业转移和对外投资提供了良好的理论基础，但其局限在于不能很好地解释发展中国家向发达国家逆贸易导向型的产业转移。

4. 国际生产折衷理论

20 世纪 80 年代末，Dunning（1988）从企业跨国投资的微观视角分析国际产业转移动因，提出了著名的"国际生产折衷理论"。该理论认为，以跨国公司对外直接投资为主要模式的国际产业转移行为受到以下三个基本要素的影响：所有权优势（O）、区位优势（L）、内部化优势（I）。其中，所有权优势是指跨国公司具有其他国家无可比拟的生产要素和技术等优势；区位优势是指投资所在地具有其他国家没有的生产环境和优惠政策等优势；而内部化优势是指企业为了规避市场不完全性而将本身所具有的优势保持在本企业内部。同时，该理论根据这三个基本要素研究发现，当企业仅拥有所有权优势时，企业倾向于选择技术转让；

当企业同时拥有所有权优势和内部化优势时，企业倾向于出口；当企业同时拥有所有权优势、内部化优势和区位优势时，企业倾向于对外直接投资。总的来看，国际生产折衷理论有效吸纳和整合了以往对外直接投资理论中关于所有权以及区域和内部化优势，不仅能为以对外直接投资为主要模式的国际产业转移提供直接的理论指导，还能为具体的拟转移企业在如何利用和打造自身优势方面提供富有洞见的理论见解。但该理论主要是从跨国公司投资角度进行分析，对国家间产业转移的整体规律及其影响因素涉及不多。

5. 新经济地理理论

20 世纪 90 年代以后，随着行业间分工向行业内分工演进，以 Krugman（1991，1994）为代表提出的"新经济地理理论"开始兴起。该研究认为，传统的区域产业转移理论主要建立在新古典经济学基础上，通过无差异空间、无运输成本等严格假定，提出相应的产业区位选择理论以及构筑在产业区位选择基础之上的区域增长理论等。"新经济地理理论"认为，区域间存在明显的运输成本差异，运输成本的这种差异及其变化会引发聚集经济、外部性、规模经济等一系列问题，从而成为影响产业转移的关键因素。为此，Krugman（1991，1994）将运输成本纳入理论分析框架中，构建了一个简单的"核心—边缘"模型（CP 模型），分析产业转移与产业集聚的形成原因。通过该模型此研究认为，产业在空间上的分布不均匀是"规模报酬递增"的结果，而产业从一个区域转移至另一个区域正是为了捕获空间上的"规模报酬递增"效应。"新经济地理理论"的意义在于，它可以预测一个区域在产业转移的长期作用下，其经济地理模式的渐进化过程：当处于初始状态时，由于区域间第一自然地理的先天差异，某一区域存在的特定优势可能对另一区域的特定厂商具有某种"量体裁衣"式的吸引力，这种吸引力可能导致这些厂商通过产业转移进行生产区位的再调整，而一旦这种生产区位的再调整使某个区域形成行业一定程度的地理集中，则该区域的聚集经济就会迅速发展，并在集聚经济的作用下快速吸纳更多产业转移至此地。从产业转移理论进展来看，"新经济地理理论"将空间因素和运输成本等纳入理论分析框架中，得出了不同于传统产业转移理论的观点，成为产业转移理论的最新前沿。

（二）产业转移的影响效应

产业转移的影响效应一直是产业转移研究中的一个十分重要的领域。虽然国内外学者并没有对产业转移的影响效应进行严格的定义，但一般都认为其实质是指产业转移行为对其所涉及区域的经济和社会的影响（汪瑞和安增军，2014）。因此，从逻辑上讲，产业转移的影响效应既包括对转出地的各类效应，又包括对承接地的各类效应。然而，从该领域的研究实践来看，学者对产业转移影响效应的研究主要是针对承接地的。综合而言，产业转移对承接地的影响效应主要集中在技术溢出效应、就业扩大效应、产业升级效应、制度变迁效应、互惠共生效应、环境污染效应等方面。

1. 技术溢出效应

20 世纪 60 年代，Macdougall（1960）首先提出了技术溢出的概念。该研究指出，技术溢出效应是指技术拥有者非自愿地或非主动地将技术提供给受让者，而技术拥有者不享有或不能享有任何回报的现象。之后，在产业转移这一领域，技术溢出效应开始被国内外学者广泛关注。Caves（1974）认为，国际产业转移的技术溢出效应通过三条主要途径产生：一是国际产业转移通过击穿承接地强大的行业壁垒而在强化竞争中形成技术溢出；二是国际产业转移企业通过跨国公司示范作用而刺激承接地企业主动提升技术水平；三是国际产业转移企业带来的技术性员工流动而造成的技术扩散。同时，Caves（1974）认为，承接地的技术变化是外生的，因而产业转移的技术溢出效应只在短期内有效。与 Caves（1974）的学术观点不同，Koizumi 和 Kopecky（1977）将技术溢出效应引入传统的国际资本流动模型，首次建立了关于国际产业转移和国际技术转移的经济学模型。该模型得出一个重要结论，即从长期来看，两个具有相同生产函数的国家在国际产业转移技术溢出效应的作用下，其技术水平最终会收敛到同一水平。鉴于此，该研究进而认为，国际产业转移的溢出效应会影响知识、技术和人力资本等方面，从而可以持久推动承接地的经济增长。之后，大部分研究认为，产业转移将形成一个知识溢出的网络，知识能够跨越时间、空间和文化在转出地与承接地之间传播，从而对承接地产生正向的技术溢出效应（Coe and Helpman，1993；龚雪和高长春，2008；关爱萍和陈超，2015；欧阳秋珍和蔡紫霞，2022）。当然，也有一些研究认为，产业转移对承接地的技术溢出效应可能会是负的，作为拥有先进技术的产业转移企业，要么凭借其高技术水平"挤占"承接地市场，对承接地产业部门造成冲击，阻碍其技术水平的提升；要么依据产业梯度，转移技术含量低的边际产业或劳动密集的生产环节，既无助于承接地的技术提高，又造成承接地产业结构的低端固化（蒋殿春和夏良科，2005；邱立成和张兴，2010）。

2. 就业扩大效应

最早关注产业转移对承接地就业影响的是提出经典产业转移理论——"国际

生产折衷理论"的 Duning（1988）。该研究认为，国际产业转移会直接影响承接地的就业数量与质量，其内在机制为：一方面，跨国公司在承接地设立的子公司一般会提供优于承接地当地企业的工作环境与工作报酬，从而会增加当地的就业数量；另一方面，跨国公司为增强竞争力一般会为承接地员工提供优于当地水平的人力资源培训，在人员自由流动的情景下，这将会提升承接地人力资源的整体质量。之后，Compbell（1994）提出了专门的国际产业转移就业理论，认为国际产业转移对承接地的就业效应主要通过直接吸纳的就业人员和引致承接地相关活动的调整两种机制来实现。同时，该研究还指出这两种机制都存在积极和消极的双重影响。此后，学者对产业转移就业效应的关注度开始明显增加。魏后凯（2003）从产业竞争力的视角指出，产业转移对转出区而言一般会降低转移产业的竞争力，进而减少就业机会；对转入区通常会提高转移产业的竞争力，形成集聚经济效应，进而增加就业机会和产业配套能力。张自如（2008）认为，产业转移对就业的影响具有两面性，产业接纳国可以获得直接的就业促进效应，而产业转出国可能会丧失就业机会。同时，产业转移也优化了产业转出国的就业岗位结构，新兴产业的发展也会创造出新的就业机会。李俊玮和高菠阳（2015）基于区域间投入产出表建立区域间产业转移就业效应模型，将就业效应分为消费驱动效应、投资驱动效应、出口驱动效应和其他驱动效应四类。实证测算结果表明，2007~2010 年，中国产业转移就业正负效应并存。周均旭和江奇（2012）、王莹莹和陈玲（2022）的案例研究发现，中部地区及河北省通过承接国际国内产业转移，不仅促进了本地经济的快速发展，也解决了大量的劳动力就业问题。林毅夫（2017）认为，通过建设"一带一路"自贸区，中国产业转移的巨大规模和对沿线国家的巨大就业创造效应是其他国家不具备的。孙焱林等（2022）的计量实证研究结果表明，共建"一带一路"国家间的产业转移通过市场机制有效地缓解了我国的劳动力错配问题。

3. 产业升级效应

与其他主要针对承接地的研究不同，对于产业转移的产业升级效应，学术界的研究大体上是从两个层面平分秋色地展开的。从产业转出地的角度来看，大多数学者认为，产业转移可以看作转出地产业结构升级的自然过程，其最直接效果就是为转出地产业结构升级提供了一个"腾笼换鸟"的机会（杨世伟，2009；何龙斌，2015）。具体而言，张公嵬（2008）、Zhao 等（2020）通过对珠三角和长三角的案例进行分析认为，产业转移为处于成熟期后期的产业集群提供了升级的机遇，是产业集群保持持久竞争力的有效途径。姚鹏等（2022）则发现，在承接我国东部产业转移过程中，由于工业用地价格被扭曲，因此出现了传统行业转移被抑制和产能回潮现象，"腾笼换鸟"式的产业升级效应并不明显。除了对转出地产业升级产生正面效应，一些学者十分明确地指出，产业转移在对转出地提供产业升级机遇的同时，也带来了巨大的"产业空心化"的风险（张立建，2009；刘新争，2016；王恕立和吴永亮，2017）。从产业承接地角度来看，大多数学者认为产业转移将有利于承接地的产业升级。例如，饶华和朱延福（2013）认为，依托自身完备的工业体系和完整的产业链，向共建"一带一路"国家产业转移有助于将更多的优质资源和生产要素集中于产品研发和新兴产业，进而促使国内产业结构升级和价值链升级。张少军和刘志彪（2009）指出，由全球价值链（Global Value Chain，GVC）主导的国家产业转移将推进国际分工体系进一步深化，并对全球经济的微观基础产生根本性的影响，欠发达国家和地区需要利用新一轮产业转移的历史机遇并结合自身情况构筑国内价值链来实现产业升级。史恩义和王娜（2018）从金融发展的角度探讨了产业转移与我国中西部地区产业升级问题。该研究指出，产业转移一般是发达国家或地区向欠发达国家或地区进行再投资的过程，因此承接国际、国内产业转移是中西部地区实现产业结构升级的重要路径，中西部地区要从改善金融环境的角度提升自身对产业转移的吸纳能力。

4. 制度变迁效应

随着制度经济学的兴起，North（1978）认为，制度可以内生出技术创新，因而制度才是区域经济长期增长的最根本推动力。在 North（1978）的学术视域中，产业转移对承接地制度变迁的影响主要表现在两方面：一方面，产业转出地先进的制度通过影响生产要素的形成，可以影响要素的投入规模及生产潜能；另一方面，承接地制度变迁和转换通过对经济系统激励机制的改变，可以提高生产要素的效率。循此思路，刘军梅（2002）、赵瑞霞和胡黎明（2012）、Wihlborg 和 Söderholm（2013）等考察了经济全球化背景下产业转移对承接地制度变迁的积极作用。之后，许多学者对产业转移制度效应的分析进一步细化。例如，李亚玲（2010）通过对我国各区域 2004 年和 2008 年八个制度因素指标的实证研究发现，我国三大区域制度变迁与 FDI 的引进存在双向因果关系。赵瑞霞和胡黎明（2013）通过构建概念模型分析了产业转移对我国资源型城市市场准入制度变迁的影响机制。刘英群和高帅雄（2014）从资本积累的角度出发指出，国际产业转移推进了国际贸易规则的完善，进而能够促使各国进行国内改革。赵瑞霞和胡黎明（2015）通过对中部地区承接产业转移的主要省份湖南和安徽制度变迁的比较研究指出，产业转移的制度效应是溢出效应的基础和约束条件。杨玲丽和万陆（2017）将产业转移视为一种嵌入在社会关系网络中的经济活动，构建了"关系嵌入—信任—转移意愿"概念模型，运用结构方程技术和问卷调研数据实证分析了承接地为承接产业转移而发生的诱致性制度变迁。孙华平和黄祖辉（2008）、靳卫东等（2016）、唐松林等（2021）认为，产业转移通过降低转出地和承接地的市场分割程度而存在正向的制度变迁效应。这些研究进而指出，随着产业转移规模的不断扩大，承接地的市场结构、公司的竞争行为及地方政府的相关政策等都会进一步优化。但是，也有一些研究认为，制度变迁是一个漫长的过程，而产业转移作为承接地的一个"即期事件"，对制度变迁的作用是十分有限的（于海静和吴国蔚，2009；Jin et al.，2019）。

5. 互惠共生效应

随着对产业转移效应理论研究的不断深入，学者的研究视角不再局限于经济学领域，有学者开始借用生态学中的"共生"概念和思想来探讨产业转移的效应，并提出了产业转移的互惠共生效应。所谓产业转移的互惠共生效应，指的是在产业转移过程中转出地与承接地的生产网络系统通过协同演化形成了互惠共生关系，转承双方都能获得相应的互惠共生收益（刘友金等，2020；胡黎明和王秋浪，2023）。刘友金等（2012）认为，集群式转移成为新一轮全球产业转移浪潮中的主要产业转移模式，该模式出现的主要原因正是在产品内分工背景下集群企业经过长期演化而形成的强共生关系。该研究还通过构建演化博弈模型探讨了对称互惠共生模式与非对称互惠共生模式下集群式转移达到进化稳定的条件。近十年，国内外关于产业转移的互惠共生效应的研究主要围绕"一带一路"这一主题展开。例如，刘卫东（2015）、欧阳康（2018）等对共建"一带一路"倡议进行了不同维度的剖析和解读，从理论上推断共建"一带一路"倡议的公共产品属性，认为在"共商、共建、共享"的原则下，共建"一带一路"倡议为构建合作共赢的多元化、共生化、互惠化的新型国际关系搭建了重要合作平台。Ehizuelen（2017）认为，共建"一带一路"倡议是一个寻求互补性的共赢平台，尽管存在风险和不确定性，但是来自中国的金融支持可以为沿线国家提供更多的合作机遇。Lee等（2018）运用引力模型，根据中国对外援助数据，揭示中国与共建"一带一路"国家之间的政府合作有利于带动双边贸易的共生发展。张倩肖和李佳霖（2021）认为，在共建"一带一路"背景下，向外进行产业转移时应判断产业转移"共生关系"形成所需的条件，分析实现产业转移互惠共生模式的可能性及演进所需的内部动力和外部环境，避免产业转移寄生模式的出现或持续。刘莉君等（2021）认为，东道国金融发展对中国与共建"一带一路"国家间产业转移具有非线性影响，应拓宽金融合作途径、完善金融设施建设、防范境外投融资风险以促进中国与共建"一带一路"国家间产业转移共生发展。刘友金和尹延钊（2023）指出，共生是高质量建设"一带一路"的客观要求，中国与"一带一路"六大经济走廊产业间存在较高的共生适配性，因此其产业转移路径选择在本质上是寻找与之具有更强共生适配性的过程。刘友金等（2023）从共生关系的融合性、互动性和协调性三个方面分析中国与共建"一带一路"国家产业转移的互惠共生效应及其作用机制。研究发现，中国与共建"一带一路"国家整体的产业互惠共生水平不断提升。

6. 环境污染效应

大部分学者主要从不同角度强调产业转移对承接地的正面效应，但产业转移对承接地的资本挤出效应（杨新房等，2006）、低端锁定效应（胡国恒，2013）、环境污染效应（未良莉等，2010）等负面效应也被不少学者所关注。这些负面效应主要集中在对产业转移的环境污染效应的探讨上。产业转移环境污染效应的研究起点可以追溯到 Walter 和 Ugelow（1979）提出的著名的"污染避难所假说"，该研究在 Kojmia（1973，1978）的边际产业转移理论基础上指出，由于发达国家向欠发达国家转移产业时更多的是转移那些高能耗、高污染产业，因此欠发达国家就有可能成为发达国家的"污染避难所"。之后，学术界对承接产业转移环境效应的定性评估出现了分化。孙中伟（2015）、曹翔和傅京燕（2016）、成艾华和赵凡（2018）、Hu 等（2019）、姜泽林等（2021）、朱虹和储骁奕（2023）等认为，由于发达国家或区域一般会执行比欠发达国家或区域更为严格的环境标准，因此从长期来看，发达国家或区域向欠发达国家或区域的产业转移会产生显著的"污染避难所"效应。而张彩云和郭艳青（2015）、汤维祺等（2016）、陈凡和周民良（2019）、Dou 和 Han（2019）、罗知和齐博成（2023）等认为，产业转移在促进承接地经济快速增长的同时，也可以通过降低市场分割程度、严格执行环境规制、运用环境友好型技术减少对承接地环境造成严重的负面影响。

二、关于高质量发展的相关研究

高质量发展是 2017 年中国共产党第十九次全国代表大会首次提出的。高质量发展自提出以来，就成为学术界关注的焦点。目前的研究主要集中在高质量发展的内涵与特征、实现路径、评价体系等方面。

（一）高质量发展的内涵与特征研究

高质量发展作为党的十九大报告提出的崭新概念，其内涵既是十分丰富的，也是在不断发展的。对高质量发展的理论研究可以追溯到托马斯（2000）的具有里程碑意义的工作。托马斯（2000）指出，就像食品的质量而非数量影响人类健康一样，经济增长的数量并不代表经济增长的质量。王珏（2017）认为，高质量发展从微观角度是指产品或服务标准符合国际先进水平，从宏观角度则是指整个国民经济供给体系要有活力、有效益与有质量。在对"质量"这一概念认识的基础上，该研究进而指出，高质量发展是能够更好满足人民不断增长的真实需要的经济发展方式、结构和动力状态。任保平（2018）认为，从经济学视角来看，高质量发展是经济的总量与规模增长到一定阶段后，经济结构优化、新旧动能转换、经济社会协同发展、人民生活水平显著提高的结果，也是经济发展的有效性、充分性、协调性、创新性、分享性和稳定性的综合。刘志彪（2018）认为，经济高质量发展是包括发展战略转型、现代产业体系建设、空间布局结构优化、生态环境的补偿机制等在内的支撑要素的综合式发展过程。2019 年开始，学术界关于高质量发展的研究日趋热烈，高质量发展的内涵也不断丰富。胡鞍钢等（2019）、赵剑波等（2019）认为，高质量发展是新发展理念最集中的体现，也符合唯物辩证法、古典经济学和后发国追赶的逻辑演进，是不断提高全要素生产率，实现经济内生性、生态性和可持续性的有机发展，既是数量扩张的过程，又是提高质量的过程。张军扩等（2019）认为，高质量发展既是绝对和相对的统一，又是质量与数量的统一，其本质内涵是以满足人民日益增长的美好生活需要为目标的高效率、公平和绿色可持续的发展。除了学者对高质量发展的内涵进行热烈探讨，国家发展改革委还成立了专门的课题组对经济高质量发展进行了系统的研究。国家发展改革委经济研究所课题组（2019）认为，经济高质量发展的核心内涵是供给体系质量高、效率高、稳定性高（国家发展改革委经济研究所课题组，2019）。王永昌和尹江燕（2019）认为，经济高质量发展是一种生产要素投入少、资源配置效率高、资源环境成本低、经济社会效益好的可持续发展。之后，高质量发展概念的外延开始从经济领域中的区域高质量发展、产业高质量发展、服务业高质量发展、企业高质量发展等向社会、教育、文化等其他领域扩展。在上述研究基础上，高培勇等（2020）以比较政治经济学和福利国家理论为基础，立足于整体发展观，将经济高质量发展理解为一类与报酬递增相联系的总括性制度与机制。

对高质量发展特征的研究几乎是和对高质量发展内涵的研究同时展开的。刘志彪（2018）认为，高质量发展的特征是与高速度发展阶段的特征进行比较而得出的，在评价标准上，高质量发展是多维的，而高速度发展阶段是单维的；在历史背景上，高质量发展是将经济过剩作为常态背景，而高速度发展阶段是将经济短缺作为背景；在实现手段上，高质量发展是将市场机制作为经济的主要调控手段，而高速度发展阶段则是将计划作为主要调控手段。戴翔（2019）从开放的视角认为，经济高质量发展的特征主要表现在空间结构更加平衡、产业结构更加合理、开放动力更趋创新、开放制度更加完善、开放实力更为自主可控。高培勇等（2019）指出，高质量发展的特征包括供给体系能随需求的变化而不断地调整适应并引领需求、产业上中下游之间协同性不断增强并向价值链高端不断攀升、要素质量及其配置效率不断得到提升三个方面。周文和李思思（2021）从马克思政治经济学角度认为，高质量发展的特征主要体现在五个方面：一是"质"与"量"的并重，二是结构优化合理，三是注重实体经济，四是顺应全球化趋势，五是体现和落实新发展理念。

（二）高质量发展的实现路径研究

关于高质量发展实现路径的研究，自高质量发展概念被提出以来就成了高质量发展理论研究的一个极为重要的领域。2018年，学者对高质量发展实现路径的探讨主要是从综合视角出发，来全面探讨高质量发展可能存在的宏观路径。例如，余泳泽和胡山（2018）在文献研究的基础上，从四个方面对中国经济高质量发展的路径进行了归纳：一是将创新驱动作为第一动力，二是将市场化改革作为主要抓手，三是将新一轮对外开放作为重要手段，四是将提高人民生活质量作为主要目标。王喜成（2018）认为，推进高质量发展，必须破除旧的唯GDP导向的思想观点，要在党的高质量建设下坚持新发展理念、深化供给侧结构性改革、坚持创新驱动发展。任保平（2018）指出当前高质量发展的路径必须建立在对过去高速度增长形成机制的解释与反思上，由此提出高质量发展的关键在于通过生产力方面的全面创新与生产关系方面的深化改革，推进整个社会经济系统的技术创新、结构转型升级、新动能的培育、要素活力的释放和发展方式的创新。刘友金和周健（2018）认为，高质量发展的关键是实现从"中国制造"到"中国创造"的转变，迈向全球价值链的中高端，而我国过去所采取的嵌入全球价值链的"跟随追赶"模式可能会导致我们被发达国家跨国公司锁定于价值链的低端，因此我国应充分抓住新一轮科技革命和产业变革这一难得的历史机遇进行"换道超车"来实现高质量发展。

从2019年开始，学术界关于高质量发展实现路径的探讨进一步走向深入，除了少部分学者继续进行路径的综合探讨，大部分学者开始从创新、贸易、数字经济等视角深入探讨相关具体的实现路径。例如，张军扩等（2019）认为，经济高质量发展不仅是经济增长方式和发展路径转变的过程，更是经济体制改革和机制转换的过程，因此推进高质量发展的关键在于加快形成与之相适应、相配套的体制机制。黄聪英（2019）指出，高质量发展是一项系统工程，要在以推进现代经济体系为中心的基础上，全面优化产业结构，加快技术创新，激发企业活力，加强宏观调控。林毅夫等（2019）、廖直东等（2019）、孙祁祥和周新发（2020）、袁宝龙和李琛（2021）等从创新的角度对高质量发展的实现路径进行了深入研究，认为创新是驱动经济高质量发展的第一动力，由此强调工业创新产出变化及其驱动作用、科技创新成果及其市场化、科技政策的调控作用等都是推进经济高质量发展的可行路径。戴翔（2019）、孙文浩和张杰（2020）、杨飞（2021）、周文慧和钞小静（2023）等从对外贸易的角度对高质量发展的实现路径进行了深入研究，认为我国作为对外贸易首屈一指的大国，无论是在过去、现在还是将来，贸易都将是驱动我国经济高质量发展的重要外部动力，由此强调，要在保持进口基本稳定的前提下通过进一步主动扩大货物与服务的出口、将中美贸易摩擦转危为机进行高级科研人才引进、利用技术标准在国际贸易中的作用来强化国际技术竞争和开发国内市场、通过自由贸易试验区的建设来提升出口产品的质量等具体路径推进我国经济的高质量发展。2016年9月，二十国集团领导人在杭州相聚，在安塔利亚峰会工作的基础上制定了《二十国集团数字经济发展与合作倡议》。数字经济作为一个内涵比较宽泛的概念，在技术层面主要包括大数据、云计算、区块链、人工智能、5G通信等新兴技术，在实践层面主要包括"新零售""新服务""新制造"等新的商业模式和生产模式。随着数字经济的蓬勃发展，学者开始关注数字经济与高质量发展的关系，并重点从数字经济的角度来探讨高质量发展的实现路径。鲁俊群（2009）明确指出，大力发展数字经济是高质量发展的必由之路。荆文君和孙宝文（2019）在分析数字经济的特征基础上认为，数字经济推进经济高质量发展的微观机理在于形成兼具规模经济、范围经济及长尾效应的经济环境，并由此提高了经济系统的总体均衡水平；宏观机理在于通过新的投入要素、新的资源配置效率和新的全要素生产率三条路径来推进经济高质量发展。此后，赵涛等（2020）、葛和平和吴福象（2021）等认为，在高质量发展的诸要素中，数字经济已经成为第一大新动力，进而从创业活跃度、经济效率提高、经济结构优化等角度在理论和实证层面深入分析了数字经济促进高质量发展的实现路径。肖土盛等（2022）、王军等（2023）等认为，在数字经济已上升为国家战略的背景下，数字经济将通过消费扩容效应、企业数字技术创新等途径有效地推动经济高质量发展。

（三）高质量发展的评价体系研究

为了更好地推动我国经济高质量发展，有必要建立一套科学的测评体系对各个层面的经济高质量发展水平进行实证测评，以便和高速增长阶段的相关经济指标进行有效对比，也有利于分析我国经济发展水平的演变路径和演变态势，为相关部门的决策提供直接的依据。现有的高质量发展评价体系研究主要集中在评价指标和评价方法两方面。

建立科学的高质量发展评价指标是我国经济高质量发展的重要研究内容之一，现有的研究基本是沿着两条路径展开的：一是通过构建单一指标来衡量经济高质量发展水平。例如，陈诗一和陈登科（2018）采用劳动生产率来度量经济发展质量。刘志彪和凌永辉（2020）采用全要素生产率来表征经济高质量发展的水平。余泳泽等（2019）、湛泳和李珊（2022）在系统分析单一指标衡量经济高质量发展优势的基础上，采用了绿色全要素生产率来测度城市经济的高质量发展水平。Gao等（2023）采用经济发展指数来测度城市经济的高质量发展水平。二是通过构建复合的多指标体系来测度经济高质量发展水平。从文献检索的情况来看，多指标测评体系是当前经济高质量发展水平测评的主流，现有相关文献已超过2000篇。张云云等（2019）从全要素生产率、科技创新能力、人力资源质量、金融体系效率和市场配置资源机制五个维度来构建高质量发展指标体系。李金昌等（2019）构建了由经济活力、创新效率、绿色发展、人民生活、社会和谐五个维度组成的高质量发展评价指标体系。郭芸等（2020）从发展动力、发展结构、发展方式和发展成果四个维度构建了区域经济高质量发展指数。王千（2020）从虚拟经济和全象资金流量观测系统的视角构建了创新发展、协调发展、绿色发展、开放发展、共享发展五个维度的经济高质量发展测评指标体系。张侠和高文武（2020）基于新发展理念，从经济动力、效率创新、绿色发展、美好生活、和谐社会五个维度构建经济高质量发展的指标体系。万广华和吕嘉滢（2021）认为高质量发展的测评不可忽略人民生活层面的维度，为此以人民幸福感为目标函数，从人民生活、经济发展和社会发展三个维度构建经济高质量发展的指标体系。袁艺和张文彬（2022）认为，在社会主要矛盾转变的时代背景下，我国经济高质量发展的重点、内在要求和最终目标在于促进人的全面发展和共同富裕，为此从可行能力理论的视角构建了包含功能和能力两个维度的经济高质量发展测度指标体系。刘文革和何斐然（2023）从宏观国际视角出发，基于宏观、中观、微观三个维度，以保障基础、保障平稳、保障效率、保障可持续为目标，构建了资本、制度、技术与结构、环境四个维度的经济高质量发展测评指标体系。

根据研究对象的差异和指标设置的差异，经济高质量发展评价方法大体可以分为以下两类：第一类为直接测算法。这类方法主要是针对单一指标而言的，如通过对劳动生产率指标的直接测算、利用 DEA 非参数法对全要素生产率的直接测算、对绿色全要素生产率的直接测算、采用投影寻踪技术对省域经济发展质量进行的直接测度和评价、对经济发展指数的直接测算等（任保平，2022）。第二类为间接测算法。这类方法主要是针对多维指标而言的，主要包括采用主成分分析法（鲁邦克等，2019；Zhang et al.，2023）和熵值法（石华平和易敏利，2020；Song et al.，2022；李成刚，2023）。随着测评方法的日益完善，学者对经济高质量发展的测评往往会综合各类方法的优势而采用多种方法来进行评价和分析。例如，杨凯栋等（2022）结合熵值法和国际标杆对比法对河南省农村经济高质量发展水平进行了测度。庞加兰等（2023）采用熵值法与半参数估计相结合的方法对我国民营经济的高质量发展水平进行了测度。

三、关于国家级承接产业转移示范区的相关研究

随着新一轮全球产业转移浪潮的兴起，我国东部沿海产业向中西部地区及东南亚地区转移的趋势愈加明显。为了进一步优化生产力的空间布局、夯实实体经济基础、促进区域协调发展，在国务院及国家发展改革委的推动下，国家级承接产业转移示范区应运而生。自国家级承接产业转移示范区战略提出以来，学术界就示范区的环境效应、政策功效、建设方略等方面进行了初步探索。

在环境效应方面，李梦洁和杜威剑（2014）、孙雷等（2020）通过对皖江城市带承接产业转移示范区进行专门研究发现，示范区的经济、社会、环境各子系统发展指数及三个子系统协调发展度呈现上升趋势，且城际差异也呈现逐步缩小的趋势，承接产业转移示范区可能并不会导致"污染避难所"的问题出现。陈凡和周民良（2019）、朱虹和储骁奕（2023）通过对全国285个地级市面板数据的实证研究发现，受到技术创新等的抵销作用，国家级承接产业转移示范区并没有产生环境污染问题，而且显著降低了示范区城市碳排放和大气污染程度。张虹等（2023）通过对我国288个地级市面板数据的实证分析发现，国家级承接产业转移示范区的设立对城市绿色发展水平提升有显著促进作用。王建民等（2019）同样将皖江城市带承接产业转移示范区作为分析对象发现，示范区低碳发展效应并不理想，投入产出无效的城市占多数。

在政策功效方面，韦鸿等（2019）认为，示范区政策未能有效改善区域人力资本水平、优化政府支出结构、改善储蓄水平，也未能改善固定资产投资格局、外商直接投资水平。贺胜兵等（2019）认为，设立承接产业转移示范区对地区全要素生产率的政策处理效应存在明显的地区差异，中部地区的政策处理效应不显著，西部地区的政策处理效应显著为负。王小腾等（2020）构建双重差分模型，对国家级承接产业转移示范区进行准自然实验发现，示范区的承接效应导致制造业存在"低端结构锁定"，不利于制造业升级。贺胜兵等（2022）、宋准等（2023）通过计量实证研究发现，示范区的设立政策有助于提升区域创新创业水平。陈煦等（2023）、崔新蕾等（2023）认为产业转移是发挥市场机制以优化创新要素的重要途径，将对区域创新产生重要影响，并通过计量实证研究发现，示范区通过承接产业转移有效地促进了区域创新能力，其机制主要包括产业结构调整、地方政府竞争、人才集聚和企业集聚。

在建设方略方面，徐华洋等（2011）强调，示范区要构建"区域共建，行业共享"的区域信息共享体系。伍万云（2013）认为，示范区在建设过程中要注重人口发展与城镇化水平的协调。常静和许合先（2015）以荆州承接国家产业转移示范区建设为例，认为应该通过文化创新政策来促进示范区的产业园区化。吴爱军和胡雄（2019）认为，示范区要加强体制机制改革，围绕新兴、绿色、生态产业进行有效承接。熊广勤和石大千（2021）指出，承接产业转移示范区能够提高约12%的能源效率，因此要搭建信息化平台，完善示范的基础设施建设。熊凯军和张柳钦（2023）指出，产业转移是促进共同富裕的重要手段，通过设立国家级承接产业转移示范区有力地提高了欠发达地区的居民收入水平，示范区在建设过程中要注意优化就业结构。当前，中国制造业正面临发达国家"高端回流"和发展中国家"中低端分流"的双重压力，产业的生存和发展空间遭遇多重挤压（刘志彪和吴福象，2018）。在此背景下，发挥国家级示范区在承接产业转移过程中的引领示范作用已迫在眉睫。

四、文献简评

综上所述，国内外学者从不同视角对产业转移及其影响效应、高质量发展、国家级承接产业转移示范区等进行了大量的相关研究，取得了丰硕的研究成果，为本书研究提供了重要的基础和条件。但从现有的文献来看，相关研究尚存在进一步拓展的空间：

（1）高质量发展是以"创新、协调、绿色、开放、共享"为理念的发展，注重承接产业转移过程中的要素注入效应，更强调其生态环境效应和社会效应。那么，国家级示范区如何在承接产业转移过程中实现高质量发展，迫切需要在系统探索和深入研究的基础上，揭示产业转移驱动承接地经济高质量发展的理论机制，而专门探讨产业转移与承接地高质量发展的文献较少。

（2）大多数国家级承接产业转移示范区的建设期已过 10 年，而"我国经济已由高速增长阶段转向高质量发展阶段"是 2017 年党的十九大对我国经济发展做出的最新判断，那么，如何以高质量发展的标准来对国家级示范区承接产业转移的影响效应进行系统评估和路径优化，无疑是一个亟须研究的问题，而目前这方面的研究成果还十分缺乏。

（3）2010~2023 年，国家已陆续批设 13 个国家级承接产业转移示范区。这些示范区被批设的时间跨度较长，各示范区更多的是根据被批设时的外部经济环境和自身发展需求来规划设计的，没能更多地站在"全国一盘棋"的高度进行宏观"顶层设计"。因此，在全面建设社会主义现代化的新征途上，如何从国家战略的高度对示范区的经济高质量发展进行宏观层面的政策设计就成为一个重大的现实问题，而目前这方面的研究成果还不多见。

综合而言，在学者的共同探讨下，中国经济的高质量发展方向已成为共识，但对于一些特定区域的高质量发展内涵、路径及评价体系尚欠清晰。产业转移作为推动承接地经济高质量发展的重要途径已逐步被人们所认识，但其内在理论机制尚未得到系统有效的揭示。虽然国家级承接产业转移示范区已作为一项国家战略在不断推进，然而如何最大限度地发挥其承接产业转移这一主体功能来推进其高质量发展进程却还不清晰。可见，系统地探讨产业转移驱动国家级示范区高质量发展的机制、路径及政策是一个全新的课题。

第三节 研究思路和研究方法

一、研究思路

本书遵循"理论研究→实证研究→政策研究"的逻辑思路，围绕国家级承接产业转移示范区的高质量发展这一核心对象，首先，在把握区域经济高质量发展的内涵及测评指标体系的基础上，揭示产业转移驱动承接地高质量发展的理论机制；其次，对产业转移驱动国家级示范区高质量发展的效应进行综合评估，并分析其优化的路径；最后，设计产业转移驱动国家级示范区高质量发展的引导政策。本书的研究思路如图1-1所示。

二、研究方法

本书在一些具体问题的研究上有针对性地选用了合适的专门技术与方法。具体包括：①构建企业微观区位决策经济学模型，采用常用的边际分析技术探讨企业转移的微观决策行为；②构建新经济地理学模型，分析产业转移与经济高质量发展的内在关联；③构建欠发达地区经济高质量发展的产业转移推进机制模型，阐释产业转移推进示范区经济高质量发展的动力机制；④构建区域经济高质量发展测评指标体系和产业转移测评指标，对示范区经济高质量和承接产业转移状况进行实证测评；⑤构建转移企业、承接地政府、转出地政府三方演化博弈模型，分析产业转移过程中各参与主体的行为选择；⑥构建计量经济学模型，对产业转移驱动示范区经济高质量发展的总体影响效应及作用机制进行实证检验；⑦构建定性比较分析（Qualitative Comparative Analysis，QCA）模型，探讨产业转移驱动示范区经济高质量发展的具体路径。

模型与方法	研究任务	调查方案

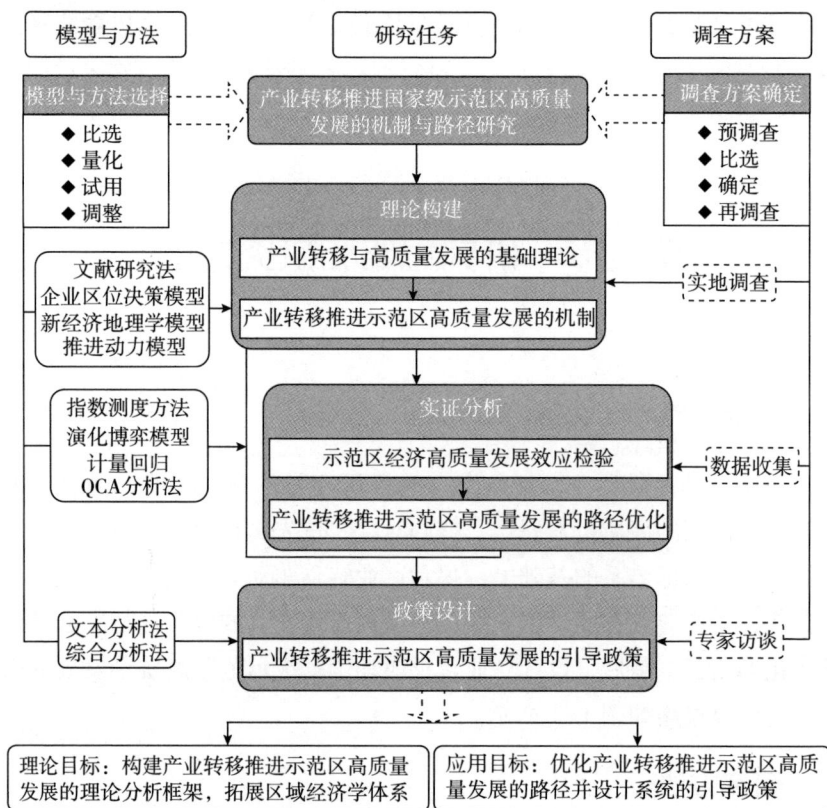

图 1-1 本书的研究思路

同时，由于"国家级承接产业转移示范区经济高质量发展"这一研究对象所涉及的相关问题十分复杂，且有多学科融合交叉的特点，因此本书将综合采用多种研究方法与分析技术来完成课题研究任务，重点突出以下几类方法的集成：①文献研究与理论归纳相结合。本书通过网络、学术期刊、学术访问、学术研讨等多种方式查阅和收集各类最新的资料，梳理国内外产业转移、高质量发展、示范区建设等方面的理论研究和实践成果，融合产业经济学、区域经济学、空间经济学、国民经济学、系统动力学、经济地理学、管理学等相关理论与最新成果，依据产业转移与高质量发展互动规律，构建产业转移的高质量发展理论分析框架与方法体系。②案例研究与现场调研相结合。本书将选取示范区内重要节点城市分组、分类进行调研，选取已经到示范区投资建厂的跨国公司和已经在示范区建设的典型经贸合作区进行案例研究。通过问卷调查、深度访谈、数据收集，分析典型区域城市的产业转移潜在规模与行业特征，研判示范区的产业承载能力与适配条件，并形成研究的基础数据库。③规范分析与实证研究相结合。在理论层面，本书将站在推进示范区乃至欠发达地区经济高质量发展的预定目标基础上，探讨由中国主导的新一轮全球产业转移的驱动作用，以构建具有明确价值导向的应然逻辑；在实证层面，本书将通过运用演化博弈及仿真、指标测算、计量检验、QCA 技术等方法，用数据和事实展示产业转移驱动国家级示范区经济高质量发展的实然逻辑。

第四节 研究内容和创新之处

一、研究的主要内容

本书以国家级承接产业转移示范区的高质量发展为核心研究对象，具体研究产业转移驱动国家级示范区高质量发展的机制与路径，包括区域经济高质量发展的内涵及其测评指标体系，产业转移驱动承接地经济高质量发展的动力机制、影响因素、效应评估、路径优化及引导政策等。主要研究内容如下：

（1）区域经济高质量发展的内涵及其测评指标体系。从经济高质量发展提出的现实背景出发，探讨区域经济高质量发展的理论内涵与基本特征；梳理经济高质量发展的理论渊源与理论基础，进而深入阐释经济高质量发展的理论新境界；在此基础上，依据新发展理念并参考国内外相关测评指标体系，探讨区域经济高质量发展的测评目标、测评原则、测评方法、测评维度、测评程序、指标集合，进而构建区域经济高质量发展测评指标体系。

（2）产业转移驱动承接地经济高质量发展的理论机制。构建产业转移微观决策经济学模型并分析企业异质性的影响；分析新一轮全球产业转移的特征、动因及风险，进而在固定效应模型（Fixed Effects Model，FE）基础上构建新经济地理学模型，探讨新形势下产业转移与承接地经济高质量发展的内在关联；在此基础上，构建承接地经济高质量发展的产业转移驱动机制概念模型，进而系统阐释产业转移驱动承接地经济高质量发展的内部动力机制、外部动力机制及辅助动力机制。

（3）产业转移驱动国家级示范区高质量发展的效应评估。构建东部企业、东部政府、西部政府三方演化博弈模型，分析参与方在产业转移过程中的行为选择，并根据示范区的相关数据进行模拟仿真；测算国家级承接产业转移示范区近10年的经济高质量发展指数及承接产业转移指数，据此分析示范区经济高质量发展与产业承接的基本现状；以产业转移为自变量、示范区经济高质量发展为因变量构建计量经济学模型，对产业转移驱动示范区经济高质量发展的影响效应进行实证检验，并分析其作用机制。

（4）产业转移驱动国家级示范区高质量发展的路径优化。对 QCA 方法进行介绍性阐释，并探讨其在路径分析中的价值；在理论分析及文献研究的基础上，识别国家级承接产业转移示范区经济高质量发展的前因因素；构建 QCA 分析框架，采用 fcQCA 技术对示范区经济高质量发展的路径进行实证分析，探讨可能存在的前因因素组合，识别核心条件和边缘条件；结合上述研究，归纳产业转移驱动国家级示范区经济高质量发展的实现路径。

（5）产业转移驱动国家级示范区高质量发展的引导政策。在前述理论研究与实证研究的基础上，从资金筹措渠道、产业转移力度、产业转移服务、区域开放金融体系等角度提出产业转移驱动示范区高质量发展的金融引导政策；从土地供给、土地市场、土地利用、土地管理等角度提出产业转移驱动示范区高质量发展的土地引导政策；从财税分成、财政支持、税收创新等角度提出产业转移驱动示范区高质量发展的财税引导政策；从户籍制度、公共服务、素质提升、人才流动等角度提出产业转移驱动示范区高质量发展的人力引导政策。

二、创新之处

本书是关于产业转移推进国家级示范区经济高质量发展的机制与路径的系统性专门研究，具有紧扣推进和拓展中国式现代化、引导国内产业有序转移与承接、构建"双循环"新发展格局进行理论创新与实践应用等特色，主要的创新之处如下：

（1）学术思想的创新。本书构建了企业微观区位决策模型、新经济地理学模型、演化博弈模型、推进动力模型、路径优化模型，揭示产业转移与示范区高质量发展的内在关联特征与规律，探明推进的动力机制、影响因素与依赖条件等基本理论问题，进而论证并建立了产业转移推进示范区高质量发展的理论框架，为示范区乃至欠发达地区的经济高质量发展提供新的理论逻辑。

（2）学术观点的创新。根据得到的相关研究结论，本书归纳提炼了 10 个主要学术观点：①区域经济高质量发展是我国高质量发展战略的基石；②中国在新一轮全球产业转移浪潮中处于主导和枢纽位置；③分工是推进全球产业转移浪潮兴起的根本动力且分工形式决定了产业转移的主导模式；④产业转移的微观本质是企业实现利润最大化目标的区位战略决策过程；⑤区域经济发展的质量取决于经济体内各种力量长期博弈的结果；⑥亟须打造一个跨区域的政企协同机制来引导产业向国家级示范区有序转移；⑦中国经济高质量发展的内在要求将诱致新一轮全球产业转移高潮的来临；⑧产业转移是新时代我国欠发达地区经济高质量发展的重要动力；⑨各示范区在承接产业转移过程中必须结合自身发展情况来选择其高质量发展的组态路径；⑩产业转移驱动示范区经济高质量发展离不开政府政策的引导。这些学术观点对于产业转移与高质量发展的理论与政策研究具有一定参考价值。

（3）研究方法的创新。除了运用指标构造、数理统计、计量分析等常规方法，本书在研究方法上还有三点创新：一是在新经济地理学经典模型——CP 模型和 FE 模型基础上，建立了一个产业要素动态扩散与产业关联的新经济地理模型，借助该模型，以产业要素的扩散为中介，分析产业转移影响承接地经济高质量发展的内在机理。二是设计了基于政企协同的区际产业转移模式，将产业转移过程由传统的两方博弈扩展为三方博弈，将完全理性的参与方假设放宽至有限理性的假设，构建了三方演化博弈模型，并对以我国 13 个国家级承接产业转移示范区的相关定性数据为基础设定初始值进行了动态仿真分析，探明了产业转移过程中各参与方的行为选择逻辑及其影响因素。三是率先引入定性比较分析法来探讨产业转移驱动国家级示范区高质量发展的路径优化问题，运用该方法从组态的视角来厘清路径优化过程中的多重并发因果关系，提炼了产业转移驱动下国家级示范区经济高质量发展的三条可行路径，并精准地识别了不同路径的核心条件和边缘条件。

第二章 区域经济高质量发展的内涵及其测评指标体系

探讨区域经济高质量发展的内涵和构建其测评指标体系是本书的起点。本章将主要讨论以下四个主题：①对区域经济高质量发展的内涵与基本特征进行深入的理论分析；②深入挖掘区域经济高质量发展的理论渊源、基础并分析其理论新境界；③探讨区域经济高质量发展测评理论框架；④构建区域经济高质量发展的测评指标体系。

第一节 经济高质量发展的现实背景、理论渊源、理论基础与理论新境界

高质量发展除了具有深刻的现实背景，还有着厚重的理论支撑并蕴含着深刻的理论意蕴与境界。因此，本节将重点讨论经济高质量发展的理论渊源、基础与新境界，以此加深对经济高质量发展的理论认识。

一、经济高质量发展的现实背景

高质量发展体现了对我国发展实践及客观发展规律的深刻认识与精准把握，具有丰富的现实背景。我国发展的现实背景，既为经济高质量发展提供了条件，也对经济高质量发展提出了要求。

（一）改革开放以来经济的持续高速增长

改革开放以来，我国经济持续了 40 余年的高速增长。1978～2022 年，我国

经济总量由 3679 亿元增长到 1210200 亿元，占世界经济的比重从 1.8% 增长到 18%；人均 GDP 从 1978 年的 156 美元增长到 2022 年的 12741 美元，[①②] 由低收入国家进入中等偏上收入国家。在此期间，我国 GDP 平均年增速高达 9.1%，在世界主要国家中名列前茅，创造了世界经济史上的"中国奇迹"，成为世界经济增长的重要动力。具体而言，在主要产品方面，2022 年，我国粮食总产量达到 6.87 万吨，钢材产量达到 13.4 亿吨，谷物、肉类、花生、茶叶、粗钢、煤、水泥等产量稳居世界第一位。在科技创新方面，2022 年，我国专利申请量约为 160 万件，连续 12 年居全球首位，研究与实验发展（R&D）经费投入突破 3 万亿元，在航空航天、量子计算机技术、人工智能、生命科学、医疗技术等领域取得重大原创性成果。在基础设施方面，2022 年，我国完成交通固定资产投资 38545 亿元，公路里程达到 535.48 万千米，公路密度达到 55.78 千米/百平方千米；铁路营业里程达到 15.5 万千米，其中高铁营业里程为 4.2 万千米；全国港口生产用码头泊位达到 21323 个，其中万吨级及以上泊位为 2751 个（国家统计局，2023）。可以看到，改革开放以来，我国经济高速发展，各个方面都取得了巨大成就，为进一步提质打下了良好的基础。

（二）当前社会主要矛盾发生了深刻变化

经济发展战略是与社会主要矛盾息息相关的。从某种意义上来说，经济发展的主要目标就是破解社会主要矛盾。在我国经济发展过程中，社会主要矛盾经历了三次重大变化。1956 年，党的八大指出，我国的主要矛盾是人民对于建立先进的工业国的要求同落后的农业国之间的矛盾、人民对于经济文化迅速发展的需求同当前经济文化不能满足人民需求的状况之间的矛盾。1981 年，党的第十一届六中全会指出，在社会主义初级阶段，我国社会的主要矛盾是人民日益增长的物质文化需要同落后的社会生产之间的矛盾。2017 年，党的十九大指出，我国社会的主要矛盾是人民日益增长的美好生活需要和不平衡不充分的发展之间的矛盾。我国社会主要矛盾的变化不仅对我国发展全局产生了广泛而深刻的影响，而且对我国的经济发展提出了新的要求。上个社会主要矛盾基本解决后，新时代我国人民的需要不仅在范围上更加宽了，而且在层次上也不断提高了，人民对物质生活提出了更高的要求的同时，对民主、法治、公平、正义、尊重、安全、环境等方面的精神需要也越来越强烈。而当前我国各领域的发展不平衡不充分问题，

---

① 中国发展几十年，为何没出现过经济危机？［N］人民日报，2019-09-16.
② 国家统计局. 中国统计年鉴［M］. 北京：中国统计出版社，2023.

已成为制约人民群众日益增长的美好生活需要的主要因素。因此，我国需要在继续推动发展的基础上，着力解决好各领域的发展不平衡不充分问题，更好地推动人的全面发展和社会全面进步。

（三）新时代下的经济发展已步入新常态

近几年，我国经济在经历了前期的高速增长后，开始呈现新常态，其主要特点主要表现在：一是经济增长的速度由高速增长开始转入中高速增长；二是经济结构与产业结构开始不断优化升级；三是发展动力从要素驱动与投资驱动开始转向创新驱动。从增长速度来看，2013~2022年我国经济的年均增速为6.2%，2022年的增速为3%。这是我国进入中等收入阶段后经济发展条件变化的结果，排除新冠疫情的影响，这与大多数国家经济发展规律是基本相符的。虽然我国经济增速已放缓，但无论是速度还是体量依然名列全球前茅。我国经济在持续30多年的高速增长后转入中高速增长，是经济发展的客观规律，要求我国需要从关注增长速度转向关注增长质量。从经济结构与产业结构来看，我国经济结构与产业结构不断优化升级，第三产业消费需求逐步成为主体，城乡区域差距逐渐缩小，居民收入占比上升，发展成果惠及更广多民众。2022年，我国第一、第二、第三产业增加值分别为88345亿元、483164亿元、638698亿元，比2021年分别增长4.1%、3.8%、2.3%，三次产业占比分别为7.3%、39.9%、52.8%。经济结构与产业结构的优化提高了资源的配置效率，为迈向更高质量的发展提供了结构上的支撑。从发展动力来看，我国科技进步贡献率由2012年的52.2%提高到2021年的60%以上，2022年研究与实验发展（R&D）经费投入突破3万亿元，占GDP的比重提升到2.55%。随着资本、劳动、土地等要素投入的边际收益递减，以及资源环境约束的不断增强，我国经济发展的动力势必要从要素投入转向更加内生的创新驱动。相反，如果我们不能实现这一转变，就将面临经济长期下滑和不可持续的风险。

二、经济高质量发展的理论渊源

为什么这个世界上总有一些国家富有而另一些国家贫穷？已经发生的经济增长现象及未来经济发展的动因是什么？这一直是经济学家关心的问题，即经济增长问题与经济发展问题。经济增长是经济发展的基础，没有一定的经济增长就不会有经济发展。因此，从西方主流经济学角度来看，对经济发展理论的认识是以经济增长理论的演变为核心的。然而，由于经济学家所处的时代不同，可供选择的研究方法与工具存在较大差异，因此他们对经济增长的认识会不尽相同。总之，西方经济增长理论主要包括古典增长理论、新古典增长理论、新经济增长理论三个比较成熟的理论体系，这些理论从演进脉络上是一脉相承的，共同为经济高质量发展提供了理论渊源。

（一）古典增长理论

古典增长理论，主要是指流行于 18~19 世纪的经济增长理论，包括很多特征完全不同的增长理论。古典增长理论的主要代表人物是魁奈、亚当·斯密、李嘉图、马尔萨斯、穆勒、萨伊等，他们也是将经济理论与增长理论完全结合起来的第一代人，因此可以说古典经济学是经济增长理论发展的第一个高潮时期（张强，2013；马晓琨，2014）。例如，亚当·斯密提出的分工促进经济增长理论、马尔萨斯提出的人口几何级数增长与资源算术级数增长相矛盾理论等都属于古典经济学范式的增长理论。古典增长理论是一个丰富多彩的思想库，其中的思想或理论都有着不同的分析框架、不同的研究思路，因此很难将古典增长理论归纳出系统的结果。总体而言，大多古典经济学家认为市场竞争和自由贸易政策是经济增长的两大条件，提出了经济可以实现持续增长的基本假设，并主张资本或劳动在经济增长中起决定性作用。虽然部分古典经济学家重视技术进步的作用，并试图从技术发展的角度去研究特定行业（如纺织、谷物生产、制表等）收入分配的长期趋势，但他们认为技术是外生的。因此，虽然古典增长理论提出了经济持续增长的理论诉求，对经济高质量发展具有一定启发价值，但从本质上看，此理论所主张的经济增长方式还是属于粗放型的。

（二）新古典增长理论

随着第一次工业革命的完成、资本主义生产方式的最终确立和自由市场制度的日益完善，古典经济学开始过渡到新古典经济学。新古典经济学家将更多注意力集中到资源配置和产品交换等微观领域，效用理论和分配理论成为重要关注的领域，经济增长理论一度被淡忘。直到凯恩斯革命后，经济增长开始受到新古典经济学家的关注，并产生了哈罗德—多马模型、索洛—斯旺模型、拉姆齐—卡斯—库普曼斯模型、戴蒙德模型等著名的经济增长模型。新古典增长理论的上述各类模型，将资本积累作为分析的核心，将资本积累机制的报酬递减规律作为模型基本假设，围绕新古典生产函数和资本积累方程来展开理论推演。这些模型从理论到实践得到了一条逻辑自洽的基本结论：新古典生产函数必然会得出资本报酬递减规律，而资本报酬递减规律又会直接使资本积累动力逐渐消减（赵辉，

2010)，因此除非存在外生的人口增长或技术进步，否则经济不可能实现持续增长，政府的各类经济政策只会有水平效应，而不可能有增长效应（赵峰，2009；柳欣，2006）。对于人口增长这一现实情况，由于在新古典模型中有效劳动的增长率是外生给定的，因此新古典模型并没有对此做出任何经济解释。总之，尽管新古典增长理论在逻辑上符合一些经验事实，能够为经济高质量发展提供一定的理论启示，但整体而言，其对经济增长内在机制的解释确是不够的。

（三）新经济增长理论

20世纪70年代以后，新一轮科技革命方兴未艾，科学技术与经济增长间的关系日益密切，许多经济学家开始意识到知识和科技对经济增长的重要作用，并考虑将这些因素直接纳入增长模型，由此形成了新经济增长理论。新经济增长理论的主要代表学者为罗默、卢卡斯、阿罗等。这些学者在新古典增长模型基础上建立了不同的新经济增长模型，力图解决技术进步内生化问题。罗默（2014）将技术进步视为专门研发活动的成果，通过设立研发技术的专门"生产函数"，在经济增长模型中将技术进步内生化，从而有力地说明长期经济增长之源。Lucas（1988）将技术进步视为人均"人力资本"的增加，通过为"人力资本"的形成和积累设立专门的生产函数，建立人力资本与相应要素投入之间的数量关系，将人力资本存量的变动内生化到经济增长模型中，从而解释了技术进步对经济增长的推动作用。Arrow（1962）将技术进步视为生产和投资行为的副产品，认为技术知识是一种公共物品，技术在全社会的扩散以及技术作为生产要素具有报酬递增的特点，就使整个社会经济收益递增。新经济增长理论放弃了技术外生化的假定，将知识、技术和专业化的人力资本引入增长模式，通过分析总的规模收益递增机制说明了经济增长持续的和永久的源泉与动力，并重新确立了政府政策在经济发展中的地位和作用。从前述经济高质量发展的内涵可以看出，新经济增长理论关于规模收益递增、技术创新的作用、经济持续增长、政府政策的作用等观点和高质量发展理念在某些方面具有较高的契合度，为经济高质量发展理论提供了重要的启示。

三、经济高质量发展的理论基础

经济高质量发展理论是习近平经济思想的重要组成部分，不仅吸纳了传统经济增长理论和中华传统文化的精华，更是在马克思主义政治经济学基础上的重大创新。具体而言，经济高质量发展的理论基础主要可以归纳为以下五个：

（一）马克思的经济发展质量思想

马克思主义政治经济学关于生产力与生产关系矛盾运动的历史考察，对资本主义生产关系运动的历史和逻辑分析，特别是关于发展质量的重要论述，都为经济高质量发展提供了重要理论基础和启示。马克思的经济发展质量思想内涵十分丰富，包含根本标准、基本条件、根本动力及制度指向四个维度（吴雨星和吴宏洛，2021）。马克思认为，经济发展的根本标准是人的发展水平，基本条件是生产力的发展，根本动力是社会基本矛盾运动，制度指向是实现共产主义。在微观层面上，马克思通过对商品价值和使用价值属性的考察，关注产品的质效提升；在中观层面上，马克思通过生产资料和消费资料两大部类的分析，强调产业结构的调整和区域平衡发展；在宏观层面上，马克思从"经济—社会"二维视角考察经济基础与上层建筑的关系，期盼实现经济与社会一体化发展。同时，马克思关于经济增长的源泉是劳动还是资本的辨析、经济增长的机制是经济经济关系还是自然关系的辨析、经济持续增长是自然的历史过程还是超历史的自然过程的辨析（朱方明和刘丸源，2021），都为当前对经济高质量发展的理解提供了重要启示。

（二）中华优秀传统文化中的思想精华

传统是现实的源头，现实必然处在不断更迭前进的历史发展链条中。因此，对于当前我国全面推进社会主义现代化建设和实现高质量发展而言，传统文明无疑具有重要作用。中华优秀传统文化是建设中华民族现代文明的文化根基，是涵养新发展理念的重要源泉。中华优秀传统文化蕴含着丰富的创新精神和思想，是创新发展理念的重要根基（张志强，2023）。例如，"天行健，君子以自强不息""穷则变，变则通，通则久""周虽旧邦，其命维新""苟日新，日日新，又日新""温故而知新"等思想在思维、方法、价值等层面体现了对创新的追求；中华优秀传统文化蕴含的"天人合一""和而不同""和合共生"等思想体现了对协调发展的追求；中华优秀传统文化中"圣王之制"所体现的环境保护观、"知足节俭"所体现的生活消费观等都蕴含了对绿色发展的追求（黄银英和岑露晶，2020）；中华优秀传统文化中的"兼收并蓄""放眼看世界""师夷长技以制夷"等思想无不体现开放发展的理念；中华优秀传统文化中的"天下为公""民为邦本，本固邦宁""民贵君轻""制民恒产""均贫富"等大同理想、民生思想和均平思想为共享发展理念提供了丰富的精神资源（齐秀强和于海龙，2020）。

（三）熊彼特的创新理论

最早人们对创新概念的理解主要是从技术与经济相结合的角度，探讨技术创新在经济发展过程中的作用，主要代表人物是现代创新理论的提出者熊彼特。他认为，创新就是要建立一种新的生产函数，把一种从来没有的关于生产要素和生产条件的新组合引入生产体系，以实现生产要素的重新组合（Schumpeter，1935）。实施创新的主体就是企业家，他们运用企业家才能通过要素的新组合来获得潜在的利润。Schumpeter（1939）认为，经济发展就是指整个资本主义社会不断地实现这种新组合，其结果就是通过创新不断打破原有均衡的过程，从而引起利润、资本、信贷、利息和经济周期的变化。在创新力量的推动下，经济发展成为一个创造性毁灭的过程。在熊彼特的学术视域里，经济发展的本质就是创新，创新是在生产过程中内生的、能够创造新价值一种"革命性"变化，因此，创新既是经济发展最根本的动力，实际上也是经济发展本身。熊彼特将发展直接界定为创新的理论，与高质量发展中将创新作为根本动力的内涵是一致的。

（四）罗斯托的经济增长阶段论

Rostow（1960）认为，人类社会发展共分为六个经济成长阶段：一是传统社会阶段。其特征是不存在现代科学技术，围绕生存而发展经济，农业居于首要地位，通常都是孤立或封闭的经济。二是准备起飞阶段，即从传统社会阶段向起飞阶段过渡的时期。在这一时期，世界市场的扩大成为经济成长的主要推动力。三是起飞阶段，即经济由落后阶段向先进阶段过渡的时期。起飞就是突破经济的传统停滞状态，起飞的实现需要将较高的积累率、起飞的主导部门及起飞的保证制度作为条件。起飞阶段一旦完成，一国经济就可以自动持续增长了。四是成熟阶段。这是起飞阶段之后的一个相当长的、虽有波动但仍持续增长的时期。此阶段的特点是，现代技术已被推广到各个经济领域，一些经济增长极开始转变为技术创新极，工业将朝着多样化方向发展，高附加值的出口产业不断增多，新的主导部门逐渐代替起飞阶段的旧的主导部门。五是大众消费阶段。这是一个高度发达的工业社会，主要经济部门开始由制造业转向服务业，人们在休闲、教育、保健、社会保障等项目上的消费呈不断增长的趋势。六是追求生活质量阶段。该阶段的主要目标就是提高生活质量，一些长期困扰社会的老大难问题将有望得到妥善解决。在罗斯托的理论视域中，经济发展到一定阶段就需要国家战略作出相应的调整。因而，在我国经济经历了40余年的高速增长，进入高质量发展阶段，即罗斯托的第五阶段、第六阶段，我们必须将更多的精力放在提升质量和效益上，不断满足人民群众对美好生活的需要。

（五）钱纳里的产业升级理论

在继承配第、克拉克、库兹涅茨、罗斯托等学者的思想和研究基础上，美国哈佛大学经济学家钱纳里为了研究地区产业结构变化规律与经济发展政策，建立了 GDP 市场占有率模型。在该模型的基础上，钱纳里研究得出处于经济不同发展阶段的标准数值，进而据此提出了"标准结构"，将不发达经济到成熟工业经济的整个变化过程划分为三大产业阶段、六个时期。钱纳里认为，一个国家或地区从任何一个发展阶段向更高一个阶段的跃进都是通过产业结构升级来实现的。在初期产业阶段，现代工业基础较为薄弱，其发展在很大程度上依靠第一产业农业的不断自我积累。在中期产业阶段，工业特别是制造业部门对国民经济的贡献不断增大，同时第三产业的经济规模也随着制造业的发展而逐步壮大。在后期产业阶段，工业特别是制造业的内部结构产生了重要变化，技术密集型产业成为制造业的典型代表，同时第三产业开始分化，生产性服务业发展加快并逐渐占据主导地位（孙学工和郭春丽，2020）。从理念上看，钱纳里基于产业结构特征对经济发展的阶段划分与罗斯托的理论比较类似，都为我们转向高质量发展阶段提供了重要的理论支撑。在此发展阶段，通过推动产业升级而促使经济迈向中高端正是高质量发展的应有之义。

四、经济高质量发展的理论新境界

经济高质量发展既吸纳了以往人类经济学研究的精华，又开拓了独具中国特色的政治经济学新境界。

（一）经济高质量发展开拓了发展理念新境界

习近平（2021）在党的十九届六中全会报告中明确指出，必须"立足新发展阶段、贯彻新发展理念、构建新发展格局、推动高质量发展"。新发展理念作为管全局、稳根本、控方向、定长远的全新发展观，是高质量发展的基本引领。在新发展理念中，创新是引领高质量发展的第一动力。随着生产要素驱动力的减弱，粗放式增长模式难以为继，在新发展阶段，经济发展的速度、效能及可持续性在很大程度上都由发展的动力决定。习近平（2017）明确指出，"要把创新摆在国家发展全局的核心位置，不断推进理论创新、制度创新、科技创新、文化创新等各方面创新，让创新贯穿党和国家一切工作，让创新在全社会蔚然成风"。协调是高质量发展的内在需要。拉美等国的发展经验表明，如果城乡结构、区域结构、产业结构等经济发展内在结构严重失调，就有可能坠入"中等收入陷阱"。我国进入中等收入阶段后，经济发展中的结构失调情况愈加凸显。为此，习近平（2016）指出，"协调既是发展手段又是发展目标，同时还是评价发展的标准和尺度"。绿色是高质量发展的普遍财富形态。传统的财富理论建立在单纯的 GDP 之上，绿色发展理念引入"人—自然—社会"复合生态系统的整体观便形成了新的财富观，进一步强调了生态环境在财富构成中的地位。早在 2005 年，时任浙江省委书记的习近平同志在浙江湖州安吉考察时就明确提出了"绿水青山就是金山银山"的科学论断。开放是高质量发展的必由之路。从西方经典增长理论及马克思关于国际资本的运动规律来看，生产力的提升必然带来经济的全球化。与传统融入全球化的开放理念不同，新发展理念中的开放更强调对全球化的主导作用，从而提出了我国开放型经济向全球产业链价值链高端升级的新要求。习近平（2011）在博鳌亚洲论坛上就指出，"中国将在更大范围、更宽领域、更深层次上提高开放型经济水平"。共享是高质量发展的根本目的。实现经济发展的物质成果和精神文明全民共享是社会主义发展的伦理规范和最终归宿，鲜明地体现了马克思主义关于人的全面发展思想。习近平在党的十九大报告中指出，"必须坚持以人民为中心的发展思想，不断促进人的全面发展、全体人民共同富裕"。可见，新发展理念在继承"发展是硬道理"和"发展是党执政兴国的第一要务"的基础上，将创新、协调、绿色、开放、共享的具体内涵贯穿于经济发展全过程与各领域，从而破解了发展难题、厚植了发展优势、开拓了中国特色社会主义政治经济学中发展观的新境界，是当今世界经济发展理念的一次重大创新。

（二）经济高质量发展开拓了发展动能新境界

综观人类的经济发展史，在不同的历史阶段，要推进经济的不断发展，除了原来的老动能，还必须在既定的基本制度框架内根据现实情况的变化去寻找新动能。不同历史阶段现实情况的差异决定了推进经济发展新动能的差异。以中华人民共和国成立以来的经济发展为例，在改革开放前期，推进经济发展的新动能是农村工业化；而在改革开放中后期，推进经济发展的新动能便是承接国际产业转移。目前，中国经济发展进入新时代，经济增长的约束条件发生了明显变化，正处于新旧动能转换的关键时期，亟须为经济发展注入新的动能。为此，高质量发展强调从供给侧结构性改革与需求侧管理同时发力来推进新旧动能的转换（周小亮，2020；张红凤、李晓婷，2022）。在供给侧方面，高质量发展通过创新驱动、结构调整、制度变革等方式来培育供给侧新动能；在需求侧方面，高质量发展通过消费、投资、出口需求协同拉动，重振需求侧新动能（任保平等，2020）。可见，高质量发展以解决我国社会主要矛盾为突破口，开拓了中国特色政治经济学中发展动能的新境界，是经济发展动能的一次重大创新。

（三）经济高质量发展开拓了发展模式新境界

我国社会主要矛盾的重大转变要求我们摒弃过去高投入、高能耗、高污染的粗放式增长模式，探索推动我国经济发展从高速度转向高质量的新的发展模式。这一发展模式的转变必然要求发展目标的升级、发展动力的变革及发展路径的创新。从发展目标来看，高质量发展开拓了以共同富裕为目标的政治经济学理论新境界。经济高质量发展一方面要实现经济又好又快地发展；另一方面要提升居民收入水平、提高人民生活质量、实现人民共同富裕。从发展动力来看，高质量发展开拓了以动力变革为手段的政治经济学理论新境界。动力变革是指通过创新发展动力、结构发展动力、城镇化发展动力及产权保障动力等方面的调整来有效提高资源配置效率，推进全要素生产率的提升，在解决过去经济高速增长带来系列问题的同时，将经济发展切实地引入高质量发展的轨道（任保平和张星星，2019）。从发展路径来看，高质量发展开拓了以路径创新为政策设计思路的政治经济学理论新境界。高质量发展涉及经济领域的各个方面，既包括微观层面的企业发展质量，又包括中观层面的产业发展质量，还包括宏观层面的经济增长质量，这就为其路径创新提供了多种可能，从而打破了过去单纯以经济增长为目标的政策设计思路。综上可见，高质量发展致力于从发展目标、发展动力、发展路径等方面探索中国经济新的发展模式，开拓了中国特色政治经济学中发展模式的新境界，是经济发展模式的一次重大创新。

（四）经济高质量发展开拓了发展战略新境界

党的十八大之前，为解决人民日益增长的物质文化需要同落后的社会生产之间的矛盾，我国的各类经济发展战略大多以速度为目标、以要素投入为动力、以发展生产力为手段、以规模扩张为方式来推动经济增长。高质量发展的提出则呈现与过去经济发展战略不同的三个特点：一是高质量发展以发展质量为战略目标。高质量发展要求加快从产品质量、生产质量、生活质量等不同方面共同推进质量变革，带动经济发展从数量型向质量型转变，从而满足人民对美好生活的多重需要（任保平和刘笑，2018）。二是高质量发展以效率提高为战略手段。高质量发展要求同步提高生产效率、市场效率、分配效率和协调效率（张新月等，2022），不仅要满足人民对美好的物质生活的需要，还要从民主、法治、公平、正义、安全等角度满足人民对美好的精神生活的需要。三是高质量发展以中国式现代化建设为战略主线。高质量发展要求新型工业化、信息化、城镇化和农业现代化四化同步推进，要求建设现代化产业体系，实现以经济现代化带动国家治理体系和治理能力的现代化，从而逐步全面实现社会主义现代化。习近平总书记在党的二十大报告中指出将"实现高质量发展"作为中国式现代化的本质要求之一，明确提出"高质量发展是全面建设社会主义现代化国家的首要任务"。由此可见，高质量发展在战略目标、战略手段、战略主线等方面开拓了中国特色政治经济学中发展战略的新境界，是经济发展战略的一次重大创新。

第二节　区域经济高质量发展的理论内涵与基本特征

高质量发展是对我国经济发展阶段作出的重要判断，是中国未来一段时间发展的总基调，其概念的外延目前虽然有所扩张，但其最初外延就是特指经济领域中的高质量发展。因此，本节将重点讨论经济高质量发展的现实背景，以及区域经济高质量发展的理论内涵及基本特征，以此作为对高质量发展认识的起点。

一、区域经济高质量发展的理论内涵

随着我国工业化与城市化进程的加快，人口不断扩张，对资源的需求急剧上升，导致生态环境破坏严重。同时，经过 40 余年的经济高速增长，我国经济发展动力不足、产业结构失调、区域发展不平衡等问题也越发突出。因此，为了从理论上有效地破解这些问题，党的十九大报告提出了经济高质量发展的概念。从字面意思来理解，质量是指产品能够满足实际需要的使用价值特征；而在竞争性领域，质量则是指具有更高性价比因而能更有效满足需要的质量合意性和竞争力特性（黄娅娜和邓洲，2019）。

经济高质量发展概念提出以后，就成为学术界讨论的焦点。有学者认为，经济高质量发展是符合唯物辩证法、古典经济学和后发国追赶逻辑演进的（胡鞍钢等，2019），体现了新发展理念的发展（何立峰，2018），能够满足人民日益增长的美好生活需要，具有更大福利效应，内涵更丰富的 GDP、更低成本、更高水平层次形态和更加协调稳健可持续的性质（田秋生，2018），是一种更加公平、更高水平、更有效率、更加持续的发展方式。经济高质量发展体现了系统平衡观、经济发展观和民生指向观（赵剑波，2019），是具有优质高效供给体系、高质量需求的持续稳定开放的发展过程。任保平和李禹墨（2018）将高速增长与高质量发展进行比较认为，高质量发展的内涵更加丰富，包括经济发展高质量、改革开放高质量、城乡发展高质量、生态环境高质量及人民生活高质量。张军扩等（2019）认为，高质量发展的本质内涵是以满足人民日益增长的美好生活需要为目标的高效率、公平和绿色可持续的发展，是经济、政治、文化、社会、生态文明建设五位一体的协调发展。师博和张冰瑶（2019）认为，高质量发展是具有经济增长速度稳定和经济结构合理的发展基础，能激发兼具社会和生态效益的发展成果，助力平衡而充分的经济发展，最终服务于建设社会主义现代化强国和促进人的全面发展。宋洋和李先军（2021）认为，新发展格局下，经济高质量发展是在内生动力驱动外在表现的机制中不断演化推进的一个动态过程，且新发展理念决定着这一演进过程的价值判断。杨耀武和张平（2021）将经济发展质量定义为相对于经济增长的一国或地区在一定时期内因经济发展使居民当期所享受的福利水平变化，以及未来福利水平可持续提升的能力，因此高质量发展意味着居民当期福利水平的提升和提升未来福利水平能力的增加。从本质上讲，经济高质量发展就是发展的中高速趋向、发展的优质化趋向、发展的科技化趋向、发展的金融化趋向、发展的美好生活趋向、发展的包容化趋向、发展的绿色生态趋向、发展的全球化趋向（王永昌，2019）。

上述学者对高质量发展内涵的分析为我们探讨区域经济高质量发展的内涵提供了重要启示和参考。从经济地理学的区域观来看，区域经济是由于历史、地理、政治、经济及宗教等因素的综合作用，在一定的界线范围内联系比较频繁的居民区逐渐形成的各具特色的经济区，具有综合性、可变性、差异性、层次性、开放性等特点。区域经济是劳动地域分工的结果，是物质财富生产过程的重要地域空间体现，是国民经济的缩影。作为一个拥有广袤国土空间的发展中大国，区域经济对我国经济社会发展的意义和价值尤为重要。自党的十九大报告提出高质量发展以来，融入高质量发展理念就成为我国区域经济发展的首要方向（魏后凯等，2020）。同时，经过国家多年的区域发展战略，我国区域经济目前已形成"以点辐块，以块带面"的多层战略布局，推动形成优势互补的区域经济高质量发展也是新发展格局的地域表现、空间映射与有力支撑，成为加快构建"双循环"新发展格局的重要锁钥（李明和王卫，2023）。

根据以上分析，本书认为区域经济高质量发展是指，按照创新、协调、绿色、开放、共享的新发展理念，区域经济系统运作过程中能够有效地发挥自身比较优势，呈现出生产要素投入少、资源配置效率高、资源环境消耗低、经济社会效益不断提升，能更好地满足区域内人民日益增长的美好生活需要的可持续性发展。换而言之，衡量区域经济高质量发展的标准为：一是是否体现了以人民为中心，二是是否体现了新发展理念的有机统一，三是是否体现了效率与福利的动态平衡，四是是否体现了区域差序发展。

二、区域经济高质量发展的基本特征

区域经济高质量发展作为国家高质量发展战略的重要组成部分，除了具有以人民为中心、新发展理念有机统一、效率—福利动态平衡等高质量发展的一般特征，还有其自身独特的价值属性与目标取向。

（一）以人民为中心

区域经济高质量发展的本质与一般意义上的高质量发展并无差异，都是以人民为中心，这集中体现在发展目标上。区域经济高质量发展从根本目标上需要能够更好地满足人民日益增长的美好生活需要。与过去高速发展阶段相对单纯、主要以解决温饱的物质需求不同，在高质量发展阶段，随着社会生产力水平的提高，物质条件已有了极大改善，人民群众的需求结构和需求层级也发生了很大变化，人民不仅期盼吃好穿美，更期盼能够接受更好的教育、更好的医疗、更稳定的工作、更满意的收入、更舒适的住房、更生态的环境、更公平的社会保障等（高培勇等，2020）。因此，区域经济高质量发展需要积极回应本区域内人民群众对这些美好生活的期盼，要在根本目标上表现出以人民为中心。

（二）新发展理念有机统一

区域经济高质量发展是我国高质量发展战略的底盘，因而与总体的高质量发展相比，更是体现新发展理念有机统一的发展。对于区域经济高质量发展而言，创新是第一动力，必须把创新摆在区域经济发展的核心位置，让创新贯穿于区域发展的一切工作中；协调是区域经济高质量发展的内在要求，不仅包括区域内各部门间、各产业间等方面的局部协调，更强调区域间经济发展的整体协调；绿色是区域经济可持续发展的必要条件和人民对美好生活期盼的重要体现，注重解决区域经济发展与区域生态环境保护之间的矛盾，为人民群众创造良好的生产生活环境；开放是区域经济高质量发展的必由之路，注重解决的是内外联动问题，以增强区域经济系统的开放性，并以开放促创新、促改革、促发展；共享是中国特色社会主义的本质要求，区域经济高质量发展要注重解决社会公平正义问题，必须坚持全面共享、全面共享、共建共享、渐进共享的原则，不断推进人民共同富裕。

（三）效率与福利动态平衡

区域经济高质量发展是一种高级的报酬递增形式，其核心机制是效率与福利间的动态平衡，其关键是如何从报酬递增的角度来理解效率（袁富华和李兆辰，2023）。长期来看，区域经济系统中的报酬递增呈现低级和高级两种形式。低级形式的报酬递增以廉价的劳动力要素、完全竞争的市场结构和资本驱动为主要特征，是一种粗放的工业化模式，最终会受到边际报酬递减的制约；高级形式的报酬递增以高质量的劳动力要素、不完全竞争的市场结构和创新驱动为主要特征，是一种集约化的工业化模式，可能产生边际报酬递增效应。发达资本主义国家通过300年左右的发展历程实现了由低级报酬递增向高级报酬递增的转变，而我国的工业化历程还很短，虽然在过去的40余年创造了经济增长的"中国奇迹"，但进入新常态阶段后，亟须通过转向更高级的报酬递增形式来实现效率与福利的动态平衡。

（四）区域差序发展

中华人民共和国成立以来，为契合不同历史阶段的发展目标、国家安全、体制改革和对外开放等需要，我国的区域战略先后经历了从均衡导向到效率非均衡导向最终到公平导向再到协调导向的多次转变。在此背景下，当前我国区域发展的基本现状就是不平衡、不充分，而区域经济高质量发展正是在这一基本现状基础上进一步发展的。因此，从全国层面来看，区域经济高质量发展的评判标准不可能仅仅按照某个量化的结果指标而一刀切，更需要从投入和过程角度进行全方位地考察。当前，在东部地区、中部地区、西部地区和东北地区四大传统区域经济板块之上，我国区域经济又形成了京津冀、长江经济带、粤港澳大湾区、长三角一体化、黄河流域生态保护和高质量发展五个重大经济战略区域。这些区域需要充分考虑国土空间差异和自身的经济发展特色，通过区域差序发展形成不同类型的主体功能区，进而为区域优势互补的高质量经济布局提供战略保障。

第三节　区域经济高质量发展测评理论框架

区域经济高质量发展是基于当下中国区域经济发展现状、特征及问题，将国家高质量发展战略落实到区域层面而作出的重要战略部署，要求我们在坚持习近平新时代中国特色社会主义思想的基础上，从理论上探明其统计维度，构建一个可以量化测评的理论框架。本节基于新发展理念，从发展的经济成果、社会成果和生态成果三个维度来探讨区域经济高质量发展的理论框架。

一、区域经济高质量发展测评目标

本书所指的区域经济高质量发展测评是对一国之内某个具体区域经济发展状况进行评估，以确定其质量、有效性等方面的水平。本书致力于探讨产业转移驱动国家级示范区高质量发展的机制与路径研究这一主题，构建区域经济高质量发展测评指标体系是其中的一个重要环节，必须突破。具体而言，对区域经济高质量发展进行测评的目标主要包括以下三方面：一是力求在高质量发展测评理论上作出边际贡献。目前，关于高质量发展测评的研究已比较丰富，但专门针对一国范围内区域经济高质量发展的测评还相对较少，且没能达成共识。本书将在充分考虑我国区域经济发展不平衡不充分基本现状的基础上，构建区域经济高质量发展指标体系。二是为相关组织的决策和政策制定提供直接的数据支持。本书将运用区域经济高质量发展测评指标体系对国家级承接产业转移示范区的高质量发展水平进行直接测评，测评结果不仅可以为企业的微观决策提供数据支持，也可以为政府的宏观政策制定提供有价值的参考。三是直接服务于课题研究。本书按照研究内容设计需要掌握国际级承接产业转移示范区高质量发展的基本现状，需要实证检验产业转移对国家级示范区经济高质量发展的影响效应，而这些都必须以区域经济高质量发展测评指标体系构建为基本前提。

二、区域经济高质量发展测评原则

要对区域经济高质量发展水平进行测评，就要先明确具体的测评原则。与一般意义上的高质量发展不同，区域经济高质量发展有其特定的内涵，其测评应坚持以下五个原则：

（1）科学性原则。科学性原则是进行区域经济高质量发展测评时需要遵守的首要原则，即各个指标的选择要结合区域经济高质量发展的内涵和特点。根据前述研究可知，区域经济高质量发展不仅单纯地涉及某一区域经济发展状况，还与由经济发展所直接影响的区域社会与环境密切相关。因此，采用单一指标进行测算很难全面反映区域经济高质量发展的真实情况。鉴于此，本书将选择复合指标体系来对其进行测评。同时，在进行指标选择时，要尽可能全面地覆盖区域经济高质量发展所涉及的各方面，并真实地反映其状态，从而确保测评结果是符合实际的、准确的。

（2）可行性原则。可行性原则是用来衡量测评指标的可执行性。受各种因素的综合影响，理论与现实间往往会有一定的距离。因此，在对理论概念进行测评时就需要考虑现实条件能否满足测评要求。对于区域经济高质量发展的测评而言，可行性原则是指不仅要确保选取的指标具有科学性和代表性，更要保证在一定的人力、物力、财力、时间内各类指标所需数据是可以获得的和完整性的。鉴于此，本书在对区域经济高质量发展指标选取的过程中，将根据国内外各类相关数据库的数据发布情况进行可行性分析，从而保证各项具体测评指标所需数据的可得性和完整性。

（3）系统性原则。根据前述研究可知，区域经济高质量发展测评指标体系需要有层次，包括一级指标、二级指标，不同层次的指标反映了不同层次的特征，进而构成了层次分明的系统。因此，在对区域经济高质量发展指标体系构建时要综合考量，不仅要考虑指标体系的完整性，更要考虑各项指标间的关系，要从整体上确定相对指标，从局部子系统确定具有代表性的指标，也要考虑其他层面的因素。鉴于此，本书在构建区域经济高质量发展指标体系时，将从大量可以相互替代的指标中选择最具代表性的指标，从而确保构成完整、合理、系统的测评指标体系。

（4）客观性原则。客观性原则又称为真实性原则，是指各项指标必须是经济社会中实际发生的而不是虚拟或主观臆断的。不客观的指标对于现状分析与实证研究是有害无益的。与产业高质量发展、企业高质量发展、教育高质量发展等各类高质量发展概念不同，区域经济高质量发展单从字面意思理解，一是着眼于某一具体区域，二是着眼于经济领域。鉴于此，本书在构建区域经济高质量发展指标体系时，一方面，将在充分考虑的区域尺度和区域间差别的基础上进行指标选取；另一方面，将以经济领域的指标为基石，并充分考虑由经济指标所直接引致的社会和环境领域的指标。

（5）简洁性原则。区域经济高质量发展测评指标体系构建的最直接目的是配合国家社会科学基金课题展开对国家级承接产业转移示范区高质量发展的研究工作，做有效但有限的工作。本书试图达到通过产业转移来推进国家级示范区经济高质量发展的有限目的，而不是通过国家级示范区经济高质量发展的排名，来替代省级区域经济高质量发展评估或更大区域尺度的经济高质量发展评估等，更不是对我国的经济高质量发展做全面解读。因此，本书力求用最基本、最重要的要素来测度区域经济高质量发展水平。

三、区域经济高质量发展测评方法

从理论上讲，区域经济高质量发展的测评方法可以分为单指标的测评方法和多指标综合测评方法。然而，根据前述测评原则的分析，本书将采用复合的多指标对区域经济高质量发展水平进行测评，因此对主要基于直接比值计算和 DEA 非参数法的单一指标测算方法就不再赘述。常用的多指标综合评价方法主要有以下四种：

（1）主成分分析法。主成分分析也被称为主分量分析，是一种降维技术，其目标主要在于把众多的指标转化为少数几个综合指标。主成分分析试图寻找原有变量的一个线性组合，这个组合所测量的数据方差要比较大，能够携带原有变量的绝大多数信息（李靖华和郭耀煌，2002；林海明和张文霖，2005）。主成分分析的基本分析步骤依次包括计算相关系数矩阵、计算特征值和特征向量、计算主成分贡献率及累计贡献率、计算主成分载荷、计算各主成分得分并对样本进行推断和评价。因此，主成分分析本质上是一种线性变换。

（2）因子分析法。因子分析是指在存在相关关系的变量之间，探讨不能直接观察到但对可观测变量的变化起支配作用的潜在共因子分析技术。因子分析法从研究指标相关矩阵内部的依赖关系出发，根据相关性的大小将变量分组，使同组内的变量间相关性较高，而不同组的变量间相关性较低或完全不相关（王斌会和李雄英，2015；彭荣，2022）。因子分析最初用于心理学，之后在社会学、管理学、经济学等领域得到了广泛应用，其基本步骤依次包括对变量进行标准化处理、计算相关矩阵、计算相关矩阵的特征根和特征向量、根据需要进行正交旋转或斜交旋转、计算因子得分并对样本进行推断和评价。因此，因子分析本质上是从变量群中提取共性因子以达降维目的的统计技术。

（3）熵权法。熵权法本是一个物理学名词，熵是对物质微观热运动时系统无序程度的度量。从信息论的角度来看，信息是对系统有序程度的度量，而熵是对不确定性的度量。信息量越大，不确定性就越小，相应地熵也就越小；反之则反。由此，我们就可以通过计算熵值来判断一个事件的随机性和混乱程度，也可以运用熵值来判断某个指标的离散程度，指标的离散程度越大，则该指标对综合评价的影响就越大（谢赤和钟赞，2002；程启月，2010）。如此便可以根据各指标的变异程度，利用信息熵这个工具来计算各指标的权重，从而为多指标综合评价提供依据。熵权法的基本分析步骤依次包括对各指标数据进行标准化处理、计算各指标的信息熵、确定各指标权重。因此，熵权法本质上是根据指标变异性的大小来确定客观权重的技术。

（4）均等权重法。均等权重法认为所有指标对评价结果同等重要，其具体计算过程十分简单，即每个指标的权重等于 1 除以指标总数。虽然均等权重法的基本思想和计算过程十分简单，但其背后反映的却是被评价对象高度复杂性。因此，该方法因其简单高效而得到了广泛应用。例如，李晓西等（2014）运用该方法对人类绿色发展指数这一宏观指数进行了测算；王海军等（2014）运用该方法对物质调度效率这一微观指数进行了测算；冯苑和聂长飞（2020）则运用该方法对政府服务能力这一中观指数进行了测算。

根据上述分析可知，主成分法和因子分析法实际上是一种降维技术，主要适用于那些内涵难以明确理解的主观构念和潜变量。而区域经济高质量发展在新发展理念的基础上已有十分明确的内涵，因此根据其明确的内涵而设定的测评指标无须进行降维处理。再者，在创新、协调、绿色、开放、共享五大新发展理念中，各个具体的发展理念相互影响、相互制约，很难说某个发展理念比另一个发展理念具有更为显著的重要性，如此则无须采用较为复杂的熵权法来进行指标的权重处理。同时，考虑本书的测评目标和测评原则，本书最终确定采用均等权重法来对区域经济高质量发展指标综合测算。

四、区域经济高质量发展测评维度

长期以来，关于经济增长的研究一直在宏观经济研究和区域经济研究中居于核心地位。从有关经济增长的经典文献来看，无论是新古典增长理论对发展中国家人均收入增长向发达国家收敛的重要性强调（Solow，1956），还是内生增长理论通过将知识和人力资本引入模型，来进一步内生化技术变量以作为推进的内驱力（Romer，1986；Lucas，1988），其研究的最终落脚点都是在经济增长上。从这个意义上来说，区域经济高质量发展必定要将区域经济维持较高的增长速度来作为基础性保障。换而言之，没有区域经济的增长速度就不会有区域经济的高质量发展。

新古典增长理论和内生增长理论通过单一增长过程及其简化的经济学抽象来探讨人类社会经济发展问题的理论贡献是毋庸置疑的，但其模型过于简化，难以涵盖经济真实发展的诸多方面也是不争的事实。例如，新古典增长模型和内生增长模型均没有因自然环境破坏而产生的成本项，也没有因两极分化而产生的社会成本项。模型把人类经济与自然、社会之间高度复杂的相互影响简化抽象为单纯要素积累的增长过程。这一单纯的经济增长过程仅适用于对工业化物质生产阶段的描述和理论指导，而对人的全面发展的现代化过程分析则存在非常大的局限性。20世纪90年代以后，随着全球经济的不断发展，特别是较多国家进入中高收入阶段，一些国家基于人的发展需要提出了新的发展模式和转型目标。这使学者在关注区域经济增长时，在新古典增长模型和内生增长模型的基础上不断加入新的要素特别是关于创新与人力资本积累，来刻画区域经济增长模式的新变化。同时，学者在新的增长模型中也加入大量的自然因素及非经济的社会因素，包含生态、气候、信任、观念、网络等，核心是描述新的增长效率驱动与人的福利水平提升过程（杨耀武和张平，2021）。为此，Sato和Morita（2002）认为，相对于区域经济增长速度，区域经济增长质量包含区域内居民的预期寿命、生育率、环境质量、收入分配、选举权利及犯罪率等众多涉及社会、政治甚至宗教方面的内容。阿吉翁和杜尔劳夫（2019）指出经济增长需要更广泛的议题，并建议将文化、企业家精神、信任、增长与幸福、历史、家庭关系等诸多命题纳入扩展的增长模型。通过上述分析可知，在全球经济迈入较为稳定发展的21世纪之后，对区域经济发展问题的关注不仅要把增长的速度作为首要的因素进行关注，还要将社会和环境因素纳入与经济增长速度同等重要的位置上来，从而彰显人的生存和全面发展的需要。

改革开放以来，中国经济经历了举世瞩目的高速增长。在上述经济增长研究思路上，袁富华（2012）、中国经济增长前沿课题组（2014，2015）、张平（2020）、杨耀武和张平（2021）在对中国经济长期增长的追踪研究中指出，中国经济增长存在"S"形的长期路径，其增长过程经历了"规模收益递增"、"干中学效应递减"、成本要素积累的不可持续性、"结构性加速"向"结构性减速"转换等。中国经济增长前沿课题组（2022）指出，在"碳达峰"和"碳中和"的背景和"3060"计划目标的约束下，中国经济高质量发展的最优路径就是以绿色优先、以增长为根本。这些研究的一个基本共识就是强调经济效果、社会效果及环境效果在中国经济发展过程中的重要性。

鉴于此，本书根据创新、协调、绿色、开放、共享的新发展理念，并结合前述测评目标和测评原则，特别是简洁性原则将区域经济高质量发展分解为经济效果、社会效果和环境效果三个维度来进行指标体系的设计。其中，经济效果反映的是区域经济高质量发展的直接目标，对应人的生存需要；社会效果反映的是区域经济高质量发展的价值导向，环境效果反映的是区域经济高质量发展的内在要求，这两个维度对应的是人的全面发展需要。

第四节　区域经济高质量发展测评指标体系构建

指标体系是行为主体对既有的制度结构、机制机理、策略调整、路径衍生影响的综合认知判断及行为激励导向。2017 年，中央经济工作会议在对高质量发展进行部署时，就将高质量发展指标体系的构建放在了高质量政策体系、标准体系、统计体系、绩效评价、政绩考核之前，作为开展后续工作的基础。为此，本节将重点探讨区域经济高质量发展测评指标体系的构建。

一、区域经济高质量发展指标体系构建的程序

参考胡必亮等（2018）、姚枝仲（2019）、彭荣（2022）、刘晓光和龚斌磊（2022）等的相关研究成果，本书将区域经济高质量发展测评指标体系构建的程序归纳为以下三个方面：

（1）理论遴选。依据对区域经济高质量发展概念的界定、测评目标与测度原则，设计理论上的指标，并对指标体系进行理论遴选，从而为最终测评指标的确定奠定基础。这一过程的主要任务是通过理论分析法、文献统计法、专家调研法、头脑风暴法等理论遴选方法初步筛选区域经济高质量发展各测评维度可能涵盖的指标，摒弃明显不具有代表性的指标。

（2）指标评估。通过理论遴选而得到的指标一般会比较庞杂，有时还可能会因为与区域经济高质量发展缺乏必要的内在逻辑关联而不能直接使用，从而需要进行进一步的加工处理。这一过程的关键在于对相关理论文献的广泛掌握和对相关统计数据发布情况的明晰了解。本书将通过整理文献中使用的指标体系，加以适当的归纳总结，进行鉴别和论证，从而在同类指标中选出最合适的指标。

（3）指标确定。在对各个指标进行理论遴选和评估之后，将得到由若干指标组成的一个初步的备用指标集合。由于这一指标集合所涉及的评价内容还是会

比较繁杂，因此本书将根据测评目标、测评原则，来综合考虑各项具体指标的代表性、独立性、可比性、数据可获得性，从而从指标集合中进一步筛选出恰当的指标进行比较，最终构建区域经济高质量发展的测评指标体系。

二、区域经济高质量发展的测评指标集合

根据前述研究可知，区域经济高质量发展不是一个凭空而生的概念，是在区域经济发展及高质量发展的基础上而形成的。因此，本书将主要从这两方面的文献出发，来对区域经济高质量发展测评指标进行具体的文献考察。同时，考虑到区域经济高质量发展的社会效果和环境效果，本书还将对这两方面的重点文献进行考察。主要文献的考察结果如表 2-1 所示。

表 2-1　区域经济高质量发展指标体系的主要文献考察结果

文献来源	指标体系
蔡国梁等（2005）	总人口、土地面积、从业人员、GDP、人均 GDP、第三产业增加值、工业总产值、利税总额、固定资产透支、财政总收入、金融机构存款余额、金融机构贷款余额、外商投资企业总产值、进出口总额、实际利用外资、在岗职工平均工资、农民人均收入、社会消费零售额、公路里程、邮电业务总量、各类专业技术人员、卫生机构数
张欣莉（2006）	人均 GDP、人均消费品零售额、人均固定资产投资、人均农业产值、人均工业产值、人均第三产业产值、人均城乡居民储蓄、农业人口比重
于成学（2009）	人均 GDP、城镇居民人均可支配收入、城镇人均住房建筑面积、每万人口卫生机构人员数、每万人普通高等学校教职工
张彩霞等（2010）	人均 GDP、人均财政收入、人均财政支出、人均固定资产投资额、人均农业机械总动力、人均社会消费品零售额、人均邮电业务总量、人均储蓄存款额、人均贷款余额、人均农业总产值、人均工业总产值、人均第三产业总产值、全社会能源消耗产出率、工业企业产值利税率、地方财政收入占 GDP 的比重、工业全员劳动生产率、总资产贡献率、出口总额占 GDP 比重、城镇居民人均可支配收入、农村人均纯收入、通货膨胀率、全社会劳动生产率、工业企业资本利润率、万元国内生产总值消耗能源、能源生产弹性系数、能源消费弹性系数、居民消费价格指数、居民恩格尔系数、GDP 增长率、财政收入增长率、财政支出增长率、第一产业总产值增长率、工业增加值增长率、第三产业总产值增长率、固定资产投资增长率、社会消费品零售总额增长率、R&D 经费支出占 GDP 的比重、第一产业占 GDP 的比重、第二产业占 GDP 的比重、第三产业占 GDP 的比重、就业结构优化度、工业化程度系数、外贸依存度、高新技术企业产值比例、工业废水排放达标率、工业固体废弃物综合利用率、环境污染治理投资总额占 GDP 比重、"三废"综合利用产值
程惠芳和唐辉亮（2011）	人均 GDP、人均全社会固定资产投资、科技创新投入、科技创新产出、产业结构水平、产业技术水平、内向国际化、外向国际化、单位产出能耗、单位产出"三废"排放、污染治理

文献来源	指标体系
徐勇和樊杰（2014）	GDP、人均 GDP、第一产业增加值、第二产业增加值、第三产业增加值、人均收入、城镇人均可支配收入、农村人均收入、地方财政收入、人均支出、恩格尔系数、人均社会商品零售总额、人均全社会固定资产投资、人均外资利用累积额、非农产业就业比重、农林牧副渔就业比重、城镇失业率、第一产业占 GDP 的比重、第二产业占 GDP 的比重、第三产业占 GDP 的比重
曹炳汝等（2014）	人均 GDP、第三产业增加值占 GDP 的比重、第三产业就业人数占总就业的比重、城镇居民人均可支配收入、农村居民人均纯收入、单位增加值能耗、人均碳排放量、能源消费弹性系数、环境污染治理投资占 GDP 的比重、高新技术产业产值占工业总产值的比重、人均专利授权数、每万人科技活动人员数 研究与发展经费支出占 GDP 的比重、森林覆盖率、人均公园绿地面积、工业废水排放达标率、工业固体废弃物综合利用率、城市生活垃圾无害化处理率
李媛和任保平（2015）	工业就业比重、人均 GDP 增速、谷类产量、农业机械、能源依存度、人均 GDP、人类发展指数、婴儿死亡率、人均预期寿命、DPT 免疫接种率、五岁以下儿童死亡率、女性劳动参与率、中学女生与男生的入学比例、平均受教育年限、高等院校入学率、农业用地灌溉面积比例、人均电力消费、铁路里程、道路部门能源消耗量、扶养比
吴慧玲等（2016）	单位 GDP 能耗、单位 GDP 水耗、单位 GDP 占建设用地的比重、农业增加值增长率、服务业增加值占 GDP 的比重、高新技术产业产值占工业总产值的比重、最终消费占 GDP 的比重、城乡居民人均可支配收入比、城乡居民人均消费支出比、COD 排放强度、SO_2 排放强度、城镇建成区绿化率
鹿晨昱等（2017）	人均 GDP、经济密度、人均固定资产投资、人均财政收入、GDP 增长率、规模以上工业企业增加值、第一产业占 GDP 的比重、第三产业占 GDP 的比重、投入产出比、人口数量、城镇人口密度、人口自然增长率、非农业人口比重、城镇登记失业率、农民人均纯收入、农民人均生活消费支出、城镇居民人均可支配收入、城镇居民人均消费性支出、城镇用水普及率、农村居民恩格尔系数、城镇居民恩格尔系数、师生比、农村适龄儿童入学率、社会消费品零售总额、人均耕地面积、人均园地面积、人均林地面积、人均草地面积、亩均粮食产量、人均日生活用水量、万元 GDP 能耗、人均公路通车里程、单位从业人员年平均人数、货运周转量、客运周转量、人均城镇维护建设资金、污水排放量、化肥施用强度、生活垃圾清运量、二氧化硫浓度、氮氧化物浓度、可吸入颗粒物浓度、人均公园绿地面积、建成区绿化覆盖率、封山育林面积、环保支出占 GDP 的比重
郭淑芬和马宇红（2017）	人均耕地面积、人均水资源、二级以上天数占比、人均粮食产量、农业总产值、移动电话用户数、人均固定资产投资额、社会商品零售总额、人均 GDP、实际利用外资额、SO_2 年平均浓度、化学需氧量减排量、污染治理项目本年完、成投资额占 GDP 比重、固体废物处理利用率、城镇登记失业率、城乡居民收入比、城镇化率、人均存款额、城镇居民恩格尔系数、农村居民恩格尔系数、科技进步水平指数、R&D 经费支出占比、专利申请数、技术市场成交额、文教卫生科学事业费、占财政支出的比重、新型合作医疗参合率、发展与民生指数、万人中第三产业从业人员、采矿业增加值占工业增加值的比重、高新技术产业 GDP 占比

文献来源	指标体系
马茹等（2019）	R&D 投入强度、万人发明专利授权量、每万劳动力中 R&D 人员占比、就业人员受过高等教育的比例、R&D 经费内部支出企业资金与政府资金比、科技进步贡献率、城镇居民人均可支配收入、农村居民人均可支配收入、居民人均交通通信消费支出、居民人均教育文化娱乐消费支出、人均城市绿地面积、城镇化率、单位面积土地 GDP、单位固定资产投资新增 GDP、劳动生产率、人才资本贡献率、万元 GDP 能耗、主要污染物人均排放量、人均 GDP、GDP 增速、城镇登记失业率、居民价格消费指数、知识密集型服务业增加值占 GDP 的比重、高技术产业主营业务收入占规模以上工业企业主营业务收入比重、规模以上企业资产负债率、政府债务余额与 GDP 之比、货物进出口总额占 GDP 的比重、外商直接投资占 GDP 的比重
黄庆华等（2019）	城市人均生产总值、第三产业占地区生产总值的比重、工业占地区生产总值的比重、非公有制企业占地区生产总值的比重、万人发明专利授权量、企业研发资金比、技术转让合同率、R&D 中高学历人均专利发明量、单位产出工业废水排放量、单位产出工业废气排放量、单位产生固体废弃物排放量、固体废弃物综合利用率、居民消费支出占总支出比例、居民消费价格指数、新建住宅价格指数、社会保障支出占一般预算支出的比重、新增固定资产增加值占地区生产总值的比重、每万人公路长度、每万人公园绿地面积、每万人社区服务机构数
陈景华等（2020）	创新投入、创新存量、专利数量、技术市场成交额、资源配置效率、生产组织效率、市场效率、人均 GDP 水平、地区居民消费水平、收入水平、城乡居民消费水平、产业结构合理化、产业结构高级化、外贸依存度、外资依存度、对外直接投资、产出稳定、价格稳定、就业稳定、绿色环保、污染减排、环境规制、收入分配、消费支出、卫生健康、教育支持、休闲福利
黎文勇（2022）	土地生产率、资本生产率、劳动生产率、全要素生产率、产出波动率、出口波动指数、居民消费价格指数 HP 滤波、职工平均工资指数 HP 滤波、城镇与农村居民人均可支配收入比、外资利用规模、金融相关比率、单位 GDP 工业烟粉排放量、单位 GDP 工业二氧化硫排放量、单位 GDP 工业废水排放量、财政科技支出、创新投入、研发经费投入、创新产出水平、人口死亡率、失业人数、社会保障、师生比例、万人口执业（助理）医师人员数
袁晓玲等（2022）	研发投入强度、研发人员占比、企业研发强度、人均专利量、技术合同交易额占比、人均 GDP、财政收入占 GDP 的比重、单位 GDP 能耗、高技术行业收入占比、社会固定资产投资依赖度、利用外资、非国有经济比重、人均藏书量、人均病床数量、中小学师生比、公共交通利用率、民生建设支出比重、人均道路面积、交通事故和火灾发生率、生活压力指数、城乡剪刀差、宽带普及率、污染治理投资强度、建成区绿化覆盖率、人均垃圾清运量、空气质量达标天数、城市人均废水排放量

文献来源	指标体系
王思薇和陈西坤 （2023）	R&D 投入强度、R&D 全时当量、R&D 课题数、国内三种专利授权数、技术合同成交总额、国外主要检索工具收录我国科技论文（SCI）、软件业务收入、普通高等学校在校学生数、国外技术引进合同金额、城乡收入比、城乡消费比、空气质量综合指数、人均林地面积、森林覆盖率、工业污染治理投资总额占 GDP 的比重、一般工业固体废弃物综合利用率、单位 GDP 废气排放量、单位 GDP 废水排放量、单位 GDP 固体废弃物排放量、单位 GDP 能耗降低率、软件和信息技术服务业出口额、每万人医疗卫生机构数、每千人拥有卫生技术人员数、每千人医疗卫生机构床位数、人均互联网宽带接入端口数、互联网域名数、互联网网页数、工伤保险覆盖面、失业保险覆盖面、城镇在岗职工基本养老保险覆盖面、人均邮电业务量、铁路营业里程密度、公路营业里程密度、单位人口拥有公共图书馆藏量、居民人均可支配收入、居民人均消费支出、居民休闲恩格尔系数、城镇登记就业率
魏艳华等（2023）	人均 GDP、进出口比重、劳动生产率、单位 GDP 能耗、R&D 人员投入强度、R&D 经费投入强度、产业高级化指数、城镇化率、居民人均可支配收入、居民人均消费支出

从表 2-1 可以看出，文献有多种对区域经济发展的测评维度和视角。这些文献大体可分为三个阶段：2005~2010 年为前期阶段；2011~2017 年为中期阶段；2017~2023 年为新发展阶段。在前期阶段，文献主要从经济的视角来测评区域经济发展，最主要的测评指标是 GDP、人均 GDP、居民收入水平、居民消费水平。同时，此阶段的一些文献也开始设置了如有关教育水平、卫生及能耗方面的指标来关注区域经济发展的社会与环境维度。在中期阶段，文献对区域经济发展的测评指标开始由经济视角向环境视角延伸，主要的测评指标在前期基础上明显增加了对如森林覆盖率、单位增加值能耗、人均碳排放量、能源消费弹性系数、污染治理投资强度、建成区绿化覆盖率、人均垃圾清运量等环境维度指标的测评，同时对社会维度的指标设置也有所增加。自党的二十大报告提出高质量发展以来，区域经济发展的测评开始完全转入高质量发展的视角，此阶段文献中各项指标的一个重要变化就是经济方面的指标相比于前两个阶段在减少，而社会与环境方面的指标在增加。

三、区域经济高质量发展的测评指标体系

区域经济高质量发展测评指标体系是为了本书的研究目的而由若干个指标组成的指标群，不仅要明确指标的构成与属性，还要确定指标的计量方式。指标对于研究者和政策制定者来说，具有非常重要的意义。研究者和政策制定者常常需要根据指标的值来判断和作出一些重要的研究和政策决策，简单而有效的指标有

利于研究者和政策制定者快速地作出正确的决策（赵敏华和李国平，2006）。如果指标过于复杂或信息失真，则会给研究者和政策制定者提供错误的信号。因此，在区域经济高质量发展的指标选择过程中需要采取非常谨慎的态度。本书在进行具体指标选择的过程，将重点考虑指标的区分度、重要性、数据可获得性、简洁性等可操作性准则，对于一些含义虽好却难以测量的指标，如绿色全要素生产率、资本生产率等将选择放弃。根据上述的测评指标集合，本书将新发展理念融入经济、社会及环境三个方面，具体如表2-2所示。各项指标的具体选择说明如下：

表2-2　区域经济高质量发展指标体系

维度	层面	指标名称	指标属性
经济效果	经济强度	实际人均GDP	正
	经济结构	产业结构合理化	负
	稳定性	经济增长波动率	负
社会效果	教育	教育支出占比	正
	医疗	执业（助理）医师	正
	就业	失业人数	负
环境效果	绿化建设	园林绿地面积	正
	能源消耗	单位GDP能耗	负
	排放强度	单位产出二氧化硫排放	负

（1）经济效果维度。经济效果维度主要反映创新、协调、开放、共享四大发展理念，包含经济强度、经济结构和稳定性三个层面。经济强度表征了区域生产力的发展水平和开发水平，区域经济增长的"量"是发展的约束条件，只有达到相当经济规模后才有"质"的要求，采用区域实际人均GDP来度量。区域经济结构主要可以通过产业结构合理化来体现，产业结构合理化是区域经济发展潜力的重要保障，也是区域产业间协调程度的重要体现，用泰尔指数作为产业结构合理化的度量指标。经济稳定会直接增加人们的福利，经济波动会危害社会安定，同时造成资源配置扭曲。本书采用经济增长波动率来衡量经济稳定性，由包括当年在内的近五年经济增速的变异系数得到。

（2）社会效果维度。社会效果维度集中反映共享这一发展理念。实现经济发展成果由人民共享是区域经济高质量发展的根本目的，因此选择了教育、医疗与就业三个与民生密切相关的层面来衡量社会效果。教育是人力资本在知识与技能层面的表征，可以培养具有高素质、专业知识和创新能力的人才，提高劳动生产率。医疗是人力资本在健康层面的表征，新冠疫情暴发后，人民更加期盼发展医疗卫生事业，增强抵御突发公共卫生事件的能力。居民通过高质量人力资本累进，推动创造与分享经济发展成果。教育采用教育支出占政府一般预算支出的比重表示，医疗用执业（助理）医师人数表示。高质量发展是更具有稳定性和安全性的发展。就业是社会的"稳定器"，人们得不到稳定的就业机会将难以保障基本物质生活，因此就业稳定能够增强社会成员抵御风险的能力，维护国民经济发展秩序。同时，充分就业是社会保障资金供给的支撑，本书用失业人数反映就业水平。

（3）环境效果维度。环境效果维度集中反映绿色发展理念。在高质量发展阶段，我国必须改变过去以生态环境为代价的经济增长方式，要坚持绿色发展理念与生态文明发展道路。环境效果包含绿化建设、能源消耗、污染物排放强度三个方面。绿化建设是人与自然和谐共生的重要组成部分，不仅可以改善环境，还可以提升居民的生活品质和城市形象，采用建成区绿化覆盖率来衡量。实现可持续发展要求要用更少的能源消耗支撑更高质量的发展，用单位 GDP 能耗来度量能源消耗情况。污染物排放对人类健康、动植物生长、气候条件都会产生负面影响，因此要制定环保标准，控制污染物排放。二氧化硫是中国节能减排进程中首要控制的污染物，本书用单位产出二氧化硫排放量来衡量污染物排放强度。

第三章 产业转移驱动承接地经济高质量发展的理论机制

运用经济学基本理论工具和方法构建数理模型来探讨产业转移的微观决策机制及其与区域经济高质量发展的内在关联是本书的理论基石。本章将主要讨论以下四个主题：①追溯全球产业转移的历史浪潮并对新一轮全球产业转移的特征、动因与风险进行分析；②构建理论模型分析产业转移微观决策机制并探讨企业异质性的影响；③构建新经济地理学模型对产业转移与承接地经济高质量发展的内在关联进行理论探讨；④构建概念模型对产业转移驱动承接地经济高质量发展的动力机制进行理论归纳。

第一节 新一轮全球产业转移的特征、动因与风险

回望全球经济发展史，除了率先进行工业革命的英国，其他国家的经济发展与腾飞无不与产业转移有着紧密的关联。2004 年以后，随着中国东部沿海要素成本的提高，其产业开始在自发的市场机制作用下向中西部地区转移，由此拉开了新一轮由中国主导的全球产业转移浪潮的帷幕。

一、全球产业转移浪潮的历史回顾

自第一次工业革命以来，全球产业转移浪潮共发生了五次。五次全球产业转移的具体情况如表 3-1 所示。

表 3-1 全球产业转移的五轮浪潮

产业转移	时间	转出地	承接地	分工特点
第一轮	19 世纪 30 年代	英国	欧洲大陆、美国	产业间分工
第二轮	20 世纪 50 年代	美国	日本、西德	产业间分工
第三轮	20 世纪 60 年代	美国、日本、西德	亚洲"四小龙"	产业内分工
第四轮	20 世纪 80 年代	美国、日本、亚洲四小龙	中国东南沿海	产品内分工
第五轮	21 世纪 10 年代	中国东南沿海	中国内地及东南亚	工序间分工

第一轮全球产业转移浪潮发生于 19 世纪 30 年代。当时，英国率先完成工业革命，制造业总产值占全球制造业总产值的比重超过 1/3，同时制造业快速发展，国内市场趋于饱和，生产要素供不应求，从而导致国内生产成本快速上涨。在此背景下，英国开始向欧洲大陆和美国大规模地进行产业转移，由此形成了第一轮全球产业转移浪潮。

第二轮全球产业转移浪潮发生于 20 世纪 50 年代。第二次世界大战之后，美国成为最大的获益国，其国内经济迅速膨胀，从而出现了向外转移的内在需求。同时，作为当时的世界资本主义体系盟主，美国为了与苏联争霸，在政府的推动下对国内产业结构进行了重大调整：将国内的钢铁、纺织等资源与劳动力密集型产业逐渐向战败亟须重建的盟友日本和西德转移，自己则集中力量发展原子能、电子计算机、空间技术和生物工程等新兴技术密集型产业（刘友金和周健，2021），由此形成了第二轮全球产业转移浪潮。

第三轮全球产业转移浪潮发生于 20 世纪 60 年代。众所周知，日本和西德在"二战"前已经是全球工业大国，虽然作为"二战"战败国，其国内经济遭到了巨大破坏，但其工业化的基因却并不会因战争的破坏而消失，一旦美国向其大规模地转移产业，其国内经济便迅速被激活并飞速发展，并出现向外转移的趋向。因此，此轮全球产业转移浪潮与上一轮全球产业转移浪潮的间隔期最为短暂。在此轮全球产业转移浪潮中，美国、日本和西德开始是将纺织、服装、玩具、皮革、家具等劳动密集型产业转移到亚洲"四小龙"，随后将转移的范围逐步扩展到汽车、电子等资本密集型和技术密集型产业。

第四轮全球产业转移浪潮发生于 20 世纪 80 年代。20 世纪 80 年代，随着科学技术的迅速发展，发达经济体为抢占全球技术制高点，纷纷发展新材料、信息产业、新能源等高新技术产业，将产业结构重心转向高技术化、信息化和服务化方向。而此时，中国刚刚开始推进改革开放政策，庞大的国内市场、低成本的劳动力和土地要素、优惠的招商引资政策等为发达国家的边际产业提供了巨大的发展机遇，由此形成了本轮全球产业转移浪潮。

第五轮全球产业转移浪潮发生于 21 世纪 10 年代。本书前期研究结果显示，2004 年开始，由于劳动力、土地等生产要素价格上涨，我国东部沿海产业在市场机制的作用下开始出现了向中西部地区转移的趋向（胡黎明和赵瑞霞，2014；胡黎明和赵瑞霞，2016）。得益于承接第四轮全球产业转移，中国特别是东南沿海成为世界制造中心，经过 20 余年的快速发展，东部沿海的生产要素成本开始逐渐提高，从而使东部产业出现了向外转移的动机。同时，中国政府在深刻认识产业转移对推动区域协调发展、促进共同富裕、防止产业空心化等价值的基础上，制定了一系列政策来引导东部产业有序有效地转移。本轮产业转移自 21 世纪初发生以来，前期是在市场机制的作用下进展的比较缓慢，日前随着政府政策的引导正在逐渐进入快速发展的进程中。

二、新一轮全球产业转移的特征

（一）产业承接主体与产业转移类型更加多元

在产业承接主体方面，新一轮（第五轮）全球产业转移的承接方有两个变化：一个是承接主体发生变化；另一个是承接主体进行了分流。中国作为第四轮全球产业转移的承接方，在新一轮全球产业转移中既是主要的转出方，又是主要的承接方。经典的产业转移理论认为，比较优势的变化会促使发达地区逐渐将其落后产业转移至欠发达地区，从而腾出相应的资源来促生新的产业结构（林毅夫，2017）。在新一轮全球产业转移中，中国东部沿海部分丧失的比较优势产业除了向东南亚诸国以及中国中西部和东北地区转移，还将向共建"一带一路"国家转移。同时，在逆全球化思潮下，部分高端产业转移至以美国为代表的发达国家，从而呈现"双线路转移"的新特征（刘友金和周健，2021）。

在产业转移类型方面，新一轮全球产业转移所转移的产业类型也发生了新的变化。过往的四轮全球产业转移的转移类型主要集中在劳动密集型产业和低附加值的技术密集型产业，产业转出国将单纯的劳动密集型产业以及资本密集型和技术密集型产业中的劳动密集成分转入劳动力成本低的地区，而保留产业价值链高端环节，从而推动本土产业结构的转型升级。然而，新一轮由中国主导的全球产业转移不仅包含劳动密集型产业的转移，其中也不乏技术密集型和资金密集型产业。特别是在共建"一带一路"倡议提出后，为了帮助共建"一带一路"国家和地区中的一些欠发达国家发展经济，我国主动向这些国家转移了大量技术含量颇高的产业（王宇，2020；刘志东等，2023）。

（二）低端产业集群式转移与高端产业回归式转移并行

随着科学技术水平的不断提高和制度环境的不断完善，社会分工已由最初的产业间分工发展到产业内分工，再到目前的产品内分工乃至工序间分工层面。在产业间分工和产业内分工背景下，企业主要是以产品为中心，围绕产业链的某一个环节组织最终产品或中间产品的生产。与之相对应，产业转移的对象常常是具体的产业。然而，在当前的产品内分工和工序间分工背景下，产品生产过程被切割为越来越细的工序"片段"，绝大多数企业不再以最终产品或中间产品为中心来组织生产，而是聚焦于自身擅长的某些工序"片段"。从集群视角来看，相对于以产品为中心的生产组织形态而言，这种生产的"片段化"使企业之间的共生关系得到前所未有的强化，单个企业离开了其共生的产业网络基本难以独立生存（胡黎明和王秋浪，2023），这使"抱团迁徙"成为企业响应产业转移浪潮的主要行为选择，由此便形成了产业的集群式转移模式。

在新一轮科技革命和产业变革的背景下，各类产业特别是制造业与高科技的融合程度越来越深，对普通劳动力、土地等要素的依赖性越来越弱。面对此形势，发达国家一方面为了防范产业"空心化"风险，另一方面为了更好地控制由其高科技所掌控的高端产业链，纷纷推动高端制造业回归。在本轮全球产业转移浪潮中，美国和日本这两个传统产业转出大国于2009年同时分别推出了《重振美国制造业框架》和《数字日本创新计划》，德国于2013年也提出了"德国工业4.0"战略。除了这些国家，英国、法国、韩国等众多发达国家也相继出台了一系列战略政策，来推动高端制造回归。

（三）国际产业转移松散化与区域产业转移紧密化并存

从区域经济学的视角来看，产业的生产空间格局是大量企业生产区位选择的集中体现，而企业最终的区位选择是以实现利润最大化为核心标准的。在此过程中，企业一般会根据区位的运输成本、产业的规模经济、生产的要素组合等情况来选择不同的区位组织生产（杨箫滢和吕汉阳，2023）。例如，纺织业对劳动力成本比较敏感，当东部沿海地区劳动力成本上升到某个临界值时，相关纺织企业就纷纷转移至东南亚或我国新疆等劳动力相对低廉的地区。资源采掘业严重依赖区域资源蕴藏禀赋，当某个地区的资源开采达到某一限值时，相关企业就必然转移至资源更为丰富的地区。然而，各个国家或地区的要素条件和资源禀赋并非亘古不变，随着科学技术的进步和经济的发展，某个国家或地区新的资源可能被发现，要素价格也可能发生变化，产业转移也随之产生。在国际投资和贸易自由化的时代，跨国企业遵循利润和效率优先选择的原则，在全球范围内进行区位选择，形成了国际产业转移松散化的基本格局。

产业的空间布局不仅受到产业内在特征及经济规律的影响，还与国际政治经济关系、产业技术变革、重大外部事件冲击等相关因素密切相关。自 2008 年国际金融危机以来，各种难以预测而又影响深远的"黑天鹅"事件频繁发生，典型事件包括英国脱欧、美国单方面挑起中美贸易摩擦、俄乌冲突等迟滞了经济全球化步伐，打破了各地区间的贸易壁垒，增加了全球产业链供应链断链风险，使逆全球化思潮在国际上弥漫。在此背景下，企业与产业乃至国家都面临效率、利益和安全的"新三元悖论"，传统的价值链垂直一体化分工被打破，产业链供应链的不同环节在世界范围内进行重新布局（王兵和吴福象，2023），新一轮全球产业转移开始呈现区域密切化的特征，并形成了由美加墨组成的北美价值链、由德法主导的欧盟价值链、由中日韩为核心的东亚价值链"三足鼎立"的区域格局。

三、新一轮全球产业转移的动因

相对于前几轮全球产业转移而言，新一轮全球产业转移的动因更为复杂，既有与前几轮全球产业转移相似的动因，也有自身的特殊动因。归纳而言，新一轮全球产业转移的动因主要包括市场的驱动、政府的引导及产业的自我维持三个方面。

（一）市场的驱动

1. 产业级差

产业级差指的是区域间由于产业发展水平而导致的产业技术水平的高低差异和产业发展层次的差异。处于产业级差高端的区域，在市场机制的自发作用下，那些丧失比较优势的产业将主动寻找新的生产区位，以便继续发挥自身的比较优势。从全球五轮产业转移浪潮来看，产业转移的路径从英国到美国再到日本，又到"亚洲四小龙"和中国东部沿海，最终到中国内陆和东南亚，这些转承国之间的产业级差一直清晰可见。

2. 要素流动

要素流动指的是劳动力、资金、技术等生产要素在区域间的迁移，包括对流、传导与辐射三种具体方式。产业转移本质上是生产要素的跨区域流动和重新组合（张辽，2016；吴立元和刘研召，2018），而在市场机制的作用下，生产要素总是向阻力最小、要素报酬最大的方向流动。当要素流动达到一定规模或组合的复杂程度不断提高时，以该要素或要素组合为主要生产投入的产业为了降低生产成本，就必然转移至要素集聚的区域。

3. 产业竞争

产业竞争是市场经济的基本特征。就产业自身而言，当某一产业能够在所在的区域形成完全垄断经营的局面时，相关企业可以通过垄断势力获取垄断收益，企业也就丧失了通过产业转移来提升自身竞争力和降低成本的内在需求。在现实中，一些区域性的自然垄断行业如水、电、气等行业就很少发生区际转移。相反，当区域内的产业竞争十分激烈时，企业为了应对竞争压力或是降低成本，就会考虑是否进行产业转移。

（二）政府的引导

1. 政策引导

综观五轮全球产业转移，无论是以美日为代表的发达国家主导的全球产业转移，还是当前以中国为主导的新一轮产业转移，其背后都或多或少地存在政府政策引导的影子。制定各类经济发展战略和产业政策是政府的重要职责。在国家之间，通过政策上的引导及对产业转移工作的大力扶持，让本国的边际产业有序地转移出去，从而实现"腾笼换鸟"式的产业转型升级；在一个国家内部，也通过政策上的引导以及对产业转移工作的大力扶持，实现生产力空间布局的优化和区域协调发展。

2. 行政干预手段

行政干预手段是国家凭借行政权力对国内经济活动进行干预的方法。针对产业转移这样特殊的战略规划内容，行政干预手段往往需要具备一定的特殊性和针对性，并且只能在特定的环境下进行运用（郝洁，2022）。例如，美国在进行"西进运动"时，就通过国家行政干预手段进行人口和产业大西迁。在20世纪60年代开始的"三线建设"中，我国也通过行政干预手段让许多东部的产业迁移到西部。当前，国有经济在我国经济体系中占据主导地位，我国完全有能力用行政干预手段来更好地发挥产业转移的各类正面效应。

3. 经济行为

政府除了通过政策引导和行政干预手段的方式来参与产业转移活动，还可以通过国家控制的经济资源来影响产业转移。在前四轮由资本主义发达国家主导的全球产业转移浪潮中，政府直接控制的经济资源有限，因此通过政府的经济行为来影响产业转移比较少见。随着我国市场经济的完善及经济体量的迅速增大，在本轮由中国主导的全球产业转移浪潮中，我国政府可以利用国有企业这一特殊载体对外进行产业直接投资。张欣（2017）、车路遥（2023）等指出，为了帮助"一带一路"沿线发展中国家和地区发展经济，我国国有企业执行国家的"走出去"战略，在"一带一路"沿线发展中国家和地区的经济建设中扮演着极其重要的角色。

（三）产业的自我维持

1. 产业升级

产业升级是区域产业发展到一定水平后的内在需求。产业转移可以通过为转出地发展新兴产业腾出空间而实现产业升级，也可以通过为承接地的发展注入稀缺要素，进而引起区域要素比重的变化而促进传统产业升级。从全球五轮产业转移浪潮所转移的产业类型来看，转移的产业大多是在转出地失去比较优势而在承接地却还有较强的比较优势的产业，这些产业的转移如果从中观层面来看，就是转出地与承接地间产业实现自身升级的内在要求。

2. 产业集聚

产业集聚是指同一产业在某个特定地理区域内高度集中，产业资本要素在空间范围内不断汇聚的过程（徐君，2010）。在规模经济和范围经济效应下，产业集聚将给集群内的单个企业带来成本优势和区域与品牌优势，有利于促进群内企业间的分工与合作，从而形成集聚效应。本轮全球产业转移是建立在产品内分工和工序间分工的基础上的，这一分工形态使企业间的关系更为紧密。为了获得集聚效应，当核心企业作出产业转移决策后，许多与核心企业存在上下游产业关联的中小企业也将"抱团"转移至核心企业所在的产业园区，以形成新的产业集群和新的集聚效应。

3. 技术扩散

技术扩散是指技术在空间上的传播，包括技术贸易、技术转让、技术交流、技术传播等具体形式。产业转出地和产业承接地间不仅存在经济级差，往往还存在技术级差。对于产业转出地的先进企业而言，由于在技术创新过程中进行了大量的投入，承担了巨大的创新风险，因此为了有效地补偿技术开发成本，企业在获得新技术后需要在一定时间内主动进行技术扩散；此外，由于技术常常存在溢出效应，这也使企业为了最大限度地获得技术创新收益而不得不被动地进行技术扩散。在技术扩散的内在驱动下，先进企业往往在技术垄断达到最优时点后，通过产业转移的方式进行技术扩散。

四、新一轮全球产业转移的风险

根据前四轮全球产业转移的一般规律，由中国主导的新一轮全球产业转移可能会持续 30 年乃至更久。与前四轮由发达资本主义国家主导的全球产业转移不同，中国作为一个发展中的社会主义国家，在本轮产业转移中处于主导地位，可能会面临一些重大的风险。

（一）"产业空心化"风险

从全球制造业大国工业增加值占本国 GDP 比重的变化情况来看（见表 3-2），中国 2003~2012 年工业增加值占 GDP 比重的均值为 46.44%，且波动幅度很小；美国、日本、德国、印度等制造业大国在此期间工业增加值占 GDP 比重的均值分别为 20.39%、28.67%、26.59%、30.06%，除美国较为稳定外，其他三国的波动幅度相对较大。但 2013~2021 年，中国工业增加值占 GDP 比重的均值则从46.44%下降为 40.34%，而美国、日本、德国、印度等制造业大国工业增加值占GDP 比重的均值分别为 18.43%、28.33%、27.06%、26.44%，其下降幅度均明显地少于中国。这说明，自 21 世纪初启动的新一轮全球产业转移以来，中国既是主要的转出国又是主要的承接国，中国转出的产业份额要大于承接的产业份额，而欧美等地区的发达国家通过产业回归强化了工业份额，中国工业出现了一定程度的"产业空心化"趋势。且从时间趋势上看，这种趋势有越来越明显的迹象。

表 3-2　2003~2021 年全球制造业大国工业增加值占 GDP 的比重　　单位：%

年份	中国	美国	日本	德国	印度
2021	39.43	17.88	缺失	26.74	25.89
2020	37.84	17.51	29.02	26.62	24.53
2019	38.59	18.28	28.62	26.95	24.60
2018	39.69	18.63	28.98	27.31	26.41
2017	39.85	18.44	28.88	27.46	26.50
2016	39.58	18.04	28.63	27.57	26.62
2015	40.84	18.59	28.58	27.11	27.35

续表

年份	中国	美国	日本	德国	印度
2014	43.09	19.33	27.31	27.01	27.66
2013	44.18	19.24	26.65	26.78	28.40
2012	45.42	19.16	26.56	27.28	29.40
2011	46.53	19.41	26.70	27.07	30.16
2010	46.50	19.31	28.34	26.85	30.73
2009	45.96	19.27	27.11	24.74	31.12
2008	46.97	20.79	28.78	26.85	31.14
2007	46.88	21.42	29.60	27.24	30.90
2006	47.56	21.59	29.67	26.97	30.93
2005	47.02	21.21	29.87	26.35	29.53
2004	45.90	20.95	29.97	26.40	29.22
2003	45.62	20.74	30.08	26.19	27.47

资料来源：https：//www.kylc.com/stats/global/yearly_overview/g_industry_value_added_in_gdp.html。

（二）"转型升级陷阱"风险

产业转移可以为产业转出地实现"腾笼换鸟"提供重要机遇，因此加快本国或本区域产业转型升级是产业转出地大力推进产业转移的一个重要动因。我国在承接上一轮全球产业转移的过程中，从加工、组装等产业价值链低端环节参与全球生产分工，快速发展成为全球制造中心。然而，由于我国承接的大多是价值链低端环节，因此我国被动地陷入了全球价值链的"低端锁定"。我国学术界乃至一些政府部门期盼借助新一轮由我国自身主导的全球产业转移机会，将东部沿海地区失去比较优势的低端产业转移出去，发展高端制造业，进而实现国内产业转型升级。然而，本书通过运用 DEA 法对 2003～2022 年我国工业行业全要素生产率的测算结果来看（见图 3-1），显然是与学者和政府部门的期盼相去甚远。现实是，我国工业部门出现了全要素生产率整体下降走势，尤其是在 2008 年全球金融危机之后，其下降趋势更加明显。这说明，在新一轮全球产业转移中，我国虽然处于主导地位，但不可盲目照搬前四轮全球产业转移主导国的经验，一味盲目地向国外转出我们的制造业，以免陷入"转型升级陷阱"中。

（三）"产业链双向挤压"风险

在本轮由我国主导的全球产业转移浪潮中，按照前几轮全球产业转移的一般规律，我国作为主要产业转出国本可以利用本轮产业转移的机遇实现产业链的延

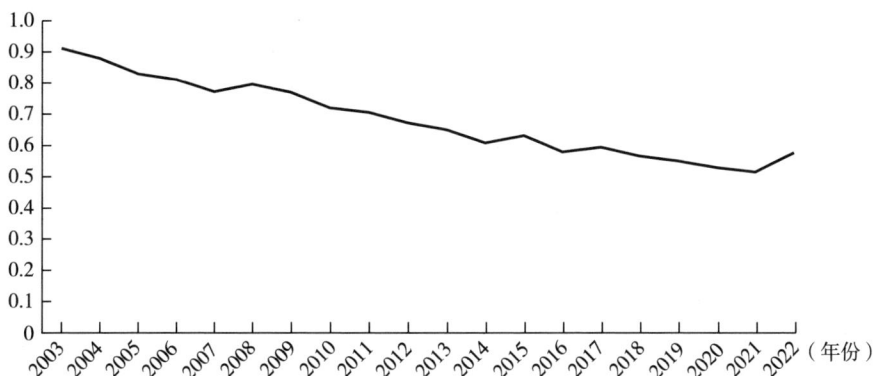

图 3-1 2003~2022 年我国工业行业全要素生产率

伸和全球布局。然而，本轮全球产业转移与前几轮全球产业转移有一个重要的外部环境上的差异，那就是近几年"逆全球化思潮"的泛滥。在此背景下，对处于产业转入与转出枢纽位置的中国而言，一方面，欧美国家实施"再工业化"战略，使一些高端制造业出现了向发达经济体回归的趋势，从而不但使我国期望承接高端制造业的可能性大大降低，且自身的一些高端制造业也出现了转出的迹象。另一方面，我国劳动力成本不断上升、东部沿海城市房价高企等因素导致企业生产经营成本大幅度提高，传统制造业的比较优势不断减弱（刘友金和周健，2021），从而使我国东部沿海的劳动密集型产业乃至资本密集型产业有大规模向东南亚转移的趋向。如此一来，我国产业链的两端就有可能被"削头断尾"，存在"产业链双向挤压"的风险。

第二节 产业转移微观决策机制及企业异质性[①]

宏观层面的产业转移现象是微观层面企业区位决策的结果。因此，为了更深入地理解产业转移，本节从微观视角来考察产业转移的条件并分析异质性的企业特征对转移倾向的影响。

---

① 本节主要内容已作为项目阶段性研究成果公开发表。

一、模型构建

从宏观层面来看，产业转移指的是产业区位响应不同分工形势而再调整的动态过程，是区域产业结构演进的自然经济现象，是对区域产业形成与发展的历史描述（刘友金等，2011；杨亚平和周泳宏，2013）。"雁阵模型理论"被提出来之后，经国内外学者的不断拓展，最终形成了包括"产品生命周期理论"、"边际产业扩张理论"、"国际生产折衷理论"、"核心—边缘模型"及"梯度转移模型"等在内的相对完善的区域产业转移理论体系。这些理论从宏观层面解释了产业转移特别是国际产业转移的内在动因和对区域经济发展的影响效应。然而，从微观层面来看，产业转移表现为一地区的企业将部分或全部生产转移到另一地区（孙晓华等，2018），其本质是企业实现利润最大化目标的区位战略决策。在宏观层面的产业转移理论中，企业都具有同质性是一个不可或缺的条件。但自异质性企业理论被提出以来，越来越多的研究表明，区域间的产业转移不仅取决于产品或产业的生命周期、区域的经济发展阶段或产业政策等因素，而且更多地由企业内部要素禀赋差异和核心生产力的差异来决定。

（一）模型假设

本节旨在从微观视角探讨产业转移的一般条件以及说明企业的异质性，即经营规模、生产率、劳动强度等方面的特征对转移倾向的具体影响。为不失一般性，设定一个制造型企业 A，企业 A 既可以是本土公司，也可以是前期决定落户该地的外地公司，在这里本书不关注企业的初始区位决策。假定企业 A 处于竞争性行业中，在向无法从该行业的其他厂商处得到满足的人们销售其产品，具有一定的市场势力，因此企业 A 面临着向下倾斜的剩余需求函数。在不同时期 t 的整体市场需求函数为：

$$p_t = a - q_t \tag{3-1}$$

其中，p_t 表示企业 A 的产品价格，q_t 表示产量，t 表示经营时期。值得说明的是，一般而言，企业在其生命周期内存在一个不间断的连续经营时期，这里为研究方便，以企业是否面临产业转移选择为界，将其连续经营时期分割为两个阶段，即 $t=1, 2$。

对于企业 A 而言，在其整个生命周期内存在两个可能的生产区域，即本地（L）和外地（F）。企业 A 第一阶段的生产地点是本地 L，在本地 L 建立工厂的固定成本已经成为沉没成本，因此为简化起见，假设企业 A 在第一阶段生产的固定成本为 0。企业 A 在两个阶段的生产要素为劳动（l_t）和资本（k_t）。在本地 L，两个阶段的劳动价格（w^L）和资本价格（r^L）不变；外地 F 的劳动价格和资本价格分别为 w^F 和 r^F，但是，企业 A 在第二阶段存在外生不确定性的劳动价格冲击和资本价格冲击的可能性。假设外地 F 的第二阶段劳动价格与第一阶段劳动价格相等（$w_2^F = w_1^F$）的概率为 ρ_l，那么，根据互补概率，$1-\rho_l$ 则表示外地 F 第二阶段劳动价格与第一阶段劳动价格不相等的概率；同理，假设外地 F 的第二阶段资本价格与第一阶段资本价格相等（$r_2^F = r_1^F$）的概率为 ρ_k，那么，$1-\rho_k$ 则表示外地 F 第二阶段资本价格与第一阶段资本价格不相等的概率。外地 F 劳动价格和资本价格的不确定性在第二阶段被解决，当企业 A 观察到外地 F 的实际劳动价格和资本价格时，将选择继续留在本地 L 还是转移到外地 F，也就是说，企业 A 的成本取决于生产地点。如果企业 A 决定在第二阶段转移到外地 F 生产，那么它将存在一个固定的建厂成本，用 Φ^F 表示。一般而言，产业转移将通过资本挤入效应、技术溢出效应、就业扩大效应等对承接地的经济发展产生积极的影响（胡黎明和赵瑞霞，2017），因而外地 F 为吸引产业转移到本地一般会有相关的优惠政策及政府补贴，用 Ψ^F 表示，并假定 $\Psi^F < \Phi^F$。

假设本地 L 的要素价格是外生给定的，对于劳动和资本的单位要素需求分别用 α_l 和 α_k 表示，对于 α_l 和 α_k，假定不同地区间是相同的，但不同企业间则不同。根据这一假定，企业 A 的劳动边际生产力和资本边际生产力分别为 $\frac{1}{\alpha_l}$ 和 $\frac{1}{\alpha_k}$。参考 Dewit 等（2019）的做法，选择 Leontief 生产技术来进行设定，则在第二阶段企业，A 在外地 F 的边际生产成本可以由式（3-1）给定。

$$c_2^F = \alpha_l w_2^F + \alpha_k r_2^F \tag{3-2}$$

而企业 A 如果在两个经营阶段都在本地 L 进行生产，则本地 L 两个时期的边际生产成本是相等的，可以由式（3-3）表示。

$$c^L = \alpha_l w^L + \alpha_k r^L \tag{3-3}$$

在 t 期，企业 A 的劳动力总量为 $l_t = \alpha_l q_t$、资本总量为 $k_t = \alpha_k q_t$，这表明其劳动资本比率等于 $\frac{\alpha_l}{\alpha_k}$。需要注意的是，由于单位要素需求 α_l 和 α_k 是企业 A 特有的，因此 c^L 和 c_2^F 也是企业 A 特有的。

除了生产成本，调整成本则是企业进行跨期决策时需要考虑的另一核心变量（刘盛宇和尹恒，2018）。假定企业 A 在第二阶段全部转移到外地或通过缩减本地生产规模部分转移到外地，还会产生劳动调整成本和资本调整成本。对于劳动调整成本，胡永刚和刘方（2007）、石文慧（2012）、刘媛媛和刘斌（2014）等指出，其主要来源于政府及相关社会组织的劳动保护措施，主要包括劳动合同标准化、工作时间与休假制度、劳动合同执行与解除、集体议价制度、劳动争议处置等方面。因此，更具体地说，在本地 L，企业 A 一旦调整生产，就需要相应地调整劳动投入，进而产生劳动调整成本。劳动调整成本可以用 $I\lambda_l^L\alpha_l\left(q_1^L-q_2^L\right)$ 表示。其中，λ_l^L 作为一个反映生产地劳动保护强度的参数，其值越大则意味着劳动保护越严格。I 作为一个指标变量，如果 $q_1^L>q_2^L$，则 $I=1$；否则 $I=0$。对于资本调整成本，Hamermesh 和 Pfann（1996）、鄢萍（2012）、杨柳等（2014）认为，主要来源于企业在调整其资本存量的时候所产生的摩擦，主要包括设备安装安装调试、投资不可逆性、企业间的利率差异、员工再培训、项目审批中的行政和法律成本等方面。因此，更具体地说，在本地 L，企业 A 一旦调整生产，就需要相应地调整资本投入，进而产生资本调整成本。资本调整成本可以用 $I\lambda_k^L\alpha_k\left(q_1^L-q_2^L\right)$ 表示。其中，λ_k^L 作为一个反映生产地资本调整成本强弱的参数，其值越大则意味着该地方资本调整成本越高；同样，作为一个指标变量，与前文的意义一致。

（二）决策模型

在以上假设的基础上，企业 A 在其生命周期的某个时点是否会作出向外地 F 转移的决策呢？本书以企业 A 面临产业转移选择时为时间界点，将其生命周期分为两个阶段。在第一阶段，企业 A 在本地 L 生产，并选择在这一阶段的产出水平 q_1^L，但面临着第二阶段外地 F 劳动价格和资本价格的不确定性。在第二阶段初，外地 F 的劳动价格和资本价格被观察到，企业 A 决定是否转移到外地 F，还要选择第二阶段的产出水平 q_2^L 或 q_2^F。用 L_t 和 F_t 分别代表在第 t 阶段企业选择的生产区位，从逻辑上而言，这将存在两个区位选择的动态均衡：第一个均衡为（L_1，L_2），表示企业 A 两个阶段都选择在本地 L 生产；第二个均衡为（L_1，F_2），表示企业 A 第一阶段选择在本地 L 生产，第二阶段转移到外地 F 生产。自然地，在实践中，大多数情况下为第一个均衡，否则企业 A 就不会选择本地 L 作为它的初始生产区位。然而，由于本书期望分析企业 A 在面临外地 L 劳动价格和资本价格冲击下可能的产业转移决策，因此本书将聚焦于第二个均衡（L_1，F_2）在什么情况下可能会发生。

从单个企业的角度来看，成本和收益是企业进行所有经济活动决策需要考虑的两个基本因素，当面临是否转移的决策时，未来的利润就是决定企业是否转移的关键影响因素。因此，在第二阶段，如果企业 A 能从转移中获得更多的利润，那么它就会转移。用 $\pi_2(L_1, F_2)$ 和 $\pi_2(L_1, L_2)$ 分别表示在第二阶段企业 A 转移到外地 F 和继续留在本地 L 的利润，则企业 A 转移的条件为：

$$\pi_2(L_1, F_2) > \pi_2(L_1, L_2) \tag{3-4}$$

如果企业 A 选择转移到外地 F 进行生产，它将关闭本地 L 的工厂，因此将产生由劳动保护政策引致的劳动调整成本 $\lambda_l^L \alpha_l q_1^L$ 以及由资本摩擦而引致的资本调整成本 $\lambda_k^L \alpha_k q_1^L$。值得指出的是，为了简单起见，本书在模型中抽象掉了企业的部分转移。当然，现实中企业的转移通常是部分的，然而，企业的部分转移不会改变区位决策模型的本质属性及其与企业异质性之间的定性关系，因此从本书的理论模型中得到的基本结论既适用于部分转移，也适用于完全转移。另外，在外地 F 建立新工厂必须支付成本，也能获得一定的政府政策优惠及相关补贴，因此，在发生转移的情况下，企业 A 第二阶段的利润为：

$$\pi_2(L_1, F_2) = (p_2 - c_2^F) q_2^F - \lambda_l^L \alpha_l q_1^L - \lambda_k^L \alpha_k q_1^L - (\Phi^F - \Psi^F) \tag{3-5}$$

然而，如果第二个阶段企业 A 选择继续留在本地，则当且仅当第二阶段的产出水平低于第一阶段时，它将产生劳动调整成本及资本调整成本，其利润函数为：

$$\pi_2(L_1, L_2) = (p_2 - c^L) q_2^L - I\lambda_l^L \alpha_l (q_1^L - q_2^L) - I\lambda_k^L \alpha_k (q_1^L - q_2^L) \tag{3-6}$$

二、模型分析

（一）企业转移的条件分析

当企业 A 决定在第二阶段转移到外地 F 时，其区位决策均衡是 (L_1, F_2)，因此，通过式（3-5）利润最大化的一阶条件 $\dfrac{\partial \pi_2(L_1, F_2)}{\partial q_2^F} = 0$ 求解可得到 q_2^F：

$$q_2^F = \frac{(a - c_2^F)}{2} \tag{3-7}$$

同理，当企业 A 决定在第二阶段继续留在本地 L 时，其区位决策均衡是 (L_1, L_2)，通过式（3-6）利润最大化的一阶条件 $\dfrac{\partial \pi_2(L_1, L_2)}{\partial q_2^L} = 0$ 求解可得到 q_2^L：

$$q_2^L = \frac{(a - c^L + I\lambda_l^L \alpha_l + I\lambda_k^L \alpha_k)}{2} \tag{3-8}$$

使用式（3-7）和式（3-8），则式（3-4）中企业 A 转移的条件可以变为：

$$\frac{(a-c_2^F)^2-(a-c^L+I\lambda_l^L\alpha_l+I\lambda_k^L\alpha_k)^2}{4}>(\Phi^F-\Psi^F)+(1-I)(\lambda_l^L\alpha_l q_1^L+\lambda_k^L\alpha_k q_1^L) \qquad (3-9)$$

根据前述假设，企业 A 在第二阶段将存在外生不确定性的劳动价格或资本价格冲击的可能性，因此企业 A 将通过最大化期望利润 $E\pi$ 来确定其第一阶段的最优产量水平，为了简化模型分析计算过程，本研究对外地 F 的劳动价格和资本价格分别作出这样设定：先设定外地 F 资本要素的价格 r^F 在两个时期内保持不变，而劳动价格 w^F 存在不确定性；随后设定外地 F 劳动要素的价格 w^F 在两个时期内保持不变，而资本价格 r^F 存在不确定性。在此假设下，$E\pi$ 可表述为：

$$E\pi=\begin{cases}\pi_1+\rho_l\pi_2(L_1, L_2)+(1-\rho_l)\pi_2(L_1, F_2)\\ \pi_1+\rho_k\pi_2(L_1, L_2)+(1-\rho_k)\pi_2(L_1, F_2)\end{cases} \qquad (3-10)$$

$\pi_1=(p_1-c^L)q_1^L$，通过式（3-10）的期望利润最大化的一阶条件 $\frac{\partial E\pi}{\partial q_1^L}=0$ 可得到 q_1^L：

$$q_1^L=\begin{cases}\dfrac{[a-c^L-(1-\rho_l)\lambda_l^L\alpha_l-I\rho_l\lambda_l^L\alpha_l]}{2}\\ \\ \dfrac{[a-c^L-(1-\rho_k)\lambda_k^L\alpha_k-I\rho_k\lambda_k^L\alpha_k]}{2}\end{cases} \qquad (3-11)$$

通过比较式（3-10）和式（3-8）可得 $q_2^L>q_1^L$，因此根据前述假定，式（3-8）、式（3-9）及式（3-11）中的 $I=0$。式（3-11）表明，企业 A 考虑第二阶段可能存在由外生不确定性的劳动价格或资本价格冲击而引致产业转移的可能，为了减少在发生产业转移情况下的进入成本，在一定程度上限制了第一阶段的产出，限制的产出可由 $\dfrac{-(1-\rho_l)\lambda_l^L\alpha_l}{2}$ 和 $\dfrac{-(1-\rho_k)\lambda_k^L\alpha_k}{2}$ 反应。对式（3-9）简化可得企业 A 转移的条件：

$$\frac{(a-c_2^F)^2-(a-c^L)^2}{4}>(\Phi^F-\Psi^F)+\lambda_l^L\alpha_l q_1^L+\lambda_k^L\alpha_k q_1^L \qquad (3-12)$$

由 $\Psi^F<\Phi^F$ 可知，式（3-12）的右边 $(\Phi^F-\Psi^F)+\lambda_l^L\alpha_l q_1^L+\lambda_k^L\alpha_k q_1^L>0$，进而可知式（3-12）成立的必要但非充分条件为 $c_2^F<c^L$，这一条件就是企业 A 转移的必要但非充分条件。因此，在 $c_2^F<c^L$ 情境下，如果其他条件不变，那么企业 A 向外地 F 转移是可能发生的。如果外地 F 的劳动价格或资本价格与本地 L 相比优势比较明显

且达到某一阈值，则企业向外地 F 转移的可能性会更高，这是因为它扩大了本地 L 与外地 F 的预期经营利润之间的差距，即不等式（3-12）的左边增加。如果本地 L 没有劳动保护政策（$\lambda_l^L=0$），也没有资本摩擦（$\lambda_k^L=0$），企业转移到外地 F 的前提是营业利润足以弥补本地 L 和外地 F 之间与转移相关的进入成本和政府补贴之间的差额（$\Phi^F-\Psi^F$）。然而，在给定本地 L 存在劳动保护（$\lambda_l^L>0$）和资本摩擦（$\lambda_k^L>0$）的情况下，企业 A 如果转移将面临劳动调整成本和资本调整成本（$\lambda_l^L\alpha_l q_1^L+\lambda_k^L\alpha_k q_1^L$）。因此，相对于本地 L 没有劳动保护和没有资本摩擦的情况，本地 L 和外地 F 的营业利润差距现在需要进一步扩大，以便在该企业转移到外地 F 时能够补偿与转移有关而产生的额外调整成本。

（二）企业异质性的影响分析

参考 Melitz（2003）、易靖韬（2009）、邱斌等（2020）对企业异质性的研究成果，本书在产业转移微观决策模型的基础上，重点考察企业规模、生产率和劳动强度三个异质性因素是如何影响企业的转移倾向的。

1. 企业规模的影响分析

令 $D^L\equiv a-c^L$、$D_2^F\equiv a-c_2^F$、$D_2^F=\theta D^L$，由于 $c_2^F<c^L$ 是企业 A 进行产业转移的必要但非充分条件，因此 $D_2^F>D^L$，即 $\theta>1$。根据规模经济原理，D^L 可以解释为企业规模的一个决定因素。由于 $D_2^F=\theta D^L$，通过式（3-12）左边 $\dfrac{\left[(a-c_2^F)^2-(a-c^L)^2\right]}{4}$ 对 D^L 求导，可得 $\left(\dfrac{D^L}{2}\right)(\theta^2-1)>0$。因此，当 $\lambda_l^L=0$、$\lambda_k^L=0$ 时，企业 A 规模越大则越倾向于进行产业转移。反之，当 $\lambda_l^L\neq0$、$\lambda_k^L\neq0$ 时，企业 A 转移到外地 F 的可能性就会降低。相对于小企业而言，第二阶段外地 F 的成本优势适用于企业规模较大时产量也较大的情况，这放大了企业在外地 F 生产和本地 L 生产之间的利润差距。在式（3-12）中，由劳动保护引致的调整成本为 $\lambda_l^L\alpha_l q_1^L$。对此，调整成本求 D^L 的偏导可得 $\dfrac{d(\lambda_l^L\alpha_l q_1^L)}{dD^L}=\dfrac{\lambda_l^L\alpha_l}{2}>0$。因此，在其他条件不变的情况下，相对于那些规模小的企业而言，企业的规模越大，它从较高劳动保护的地区转移就会产生更高的劳动调整成本，即它们在本地 L 的初始产出水平更高，以及在转移时的劳动调整成本也更高。而这些成本又降低了企业从转移中获得相对较高的潜在收益。这表明，劳动保护往往会缩小大企业和小企业之间的转移倾向。同理，在式（3-12）中，由资本摩擦引致的调整成本为 $\lambda_k^L\alpha_k q_1^L$。对此，调整成本求 D^L 的偏导

可得 $\dfrac{d(\lambda_k^L \alpha_k q_1^L)}{dD^L} = \dfrac{\lambda_k^L \alpha_k}{2} > 0$。因此，在其他条件不变的情况下，相对于那些规模小的企业而言，企业的规模越大，它从较高资本摩擦的地区转移就具有更高的资本调整成本，这表明资本摩擦往往会缩小大企业和小企业之间的转移倾向。

2. 企业生产率的影响分析

由于 D^L 与边际生产成本成反比，因此 D^L 也可以被视为企业生产率的指标。同理，由于 $\left(\dfrac{D^L}{2}\right)(\theta^2 - 1) > 0$，因此，当 $\lambda_l^L = 0$、$\lambda_k^L = 0$ 时，企业 A 若生产率越高越倾向于进行产业转移；反之，当 $\lambda_l^L > 0$、$\lambda_k^L > 0$ 时，企业 A 转移到外地 F 的可能性就会降低。在其他条件相同的情况下，生产率高的企业将比生产率低的企业生产更多的产品。第二阶段在外地 F 进行生产存在成本优势，因此相对于类似生产率较低的企业，且无论这一类似企业是在本地 L 还是在外地 F 生产，生产率高的企业的经营利润都更大。因此，就像大企业从转移到外地 F 比小企业有更大的潜在收益一样，生产率高的企业比生产率低的企业从转移中获利更多。这与 Helpman 等（2004）的研究结果一致，即只有生产率最高的企业才会进行 FDI，这是因为只有这些企业才能获得足够的营业利润来弥补 FDI 的设立成本。同理，$\dfrac{d(\lambda_l^L \alpha_l q_1^L)}{dD^L} = \dfrac{\lambda_l^L \alpha_l}{2} > 0$，则 $\dfrac{d(\lambda_k^L \alpha_k q_1^L)}{dD^L} = \dfrac{\lambda_k^L \alpha_k}{2} > 0$。因此，在其他条件不变的情况下，相对于那些生产率低的企业而言，企业的生产率越高，它从较高劳动保护或较差资本市场环境的地区转移就具有更高的劳动调整成本或资本调整成本，而这些成本又降低了企业从转移中获得相对较高的潜在收益。这表明，劳动保护和资本市场环境往往会缩小生产率高的企业和生产率低的企业之间的转移倾向。

3. 企业劳动强度的影响分析

企业的劳动强度可用 $\dfrac{l}{k}$ 表示，则根据前文可知，$\dfrac{l}{k} = \dfrac{\alpha_l}{\alpha_k}$。为了将劳动强度与企业生产率效应分离，本书比较了生产率相同或具有相同边际生产成本（c^L）但具有不同相对劳动强度的本土企业的转移倾向。企业特有的劳动强度的增加使边际生产成本 c^L 不受影响，意味着 $\dfrac{dc^L}{d\alpha_l} = w^L + \left(\dfrac{d\alpha_k}{d\alpha_l}\right) r^L = 0$，这反过来又意味着 $\dfrac{d\alpha_k}{d\alpha_l} = \dfrac{-w^L}{r^L}$。我们先确定企业相对劳动强度的增加如何影响转移带来的潜在收益。当边际生

产成本 c^L 保持不变时，通过对式（3-12）左边求关于 α_l 的微分，可得

$$\frac{-D_2^F\left[w_2^F-r^F\left(\frac{w^L}{r^L}\right)\right]}{2}$$。根据该式可知：当 $\frac{w_2^F}{r^F}<\frac{w^L}{r^L}$ 时，有 $w_2^F-r^F\left(\frac{w^L}{r^L}\right)<0$，进而有

$$\frac{-D_2^F\left[w_2^F-r^F\left(\frac{w^L}{r^L}\right)\right]}{2}>0$$。这意味着，对于劳动密集型企业来说，向劳动力相对廉

价的外地 F 转移的收益会更高。当 $\frac{w_2^F}{r^F}>\frac{w^L}{r^L}$ 时，有 $w_2^F-r^F\left(\frac{w^L}{r^L}\right)>0$，进而有

$$\frac{-D_2^F\left[w_2^F-r^F\left(\frac{w^L}{r^L}\right)\right]}{2}<0$$。这意味着，对于资本密集型企业来说，向资本相对昂贵的

外地 F 转移的收益会更低。

三、模型结论及启示

综上分析可知，对于单个企业而言，在承接地具有比转出地更低的边际生产成本的情景下，企业转移的基本条件是承接地与转出地的劳动价格或资本价格差异程度达到某一阈值。同时，承接地的进入成本、政府补贴对企业的转移倾向有重要影响，转出地的劳动调整成本和资本调整成本对企业的转移倾向也有重要影响。对于异质性的企业特征而言，在其他条件相同的情况下，规模越大、生产率越高的企业转移倾向越高，但转出地的劳动保护政策和资本市场环境会降低这一转移倾向。与低劳动密集型企业相比，高劳动密集型企业向具有劳动价格优势的地区转移的倾向更高；与低资本密集型企业相比，高资本密集型企业向具有资本价格优势的地区转移的倾向更高。

随着"一带一路"建设的顺利推进，世界经济正在加速形成以中国为中介的全球价值链"双环流"体系。在此背景下，中国经济迎来了重大的历史发展机遇。因此，对产业链各环节实行"引进来"与"走出去"并重的策略是当前国内经济发展及产业转移的战略重点，而本书研究得出的基本结论可以为此提供三点政策启示：第一，对于国家整体层面而言，要加快推进要素市场改革，消除劳动市场和资本市场的价格扭曲，促使要素自由流动，提高资源配置效率。第二，对于产业承接地而言，地方政府除了进一步出台具有补贴性质的吸引产业转移的优惠政策，更重要的是要从企业规模、生产率及劳动强度等异质性的角度制

定有针对性的产业吸引政策。第三，对于产业转出地而言，引导边际产业转出去的政策重点在于从地方劳动保护政策和区域资本市场环境入手，不断降低转移企业的劳动调整成本和资本调整成本。

第三节　产业转移与区域经济高质量发展的内在关联

当前，实践界普遍认为，产业转移为承接地区域经济高质量发展提供了重要的机遇。然而，如何对这一机遇进行理论上的诠释？产业转移与承接地的区域经济高质量发展到底存在何种内在关联？这些还需要在数理模型基础上进行严格的理论推演和逻辑检验。

一、区域经济模型的演进

区域经济模型的发展大致经历了四个阶段：第一阶段是在 20 世纪 60 年代以前。在此阶段，区域经济模型主要是对单区域按照国家和国家尺度的建模方法进行逻辑上的延伸，区域经济模型与国家宏观经济模型并无本质区别，这个阶段的区域经济模型是对单区域的产出、就业、税收等有限变量进行分析，模型结构比较简单。第二阶段是在 20 世纪 60 年代末至 70 年代初。在此阶段，区域经济建模开始涉及对空间经济系统定量和完整的描述，区域模型日益被当作在空间上规划和决策的工具来使用。学者设计了规划模型，并研究给定福利标准下区域系统最好的状态，将最优化方法、计量经济等工具应用于区域经济模型。第三阶段是在 20 世纪 70 年代中期至 80 年代。在此阶段，区域经济模型更加明确地指向多区域，并考虑区域之间的相互作用，学者致力于设计更符合实际、适合评价区域发展趋势的空间经济模型，这些模型开始与其他学科进行交叉融合，特别是融合人口、环境、能源和社会等变量。第四阶段是从 20 世纪 80 年代末开始至今。在此阶段，区域经济模型日益向主流经济学靠拢，将生产要素和产品完全流动、经济活动不完全可分等假设考虑进来，引入外部性、规模经济、技术进步等概念，逐步发展成为新经济地理模型（经济学网，2023）。

以克鲁格曼、藤田等为代表的新经济地理学派，建立了一个具有规模报酬递增的垄断竞争一般均衡的新经济地理模型分析框架，该框架为分析地区差距、要素流动、生产力空间布局、贸易分工、公共政策影响等问题开辟了新的方向。在克鲁格曼（Krugman，1991）开创的新经济地理中心—外围（Core-Periphery，CP）模型框架内，Forslid 等（2003）提出了要素流动（Factor Mobility，FM）模型，Ottaviano 等（2006）又提出了垂直关联（Vertical Linkage，VL）模型。通过对比这两类模型的研究结果发现，其均衡性和稳定性与 CP 模型具有本质上的一致性，从而解决了新经济地理学理论的"内部一致性问题"。然而，CP 模型、FM 模型及 VL 模型由于没能充分地反映区域经济的现实背景，从而也没能得到一个解释性良好的分析框架。之后，一些新经济地理学者又将 CP 模型与自由资本（Footloose Capital，FC）模型相结合，提出了自由企业家（Footloose Entrepreneurs，FE）模型。该模型不反映了需求关联和成本关联的累积循环因果效应，还明确地反映了地区间资本流动导致的生产转移，这使模型中企业区位决策等内生变量是清晰可解的，从而为产业转移理论研究的进一步深入奠定了坚实基础（孙晓华等，2018；陈春和董冰洁，2019；郑鑫和陈耀，2023）。

二、模型构建

本书以 FE 模型为研究起点，通过借鉴韩峰和柯善咨（2012）、李国平等（2016）、吕大国等（2019）的相关研究，对要素流动和产业关联进行整合，在产业跨区域转移背景下构建一个更容易操作的可解析性综合模型。该模型不仅能够透视被新经济地理学理论忽视的空间经济特征，还能通过进一步探讨空间异质性而展开系统的政策分析。

（一）区域经济设定

1. 区域设定

设经济体有两个区域：区域 1 和区域 2，在模型中以下标 $r \in \{1, 2\}$ 表示。为了简化模型，两个区域包括对称的居民偏好、技术、贸易成本和不可转移的要素禀赋四个方面。由于区域 1 和区域 2 是对称的，为了表述简洁，本部分所设定的两区域居民消费行为和厂商生产行为完全一致，因此各类指标均可暂时省略表示区域的下标。

2. 部门设定

设经济体包括传统部门 A 和现代部门 M。传统部门 A 的基本特征为：采用规模收益不变的生产技术生产同质产品，在同质产品的生产过程中需要投入劳动力要素和复合中间产品。现代部门 M 的基本特征为：采用规模收益递增的生产技术生产异质产品，在异质产品的生产过程中同样需要投入劳动力要素和复合中间产品。

3. 要素设定

设经济体的投入要素包括技术劳动力 H 和普通劳动力 L。技术劳动力 H 作为现代部门 M 的固定投入，支付给该类要素的报酬是厂商进行生产必须支付的固定成本之一；普通劳动力 L 是传统部门 A 和现代部门 M 共同的可变投入，普通劳动力 L 可以在同一区域内两部门间自由转换，但不可跨区域流动，厂商支付给普通劳动力 L 的报酬计入生产的可变成本中，在同一区域内两部门间的普通劳动力报酬相同。

4. 贸易成本设定

遵循经典的 CP 模型、FM 模型、VL 模型及 FE 模型的设置，两部门产品在区域内贸易均无贸易成本；传统部门 A 在进行跨区域贸易时也假定无贸易成本，现代部门 M 在进行跨区域贸易时假定存在区际贸易成本，并采用标准"冰山"交易形式。

（二）居民消费行为设定

设两个区域的居民消费偏好相同，代表性消费者的效用函数 U 为：

$$U = \frac{(M^h)^u A^{1-u}}{u^u (1-u)^{1-u}}, \quad M^h = \left(\int_{i=0}^{N} m_{hi}^{\frac{(\sigma-1)}{\sigma}} di \right)^{\frac{\sigma}{(\sigma-1)}} \tag{3-13}$$

其中，A 为居民对传统产品的消费量，现代制成品为水平差异化的异质产品，M^h 为居民对该类异质产品的复合消费集，$M^h = \left(\int_{i=0}^{N} m_{hi}^{\frac{(\sigma-1)}{\sigma}} di \right)^{\frac{\sigma}{(\sigma-1)}}$ 表示满足不变替代弹性 CES 子效应函数形式，该函数形式反映了迪克西特—斯蒂格利茨（DS）（Dixit and Stiglitz，1977）形式的多样化偏好。m_{hi} 为居民对第 i 种制成品的消费量，其中 h 表示异质制成品在居民消费环节中的供给。N 为两区域经济体中异质制成品种类的总数。u 和 σ 均为外生变量。其中，u 为居民对异质品的消费支出占总支出的比重（$0<u<1$）；σ 为异质品之间的不变替代弹性（$\sigma>1$），其值大于 1。由式（3-13）可知，居民将收入的 $1-u$ 用来消费传统产品，将收入的 u 用来消费异质品。

代表性消费者的预算约束满足：

$$P_A A + \int_{i=0}^{N} P_i m_{hi} di \leqslant e \tag{3-14}$$

其中，P_A 为传统产品的市场价格，P_i 为第 i 种制成品的市场价格，e 为代表性消费者的可支配收入。结合式（3-14）和式（3-14），通过对代表性消费者进行效用最大化求解，可得消费决策和间接效用分别为：

$$A = \frac{(1-u)e}{P_A}, \ M^h = \frac{ue}{G}, \ G \equiv \left(\int_{i=0}^{N} P_i^{1-\sigma} di \right)^{\frac{1}{(1-\sigma)}}, \ m_{hi} = ue \frac{P_i^{-\sigma}}{G^{1-\sigma}} \qquad (3-15)$$

$$V = \frac{e}{P_A^{1-u} G^u} \qquad (3-16)$$

其中，G 为制成品消费集的复合价格指数；$P_A^{1-u} G^u$ 可视为居民获得单位"间接效用"的成本支出，即生活成本指数。

（三）厂商生产行为设定

为了深入揭示产业转移与承接地经济高质量发展的内在关联，本模型在 FE 模型基础上，根据需求关联和成本关联的累积循环因果关系，进一步将可变投入拓展为复合了普通劳动力要素与中间投入的综合投入形式，由此来实现理论机制的完整性和模型的易操作性的相互协调。对于厂商的生产行为的设定将重点描述两生产部门的技术特点和厂商生产决策。同时，根据 CP 模型框架中对经济活动的空间集中要求产业间的要素流动为原则，对不同部门产品的贸易成本进行设定。

1. 传统部门

根据前述对区域经济的设定，传统部门在规模报酬不变的技术条件下组织生产，其产品市场为完全竞争市场，产品在区域内及区际间的贸易成本均为零。为了简化模型的推导过程，将该部门生产的产品设为计价物，则两区域均质品的价格 $P_A = 1$。根据前述假定可知，传统部门投入的要素有两类：一类是复合中间投入品 M^A；另一类是普通劳动力 L。其中，普通劳动力 L 只能在区域内的部门间自由转换而不能在区域间进行流动。因此，本模型中普通劳动力要素的所有者对其要素投入及自身生活区位的决策是外生给定而不是内生确定的。因此，传统部门的生产函数为：

$$A = \frac{(M^A)^\tau L^{1-\tau}}{\tau^\tau (1-\tau)^{1-\tau}}, \ M^A = \left[\int_{i=0}^{N} m_{Ai}^{\frac{(\sigma-1)}{\sigma}} di \right]^{\frac{\sigma}{(\sigma-1)}} \qquad (3-17)$$

其中，τ 为外生变量，表示产出关于复合制成品投入集的弹性，其取值区间为 $[0, 1]$，τ 的取值越大则意味着中间投入品变动对该复合制成品产出的影响越大；m_{Ai} 为传统部门对第 i 种制成品的消费量。为了进一步增强本模型的可操作性和简洁性，中间投入的复合形式采用与居民消费的复合形式同型的 CES 函数形式。根据微观经济学基本原理，在完全竞争市场中，传统部门的全部销售额都用于支付产品成本，其经济利润为零。因此，通过支出最小化求解，可得传统部门要素的投入决策需满足以下关系：

$$P_A = G^\tau w^{1-\tau} = 1, \quad \frac{GM^A}{\tau} = \frac{wL^A}{1-\tau} = P_A A^s = A^s \tag{3-18}$$

其中，w 为普通劳动力的工资收入。由于普通劳动力要素可以在区域内不同部门间进行自由转换，因此本模型直接考察了普通劳动力要素在部门间市场出清的情形，即总是能够满足两部门普通劳动力工资相等的情形：$w^A = w^M = w$；A^s 为特定区域传统部门均质品的供给量，即区域总产量；$G^\tau w^{1-\tau}$ 为厂商最优投入组合下的单位产出成本。由此，可以进一步得到传统部门对特定种类异质品的需求函数为：

$$m_{Ai} = \tau A^s \frac{P_i^{-\sigma}}{G^{1-\sigma}} \tag{3-19}$$

2. 现代部门

根据前述对区域经济的设定，现代部门在规模报酬递增的技术下进行生产，其产品是具有水平差别化的连续产品集，其市场结构为 Dixit-Stiglitz 垄断竞争结构，厂商满足一个区域只设一个工厂且专门生产一种产品。为了模型简化的需要，这里采用的复合形式与传统部门完全一致。同时，厂商的固定投入与 FE 模型的设置保持一致，代表性厂商的固定投入仅限于技术劳动力要素，投入量为 h，以代表性厂商为对象，不妨省略表示异质品类型的标记。设 a_M 为现代部门单位产出所需要的复合投入系数、x 为厂商产量、m_{Mi} 为现代部门对第 i 种制成品的消费量，现代部门的可变投入总量满足：

$$a_M x = \frac{(M^M)^\tau L^{1-\tau}}{\tau^\tau (1-\tau)^{1-\tau}}, \quad M^M = \left(\int_{i=0}^N m_{Mi}^{\frac{(\sigma-1)}{\sigma}} di \right)^{\frac{\sigma}{(\sigma-1)}} \tag{3-20}$$

厂商的最优化决策分为两步：第一步为可变投入支出最小化决策；第二步为利润最大化决策。根据前述假定，可以分别得到可变成本 C_V、作为固定投入的要素需求函数及厂商的利润函数：

$$C_V = a_M x (G^\tau w^{1-\tau}) = \frac{GM^M}{\tau} = \frac{wL}{1-\tau}, \quad m_{Mi} = \tau C_V \frac{P_i^{-\sigma}}{G^{1-\sigma}} \tag{3-21}$$

$$\pi(x) = p(x)x - C(x) = [p(x) - a_M]x - rh \tag{3-22}$$

其中，r 为技术劳动力的价格；$\pi(x)$、$p(x)$ 和 $C(x)$ 分别表示厂商的利润、产品价格和总成本，是关于产量 x 的函数；在垄断竞争的市场结构下，厂商具有一定的市场势力，其产品定价与销售量之间存在内生关联，由产品市场需求函数的价格弹性决定。由于本模型假定现代部门生产的异质品品类为连续集，因此可以忽略单个厂商定价对全局经济中的异质品复合价格指数的影响。由此，根据式（3-15）、式（3-17）及式（3-20）可知，$\dfrac{\left(\frac{\partial x}{x}\right)}{\left(\frac{\partial p}{p}\right)}=-\sigma$。在此基础上，可得

厂商的最优定价和竞争性产量分别为：

$$p = \frac{\sigma}{\sigma-1}a_M \tag{3-23}$$

$$x = \frac{\sigma-1}{a_M}rh \tag{3-24}$$

为了简化模型表述，不妨通过选择异质品单位，使 $a_M = \dfrac{(\sigma-1)}{\sigma}$。同时，进一步调整厂商数量 N 的计量单位，使 $h = \dfrac{1}{\sigma}$。由此，就可以对式（3-23）、式（3-24）及固定成本进行进一步简化得到：

$$p=1,\ x=r,\ C_V=\left(1-\frac{1}{\sigma}\right)r \tag{3-25}$$

设区域内技术劳动力要素总量为 H，则区域内厂商数量 n 为：

$$n = \frac{H}{h} = \sigma H \tag{3-26}$$

此外，当区域内劳动力市场出清时，由式（3-21）可以得到现代部门普通劳动需求为：

$$L^M = n\frac{(1-\tau)C_V}{w} \tag{3-27}$$

进而结合传统部门生产函数特性，可得当地传统部门产量满足：

$$A = \frac{w(L-L^M)}{1-\tau} = \frac{wL}{1-\tau} - nC_V \tag{3-28}$$

实际上，在本模型中，当传统部门和现代部门的产品市场出清时，普通劳动力的收入占厂商可变投入支出的比重相同，可以得到 $wL=(A+nC_V)(1-\tau)$，通过该式就可以直观地解释式（3-28）的结果。

（四）其他相关设定

根据新经济地理学经典模型对现代部门产品贸易成本的标准设定，异质品在

区域内部的贸易成本为零；在区域间则存在大于零的贸易成本，采用"冰山"交易形式，即为确保 1 单位产品到达异地，产品的出厂数量 θ 必须大于 1 单位。此外，设定 $\phi = \theta^{1-\sigma} \in (0, 1]$，恰好与贸易成本负相关，可用作衡量贸易的自由度，即其值越大，由现代部门生产的异质品在区域间进行贸易的自由程度就越高。

为了使模型表述更为简洁，不妨对一些变量进行标准化处理和简化处理。将普通劳动力要素禀赋标准化为 $L=1$，同时进一步调整技术劳动力要素的单位，将区域经济中的技术劳动力要素总量标准化为 $H=1$。

在基本模型分析中，设置区域经济为对称均质状态，即假定两区域居民消费偏好和厂商生产技术完全相同、贸易成本完全对称、两区域普通劳动力禀赋完全相同。此后的进一步分析将过渡到考察区域异质的情形。

三、短期均衡与集聚机制

从短期均衡分析开始将增添反映不同区域的下标，分别用 1 和 2 表示。设 λ 为区域 1 的技术劳动力所占比重，同时结合式（3-26），两区域的技术劳动力数量分别可以表示为 $H_1 = \lambda = \dfrac{n_1}{\sigma}$ 和 $H_2 = 1 - \lambda = \dfrac{n_2}{\sigma}$，在短期均衡中，假定 λ 固定不变。

（一）短期均衡方程组

整理区域 1 和区域 2 对异质品支出的总量。以区域 1 为例，一方面，居民获得所有要素收入且全部转化为当期的消费支出，其中比例为 u 的部分用于购买异质品，加总后的区域购买异质品作为消费品的总支出为 $u(w_1 L_1 + r_1 H_1) = \dfrac{1}{2} u G_1^{\frac{-\tau}{1-\tau}} + \dfrac{u}{\sigma} n_1 r_1$；另一方面，厂商除了支付要素成本，还会购买部分异质品作为生产过程中的中间产品并形成可变投入，该部分投入占两个部门的可变成本支出的比例均为 τ，加总后的区域购置异质品作为中间投入的总支出为 $\tau(n_1 C_{V1} + A_1) = \dfrac{\tau}{1-\tau} w_1 L_1 = \dfrac{1}{2} \dfrac{\tau}{1-\tau} G_1^{\frac{-\tau}{1-\tau}}$。综合最终消费和中间投入两部分，两个区域在现代部门方面的支出规模分别为：

$$E_1 = \frac{1}{2}\left(u + \frac{\tau}{1-\tau}\right) G_1^{\frac{-\tau}{1-\tau}} + \frac{u}{\sigma} n_1 r_1 \tag{3-29}$$

$$E_1 = \frac{1}{2}\left(u + \frac{\tau}{1-\tau}\right) G_2^{\frac{-\tau}{1-\tau}} + \frac{u}{\sigma} n_2 r_2 \tag{3-30}$$

由于两个区域的厂商市场结构和生产技术均对称，因此出厂价相同，且根据"冰山"贸易成本的特性，产品的异地售价均为 θ。在 $\phi=\theta^{1-\sigma}\in(0, 1]$ 的设定下，由式（3-15）和式（3-25）可得区域异质品的价格指数为：

$$G_1^{1-\sigma}=n_1+\phi n_2, \quad G_2^{1-\sigma}=\phi n_1+n_2 \tag{3-31}$$

接下来，由式（3-15）和式（3-17）可以得到消费者和厂商对于各类异质品的需求，由式（3-22）可得到各厂商的供给。均衡时供需相等，得到技术劳动力的工资方程为：

$$r_1=\frac{E_1}{G_1^{1-\sigma}}+\phi\frac{E_2}{G_2^{1-\sigma}}, \quad r_2=\phi\frac{E_1}{G_1^{1-\sigma}}+\frac{E_2}{G_2^{1-\sigma}} \tag{3-32}$$

将所构建的短期均衡方程组式（3-29）、式（3-30）、式（3-31）代入式（3-32），可整理得到关于 r_1 和 r_2 的二元一次方程组：

$$\begin{cases} r_1=\dfrac{1}{2}\left(u+\dfrac{\tau}{1-\tau}\right)\left(G_1^{\sigma-\frac{1}{1-\tau}}+\phi G_2^{\sigma-\frac{1}{1-\tau}}\right)+\dfrac{u}{\sigma}\left(\dfrac{n_1 r_1}{n_1+\phi n_2}+\dfrac{\phi n_2 r_2}{\phi n_1+n_2}\right) \\[3mm] r_2=\dfrac{1}{2}\left(u+\dfrac{\tau}{1-\tau}\right)\left(\phi G_1^{\sigma-\frac{1}{1-\tau}}+G_2^{\sigma-\frac{1}{1-\tau}}\right)+\dfrac{u}{\sigma}\left(\dfrac{\phi n_1 r_1}{n_1+\phi n_2}+\dfrac{n_2 r_2}{\phi n_1+n_2}\right) \end{cases} \tag{3-33}$$

（二）区域经济集聚机制分析

在进一步求解技术劳动力名义报酬率之前，可以借助式（3-33）分析区域经济的集聚机制。通过式（3-33）可以看出，等式右边的第二项 $\dfrac{u}{\sigma}\left(\dfrac{n_1 r_1}{n_1+\phi n_2}+\dfrac{\phi n_2 r_2}{\phi n_1+n_2}\right)$ 和 $\dfrac{u}{\sigma}\left(\dfrac{\phi n_1 r_1}{n_1+\phi n_2}+\dfrac{n_2 r_2}{\phi n_1+n_2}\right)$ 与 FE 模型完全一致，显示的是两区域技术劳动力的收益转化为所在地支出后，对各区域制成品所形成的市场需求。其中，在括号内的两个表达式中，分子部分显示了技术劳动力转移所产生的"市场规模"效应，分母部分则显示了这种转移同时将造成的"市场拥挤"效应。通过对等式右边第二项数值特征进行考察和简单数值实验可以发现，在"市场规模"效应和"市场拥挤"效应两种作用力的较量中，"市场规模"效应总是强于"市场拥挤"效应。因此，源自技术劳动力转移的综合效应将表现为有利于转入地的集聚作用，这正是产业承接地经济能够得以实现高质量发展的内在根源。通过式（3-33）还可以看出，等式右边第一项中的 u 反映的是各区域不可迁移的普通劳动者支出的影响。在没有引入中间投入的 FE 模型中，$G_i^{\sigma-\frac{1}{1-\tau}}=G_i^{\sigma-1}$，即其对技术劳动力名义报酬率的影响总是与本区域异质品复合价格指数变化正相关，也即区域由于经济相对集聚造成的价格指数下降，在普通劳动率的市场效应影响下，是抑制该区域技术劳动力报酬率上升的，这就是经典新经济地理学模型中普遍存在的固定要素所有者所形成的"市场分散"效应。

本模型除了囊括了 FE 模型在短期均衡中所体现的"市场规模"效应、"市场拥挤"效应和"市场分散"效应三大效应，还充分考虑了当前产业分工已由产业内分工转向产品内分工的现实情况，引入了产业垂直关联关系。通过式（3-33）可以看出，垂直关联效应的影响机制包括直接机制和间接机制。直接机制是生产部门的中间投入所形成的异质品市场需求。具体而言，以区域 1 为例，该区域对本地技术劳动力名义报酬的影响为：

$$\frac{1}{2}\frac{\tau}{1-\tau}\left(G_1^{\sigma-\frac{1}{1-\tau}}+\phi G_2^{\sigma-\frac{1}{1-\tau}}\right)=\frac{1}{2}\frac{\tau}{1-\tau}\left[\left(\frac{1}{n_1+\phi n_2}\right)^{\frac{\sigma-\frac{1}{1-\tau}}{\sigma-1}}+\phi\left(\frac{1}{\phi n_1+n_2}\right)^{\frac{\sigma-\frac{1}{1-\tau}}{\sigma-1}}\right] \quad (3-34)$$

通过式（3-34）可以看出，这一直接机制又可以进一步分为两个部分：第一部分是较直观的 $\frac{\tau}{1-\tau}$ 部分；第二部分是反映两区域普通劳动力支出规模的 $\left(G_1^{\sigma-\frac{1}{1-\tau}}+\phi G_2^{\sigma-\frac{1}{1-\tau}}\right)$ 部分。$\frac{\tau}{1-\tau}$ 反映了生产部门支付的可变成本中，对中间投入支出相对于对普通劳动力支出的比例。在普通劳动力支出规模不变的情况下，这一比例反映了中间投入对异质品市场规模的影响，体现了产业关联中的下游产业所产生的需求拉动强度，τ 值越大，这一强度也就越大，在市场规模一定的情况下，形成的集聚作用也就越显著。第二部分显示的是 $\left(G_1^{\sigma-\frac{1}{1-\tau}}+\phi G_2^{\sigma-\frac{1}{1-\tau}}\right)$ 的影响，式（3-34）右边中括号中的两项则是该式的变形。显然，通过采用中括号内的两项来进行分析更为直观，$\frac{1}{(n_1+\phi n_2)}$ 和 $\frac{1}{(\phi n_1+n_2)}$ 对于区域 1 的综合影响是集聚的厂商拥挤效应在普通劳动力支出市场中的体现。指数 $\frac{[\sigma-(1-\tau)^{-1}]}{(\sigma-1)}$ 是问题的关键。

在 FE 模型中，由于没有基于中间投入的产业关联效应，因此 $\frac{[\sigma-(1-\tau)^{-1}]}{(\sigma-1)}$ 的值恒为 1，这样此部分的效应仅体现了厂商集聚导致区域内竞争加剧的分散作用。然而，随着产业关联关系被引入本模型，在 $\tau\in[0, 1-\sigma^{-1}]$ 的值域内，$\frac{[\sigma-(1-\tau)^{-1}]}{(\sigma-1)}$ 总是小于 1，这就意味着在本模型中厂商竞争的分散作用要比 FE

模型弱。究其原因，本模型中所抵销的部分正是源自产业关联的集聚机制，更确切地说是源自厂商集聚使产业链中的下游厂商所享有的更强劲的"供给接近"效应，该效应使集聚区域的异质品价格指数相对下降，由此体现在 $\dfrac{\left[\sigma-(1-\tau)^{-1}\right]}{(\sigma-1)}$ 中，即价格指数的幂值部分。进一步考察可以发现，该幂值 $\dfrac{\left[\sigma-(1-\tau)^{-1}\right]}{(\sigma-1)}$ 与 τ 负相关，因此随着 τ 在上述给定值域内的逐渐增大，该幂值将收敛于零。这意味着，随着中间投入在生产中的重要性不断上升，其不断强化了生产环节的"供给接近"效应强度，进而导致上述分散作用的不断衰弱，直至最终消失。

对于垂直关联效应的间接影响机制而言，本模型将中间投入作为两类部门的共同生产投入品，因此以上源自现代部门集聚的供给接近效应，也将使传统部门受益，由 $u\left(G_1^{\sigma-\frac{1}{1-\tau}}+\phi G_2^{\sigma-\frac{1}{1-\tau}}\right)$ 所反映。同理可知，源自传统部门集聚的供给接近效应，也将会使现代部门受益，并由 $u\left(\phi G_1^{\sigma-\frac{1}{1-\tau}}+G_2^{\sigma-\frac{1}{1-\tau}}\right)$ 所反映。

（三）重要参数的区域经济影响力分析

参考 Krugman（1994）、Forslid 等（2003）及李国平等（2016）对新经济地理学模型的分析策略，从求解劳动力的名义报酬率入手对重要参数区域经济影响力进行分析。如此可对式（3-33）可作如下变形：

$$
\begin{cases}
r_1\left(1-\dfrac{un_1}{\sigma(n_1+\phi n_2)}\right)+r_2\left(\dfrac{-\phi un_2}{\sigma(\phi n_1+n_2)}\right)=\dfrac{1}{2}\left(u+\dfrac{\tau}{1-\tau}\right)\left(G_1^{\sigma-\frac{1}{1-\tau}}+\phi G_2^{\sigma-\frac{1}{1-\tau}}\right)\\[4mm]
r_1\left(\dfrac{-\phi un_1}{\sigma(n_1+\phi n_2)}\right)+r_2\left(1-\dfrac{un_2}{\sigma(\phi n_1+n_2)}\right)=\dfrac{1}{2}\left(u+\dfrac{\tau}{1-\tau}\right)\left(\phi G_1^{\sigma-\frac{1}{1-\tau}}+G_2^{\sigma-\frac{1}{1-\tau}}\right)
\end{cases}
\tag{3-35}
$$

利用矩阵表达方式，可将式（3-35）简洁地表述为：

$$
\begin{bmatrix}(1-a_1) & (-a_2)\phi\\ (-a_1)\phi & (1-a_2)\end{bmatrix}\begin{bmatrix}r_1\\ r_2\end{bmatrix}=\begin{bmatrix}q_1\\ q_2\end{bmatrix}
\tag{3-36}
$$

其中，$a_1\equiv b\dfrac{n_1}{n_1+\phi n_2}$，$a_2\equiv b\dfrac{n_2}{\phi n_1+n_2}$，$b\equiv\dfrac{u}{\sigma}$，$q_1\equiv\dfrac{1}{2}\left(u+\dfrac{\tau}{1-\tau}\right)\left(G_1^{\sigma-\frac{1}{1-\tau}}+\phi G_2^{\sigma-\frac{1}{1-\tau}}\right)$，

$q_2\equiv\dfrac{1}{2}\left(u+\dfrac{\tau}{1-\tau}\right)\left(\phi G_1^{\sigma-\frac{1}{1-\tau}}+G_2^{\sigma-\frac{1}{1-\tau}}\right)$。如此可以按照矩阵求解程序比较方便地求得：

$$
r_1=\dfrac{Q_1}{Q}，\quad r_2=\dfrac{Q_2}{Q}
\tag{3-37}
$$

其中，

$$Q \equiv \frac{\left[\dfrac{u+\tau}{(1-\tau)}\right]}{\left[2(1-b)\right]} \bigg/ \left\{ n_1^2 + n_2^2 + \left[\frac{(1-b)}{\phi + \phi(1+b)}\right] n_1 n_2 \right\}$$

$$Q_1 \equiv (n_1 + \phi n_2) \left\{ \left[n_1 + \left(\frac{1-b}{\phi} + b\phi \right) n_2 \right] G_1^{\sigma - \frac{1}{1-\tau}} + (\phi n_1 + n_2) G_2^{\sigma - \frac{1}{1-\tau}} \right\}$$

$$Q_2 \equiv (\phi n_1 + n_2) \left\{ \left[n_2 + \left(\frac{1-b}{\phi} + b\phi \right) n_1 \right] G_2^{\sigma - \frac{1}{1-\tau}} + (n_1 + \phi n_2) G_1^{\sigma - \frac{1}{1-\tau}} \right\} \tag{3-38}$$

从式（3-38）中 Q 的表达式可知 $Q>0$，进而利用式（3-33）的结果比较两区域技术劳动力名义报酬率的差别，就只需要关注 $Q_1 - Q_2$ 的符号即可。根据式（3-38）进行计算整理可得：

$$Q_1 - Q_2 = \Psi(\phi^{-1} - 1) \tag{3-39}$$

其中，

$$\Psi = \phi \left[\left(n_1^2 G_1^{\sigma - \frac{1}{1-\tau}} - n_2^2 G_2^{\sigma - \frac{1}{1-\tau}} \right) + (1-b-b\phi) \left(n_2^2 G_1^{\sigma - \frac{1}{1-\tau}} - n_1^2 G_2^{\sigma - \frac{1}{1-\tau}} \right) \right] +$$
$$n_1 n_2 \left(G_1^{\sigma - \frac{1}{1-\tau}} - G_2^{\sigma - \frac{1}{1-\tau}} \right) (\phi^2 + 1 - b - b\phi) \tag{3-40}$$

由式（3-39）和式（3-40）可知，在一个特定的且不等于 1 的贸易自由度 $\phi^e(\tau, \sigma, u)$ 下，无论技术劳动力空间分布 $\{n_1, n_2\}$ 为何种状态，在两区域的名义报酬率 $\{r_1, r_2\}$ 都相等，因此不妨将其定义为"名义报酬率对称点"，通过考察各外生变量对该对称点的影响，就可以揭示各类参数所反映的区域经济作用机制。由于本模型是在 FE 模型的基础上进行构建的，因此本书在此处先从相关参数的特殊取值分析入手对本模型进行总体考察。

第一种情况是当 $\tau = 0$ 时的情形。将 $\tau = 0$ 代入式（3-39）和式（3-40）可得：

$$Q_1 - Q_2 = (n_1 - n_2) \left[(1+b)\phi - (1-b) \right] (\phi^{-1} - 1) \tag{3-41}$$

式（3-41）的对称点可表示为 $\phi^{e0} = \phi^e(\tau = 0)$，以下推导得到与 Forslid 等（2003）改进的"自由企业家"模型（FE 模型）完全一致的结果：

$$\Psi = 0 \big|_{\tau=0} \Rightarrow \Psi = (n_1 - n_2) \left[(1+b)\phi^{e0} - (1-b) \right] = 0 \Rightarrow \phi^{e0} = \frac{1-b}{1+b} \tag{3-42}$$

第二种情况是当 $\tau = 1 - \sigma^{-1}$ 时的情形。此时，名义工资的差值满足：

$$Q_1 - Q_2 \big|_{\tau = 1-\sigma^{-1}} = (1 - \phi^2)(n_1^2 - n_2^2) b \tag{3-43}$$

式（3-43）显示，只有在技术劳动力对称分布的情况下，名义报酬率才会相同或者说 $\phi^e(\tau=1-\sigma^{-1})$ 不存在。可以发现，实际上 $\phi^e(\tau\geqslant1-\sigma^{-1})$ 在现实中是不存在的。这是因为，在 $\tau\geqslant1-\sigma^{-1}$ 的情形下，技术劳动力要素相对集中的区域的名义报酬率更大；由于厂商相对集中的区域还享有"生活成本"相对较低的优势，因此综合收入和生活成本两方面因素将使该区域的经济陷入"黑洞"状态：只要某个区域经济相对集中，该区域的技术劳动力的实际报酬率将增大，从而促使外地产业向该区域进一步转移，并最终形成以该区域为中心、以其他区域为外围的"中心—外围"格局。另外需要强调的是，上述这一"黑洞"状态的出现并不受贸易成本的影响。因此，避免区域经济陷入"黑洞"状态的必要但非充分条件就是 $\tau<1-\sigma^{-1}$，这与克鲁格曼（1991）新经济地理学经典 CP 模型针对现代部门占总体经济的比重设置类似。

在对上述两种特殊情形进行考察后，可以更一般地分析 $\phi^e(\tau)=\phi^e\big|_{\tau\in[0,1-\sigma^{-1})}$。由于该对称点具备在任意区域经济分布状态下，名义报酬率均相等的性质，因此可以选择任意一种区域分布状态进行考察，其所得到的该对称点与各外生变量的关系也将适用于其他区域分布状态。为了分析的简洁和便捷，本书以区域 2 产业完全转移至区域 1 这一极端情形来进行分析。此时，区域经济在产业转移的作用下处于向区域 1 完全集聚状态，即 $\{n_1=1，n_2=0\}$。在此状态下，$G_1=1$、$G_2=\phi^{\frac{1}{(1-\sigma)}}$，根据式（3-28），对称点由以下隐函数决定：

$$\Psi=\phi^e\left[1-(1-b-b\phi^e)\phi^{\frac{\sigma-1}{1-\tau}}\right]=0\Rightarrow\frac{\tau}{1-\tau}=(\sigma-1)\left[1-\frac{\ln(1-b-b\phi^e)}{\ln\phi^e}\right]\qquad(3-44)$$

设 $f(\phi^e，b)=\dfrac{\ln(1-b-b\phi^e)}{\ln\phi^e}$，由于 $\phi^e\in[0，1]$，所以可以推出 $\dfrac{\partial f}{\partial\phi^e}>0$、$\dfrac{\partial f}{\partial b}>0$。

根据上述分析，可以得到两个重要参数与对称点之间的关系。一是 $\phi^e\propto\tau^{-1}$，即 τ 上升将导致对称点的值下降。该情形说明除"生活成本"效应之外的区域经济分散力和集聚力的平衡点进一步向贸易自由度更低的方向移动。实际上，τ 越大，说明产业关联在现代部门厂商生产中的影响越大，由此产生的集聚效应也就越强，从而集聚力占据主导的贸易自由度范围越大。本模型将源自中间投入在生产环节中的对空间集聚力的强化效应定义为"产业关联"效应。二是 $\phi^e\propto\sigma$，即 σ 增加，在其他参数不变的情况下，b 降低，为了使名义报酬率保持对称，则 $f(\cdot)$ 增加；由于 b 降低，使 $f(\cdot)$ 增加而必然导致 ϕ^e 也增加，进而使 ϕ^e 与 u^{-1} 呈现负相关。这两个关系意味着替代弹性的提升将对分散力产生正向的影响，而现代部门消费支出比例的提升将对集聚力产生正向的影响。

四、长期均衡与区域经济高质量发展

区域经济发展的质量取决于经济体内各种力量长期博弈的结果。因此，通过由产业转移引致的要素流动、产业集聚、产业关联深化等因素的作用，进而对本模型进行长期均衡分析就可以揭示区域经济高质量发展的内在机理。基于区位条件可以得到，在本模型中，技术劳动力区位决策的依据是区域间间接效应的差值，即其实际报酬率的差值。根据式（3-35）、式（3-38）可得：

$$\frac{\dfrac{r_1}{G_1^u}}{\dfrac{r_2}{G_2^u}} = \frac{G_1^{1-\sigma-u}\left\{n_1+\left[\dfrac{(1-b)}{\phi+b\phi}\right]n_2\right\}G_1^{\sigma-\frac{1}{1-\tau}}+(\phi n_1+n_2)\,G_2^{\sigma-\frac{1}{1-\tau}}}{G_2^{1-\sigma-u}\left\{n_2+\left[\dfrac{(1-b)}{\phi+b\phi}\right]n_1\right\}G_2^{\sigma-\frac{1}{1-\tau}}+(n_1+\phi n_2)\,G_1^{\sigma-\frac{1}{1-\tau}}} = \frac{\widetilde{Q}_1}{\widetilde{Q}_2} \tag{3-45}$$

设间接效用的"净差值"为：

$$\begin{aligned}
\widetilde{\Psi}_1 &= \widetilde{Q}_1 - \widetilde{Q}_2 \\
&= G_1^{1-\sigma-u}\left(\left\{n_1+\left[\frac{(1-b)}{\phi+b\phi}\right]n_2\right\}G_1^{\sigma-\frac{1}{1-\tau}}+(\phi n_1+n_2)\,G_2^{\sigma-\frac{1}{1-\tau}}\right) - \\
&\quad\ G_2^{1-\sigma-u}\left(\left\{n_2+\left[\frac{(1-b)}{\phi+b\phi}\right]n_1\right\}G_2^{\sigma-\frac{1}{1-\tau}}+(n_1+\phi n_2)\,G_1^{\sigma-\frac{1}{1-\tau}}\right)
\end{aligned} \tag{3-46}$$

与短期均衡一般地分析 $\phi^e(\tau)=\phi^e\big|_{\tau\in[0,1-\sigma^{-1}]}$ 类似，在长期均衡分析中，本书还是以对区域 2 产业完全转移至区域 1 这一极端情形的分析入手，围绕长期均衡下支撑点和突破点这两个破裂点来进行探讨。

（一）支撑点分析

在产业转移作用于区域经济使区域 2 经济处于向区域 1 完全集聚的状态下，$(n_1=1, n_2=0)$，$G_1=1$，$G_2=\phi^{\frac{1}{(1-\sigma)}}$，根据上述分析，该集聚状态可支撑点的条件为：

$$\widetilde{\Psi}_{n_1=1}=\left[1+\phi^{1+\left(\frac{\sigma-\frac{1}{1-\tau}}{1-\sigma}\right)}\right]-\phi^{1-\frac{u}{1-\sigma}}\left[\left(\frac{1-b}{\phi^2}+b\right)\phi^{1+\left(\frac{\sigma-\frac{1}{1-\tau}}{1-\sigma}\right)}+1\right]\geqslant 0 \tag{3-47}$$

式（3-47）通过整理简化可得到支撑点的隐函数形式为：

$$(\phi^s)^{\left(\frac{\tau}{1-\tau}\right)\left(\frac{1}{\sigma-1}\right)}=\frac{(\phi^s)^{1+u(1-\sigma)^{-1}}-(\phi^s)^2}{1-b+b(\phi^s)^2-(\phi^s)^{1+u(1-\sigma)^{-1}}} \tag{3-48}$$

根据式（3-48）容易证明，当 $\tau=0$ 时，支撑点为 Forslid 等（2003）FE 模

型中的支撑点隐函数；当 $\tau \geq \dfrac{1-1}{\sigma}$ 时，支撑点为 0，即在产业转移作用下，区域 2 经济向区域 1 集聚的均衡状态总是可以维持的。

为探讨支撑点与主要的外生参数的关系，对式（3-48）作如下形式变形：

$$\left[1-b+b(\phi^s)^2-(\phi^s)^{1+\frac{u}{1-\sigma}} \right] (\phi^s)^{\left(\frac{\tau}{1-\tau}\right)\left(\frac{1}{\sigma-1}\right)} = (\phi^s)^{1+\frac{u}{1-\sigma}}-(\phi^s)^2 \tag{3-49}$$

从式（3-49）可以看出，等号的左边与 ϕ^s 负相关，等号的右边是形如集聚租金的倒"U"形曲线。因此，在关于 ϕ^s 的二维坐标系中，τ 的增大将使左边的曲线关于固定点逆时针旋转，而右边的倒"U"形曲线则不会发生变化。如此，可以推断，随着 τ 的增大，左右两条曲线的左边交点将逐渐左移，即向 ϕ 减少的方向移动。由此，可以证明 $\phi^s \propto \tau^{-1}$。类似地，也可以证明 $\phi^s \propto \sigma$ 和 $\phi^s \propto u^{-1}$。由短期均衡分析中的 ϕ^s 可知 $\dfrac{\partial \Psi}{\partial \tau} > 0$，以及 $\phi^s \propto \tau^{-1}$ 就可以推断：τ 的增加将导致在既有的支撑点上中心地区的实际报酬率上升，而支撑点的值可以进一步减少，在其重新使两区域技术劳动力价格比值接近变化前状态时，"生活成本"效应将进一步强化中心区域的实际报酬率优势，从而使支撑点值可以较名义报酬率对称点更大幅度地下降。除此之外，$\phi^s \propto \sigma$ 和 $\phi^s \propto u^{-1}$ 两者也将对"生活成本"效应产生影响，进而使其对名义报酬率对称点产生影响。

（二）突破点分析

在对称状态的领域内，设 $\dfrac{\partial \widetilde{\Psi}}{\partial n_1}$ 在满足 $\dfrac{\partial \widetilde{\Psi}}{\partial n_1}\bigg|_{n=\frac{1}{2}} < 0$ 的贸易自由度取值范围内，对称状态均为稳定均衡。参考于铭（2008）、何雄浪（2015）等的相关研究可以推断，这一值域的最大值则为突破点。在对称状态领域内，基于对称状态进行线性化处理，从而可以得到 $dG_1 = -dG_2$、$dn_1 = -dn_2$，进而可以推断 $d\widetilde{Q}_1 = -d\widetilde{Q}_2$、$d\widetilde{\Psi} = 2d\widetilde{Q}_1$。由式（3-45）设置：

$$\widetilde{Q}_1 = G_1^{1-\sigma-u} \left(\left\{ n_1 + \left[\frac{(1-b)}{\phi+b\phi} \right] n_2 \right\} G_1^{\sigma-\frac{1}{1-\tau}} + (\phi n_1 + n_2) G_2^{\sigma-\frac{1}{1-\tau}} \right) \tag{3-50}$$

将式（3-50）在对称状态的领域内进行线性化处理，可以得到：

$$\frac{d\widetilde{Q}_1}{\widetilde{Q}_1} = (1-\sigma-u)\frac{dG_1}{G_1} + \frac{d\left(\left\{ n_1 + \left[\frac{(1-b)}{\phi+b\phi} \right] n_2 \right\} G_1^{\sigma-\frac{1}{1-\tau}} \right) + d\left[(\phi n_1 + n_2) G_2^{\sigma-\frac{1}{1-\tau}} \right]}{\left(\left\{ n_1 + \left[\frac{(1-b)}{\phi+b\phi} \right] n_2 \right\} G_1^{\sigma-\frac{1}{1-\tau}} + (\phi n_1 + n_2) G_2^{\sigma-\frac{1}{1-\tau}} \right)}$$

$$\tag{3-51}$$

其中，

$$\frac{d\left(\left\{n_1+\left[\frac{(1-b)}{\phi+b\phi}\right]n_2\right\}G_1^{\sigma-\frac{1}{1-\tau}}\right)}{\left\{n_1+\left[\frac{(1-b)}{\phi+b\phi}\right]n_2\right\}G_1^{\sigma-\frac{1}{1-\tau}}}=\left(\sigma-\frac{1}{1-\tau}\right)\frac{dG_1}{G_1}+\frac{(b+b\phi-1)(1-\phi)dn_1}{\phi\left\{n_1+\left[\frac{(1-b)}{\phi+b\phi}\right]n_2\right\}}$$

$$\frac{d\left[(\phi n_1+n_2)G_2^{\sigma-\frac{1}{1-\tau}}\right]}{\left[(\phi n_1+n_2)G_2^{\sigma-\frac{1}{1-\tau}}\right]}$$

$$=\left(\sigma-\frac{1}{1-\tau}\right)\frac{dG_2}{G_2}-\frac{(1-\phi)dn_1}{\phi n_1+n_2} \tag{3-52}$$

对称状态值为：

$$n_1=n_2=\frac{1}{2}$$

$$G_1=G_2=\left(\frac{1+\phi}{2}\right)^{\frac{1}{(1-\sigma)}}$$

$$n_1+\left[\frac{(1-b)}{\phi+b\phi}\right]n_2=\frac{(1-b+b\phi)(1+\phi)}{2\phi} \tag{3-53}$$

由 $\frac{d(n_1+\phi n_2)}{n_1+\phi n_2}=(1-\sigma)\frac{dG_1}{G_1}$，代入对称状态值可得：$\frac{dG_1}{G_1}=\frac{1-\phi}{1-\phi}\frac{2dn_1}{1-\sigma}$。在此基础

上，将式（3-53）代入式（3-51）并整理，可得：

$$\frac{d\tilde{Q}_1}{\tilde{Q}_1}=\left\{\frac{1}{(1-b)+(1+b)\phi}\left[(1+b)\left(1-\frac{\tau}{1-\tau}\frac{1}{\sigma-1}+\frac{\tau}{1-\tau}\frac{1}{\sigma-1}\frac{2b}{1+b}\right)\phi-\right.\right.$$

$$\left.\left.(1-b)\left(1-\frac{\tau}{1-\tau}\frac{1}{\sigma-1}\right)\right]-\frac{u}{1-\sigma}\right\}\frac{1-\phi}{1+\phi}2dn_1 \tag{3-54}$$

设 $K\equiv\frac{u}{1-\sigma}$、$B\equiv1-\frac{\tau}{1-\tau}\frac{1}{\sigma-1}<0$ 和 $D\equiv1-\frac{\tau}{1-\tau}\frac{1}{\sigma-1}+\frac{\tau}{1-\tau}\frac{1}{\sigma-1}\frac{2b}{1+b}$，则对称均衡

稳定的充分必要条件为：

$$\frac{d\tilde{Q}_1}{\tilde{Q}_1}\leq0\Rightarrow=\frac{(1+b)D\phi-(1-b)B}{(1-b)+(1+b)\phi}\leq K \tag{3-55}$$

由此得到突破点 ϕ^b 及对称均衡稳定的充分条件：

$$\phi\leq\phi^b=\frac{(1-b)(K+B)}{(1+b)+(D-K)} \tag{3-56}$$

从式（3-56）可以推断突破点 ϕ^b 与 τ 负相关，这意味着产业关联效应长期

来看对区域经济具有产生集聚力的作用。本模型在 FE 模型的基础上进一步引入了中间投入及产业关联的影响，而"产业关联"效应正是产业转移能够推进承接地经济高质量发展的长效机制。

第四节　承接地经济高质量发展的产业转移驱动机制

由本章第三节的模型短期均衡和长期均衡分析可知，区域经济要实现高质量发展，避免陷入发展"黑洞"，关键在于"市场规模"效应、"市场拥挤"效应、"市场分散"效应、"生活成本"效应、"产业关联"效应等各种力量的最终博弈结果。产业转移作为要素流动的高级形态，必将对承接地原来的经济社会生态产生重大冲击，进而深刻影响上述各类效应的综合博弈结果，从而为承接地的经济高质量发展提供重要的战略机遇。

一、驱动机制概念模型

产业转移为承接地经济的高质量发展提供了重要战略机遇，而如何将这一机遇转化为现实，则需要在深刻理解产业转移与区域经济高质量发展的内在关联基础上，构建一个"应然"的驱动机制概念模型，来实现规范研究的目标。

（一）相关概念介绍

为构建产业转移驱动承接地经济高质量发展的概念模型，有必要先对模型中涉及的相关概念作一个介绍性的说明。

1. 区域生产系统

在一个区域内，企业和产业的发展是区域经济增长的动力之源。然而，如果区域内的企业和产业是相互独立的，则任何单个企业或产业的发展对区域经济增长的作用都是局部的和微弱的。只有区域内的企业或产业结成了严密的经济关系网络，单个企业或产业的发展才能通过该网络的传导作用而对区域内的其他经济组织产生重要而广泛的影响。按照 Bertalanffy（1969）的定义，系统就是相互作用的若干要素的复合体，系统与非系统的本质区别在于组成物体的要素之间是否存在有机联系。因此，从这个意义上来说，区域生产系统指的是区域内的企业和产业之间因相互联系、相互制约而形成的经济活动整体。从区域生产系统的定义可以看出，区域生产系统在区域经济系统中处于核心地位。

2. 区域需求系统

如果把一个区域看成一个独立的经济体，那么按照凯恩斯学派的观点，该经济体的消费、出口、投资便构成了拉动其增长的"三驾马车"（伍戈和谢洁玉，2016）。然而，与凯恩斯主义将一个经济体的投资需求视为其总需求的一个独立组成部分不同（常健聪，2012），本书认为，一个区域的投资需求与消费需求是密不可分的，投资需求通过乘数效应对居民收入产生重大影响，进而影响区域内居民的消费水平；消费和出口也不是单纯独立的内需与外需关系，对于一个独立经济体而言，扩大消费不仅是扩大出口理论上的终极目标，也是扩大出口的必然结果（赵萍，2012）。因此，本书中的区域需求系统就是指按照系统论的观点将区域视作一个独立经济体，由区域内自身消费需求、对外出口需求及投资需求共同构成的相互联系、相互依赖的整体。

3. 区域承载系统

区域承载系统是区域经济发展的空间载体，主要包括区域基础设施、资源禀赋、地形地貌、气候等子系统。根据协同学理论，无论是处于非平衡态的开放系统还是处于平衡态的开放系统，在组成该系统的各个子系统的协同作用下，都可呈现出宏观的有序结构（Haken，1993；胡大立，2008）。区域经济的发展是以区域承载系统为载体并受承载力的约束，当区域承载系统与区域经济发展相匹配时，区域经济就能得以实现良好的发展，区域承载系统的承载能力也能得到某种程度的提高（刘友金和冯晓玲，2013）；当区域承载系统与区域经济发展不匹配时，区域分散力就会扩大，区域承载能力也将遭到不可逆的破坏和退化（谭文垦等，2008）。因此，从这个意义上来看，要素流动就是寻求区域承载系统动态匹配的过程。

4. 技术进步

技术进步是技术不断发展、完善，以及新技术不断代替旧技术的过程，主要包括科学、技术、生产的紧密结合，新技术、新工艺、新设备、新材料的不断采用，劳动者的道德素质、文化技术素质、智力水平的提升和人才培育环境的改善，要素组织管理水平的提升等内容（何盛明，1990）。在新古典经济学框架下，一个区域或经济体的经济长期增长主要依赖两个方面的因素：一方面是要素投入的增加；另一方面是要素效率的提高，即劳动生产率或全要素生产率的提高。而技术进步作为生产力的核心因素，是实现国民经济结构和企业生产技术结构合理化、推进经济社会发展极为重要的力量。从经济发展质量的角度来看，单纯依靠要素投入的增加虽然在短期内能够快速促进区域经济的发展，但以粗放地消耗要素和资源为代价，从长期来看则是不可持续的（刘伟和张辉，2008；涂正革和陈立，2019）。

5. 产业集聚

产业集聚作为新经济地理学的一个核心概念，是指同一产业在某个特定地理区域内高度集中，产业资本要素、技术劳动力要素等在空间范围内不断汇聚的过程。在这一过程中，最为重要的是将形成一种介于市场与科层组织之间的组织形态（王今，2005；蔡文著和杨慧，2014）。自 Willianmson（1975）提出"中间性组织"概念以后，产业集聚现象得到了理论界的高度关注，学者将其称为市场"看不见的手"和科层组织"看得见的手"的"握手"（Larsson et al.，1975），是产业组织和经济发展的新范式的历史性变革（Henderson et al.，2002）。随着产业集聚研究的不断演进，学者认为，随着生产片段化的不断深入，产品内分工将取代产业间分工成为国际分工的主导形态，产业集聚通过区域生产网络的整合作用，能够将企业内的竞争优势转化为产业链的竞争优势，将企业间的竞争转化为产业链之间的竞争，能够更好地形成自主产业创新能力，从而推动地区经济发展（Fukunari，2006；张利庠，2007；Sukati et al.，2011；张小蒂和曾可昕，2012）。

6. 投入质量、过程质量及产出质量

前文对经济高质量发展的分析认为，经济高质量发展包括经济发展过程中的投入质量、过程质量及产出质量三个维度。其中，投入质量指的是经济发展投入要素的类型、结构、效率等从粗放式向集约式转变，主要表现包括技术投入比例增大、劳动素质提升、能源消费结构改善、数据信息成为新投入要素等。过程质量指的是经济生产过程从低效率向高效率转变，主要表现包括能源利用效率的提高、劳动生产率的提高、资源消费率的降低等。产出质量指的是经济部门的最终产出结果具备更有效满足需要的质量合意性和竞争力特性，主要表现包括产品服务性价比的提升、生态环境的改善、产业竞争力的增强、分配更加公平正义等。

（二）概念模型构建

经济发展相关理论表明，如果将一个经济体看成一个复杂的巨系统的话，则一个地区的经济发展是区域生产系统、区域需求系统及区域承载系统综合作用的结果。经济高质量发展不仅是既关注过程又关注结果的发展，还是既关注投入又关注产出的发展。可见，经济高质量发展包括投入质量、过程质量和产出质量三个具体的维度。根据马克思对生产力和生产关系的论述，生产力反映的是社会财富生产的能力，技术进步是影响生产力水平最为重要的因素（奈格里等，2018），区域经济学对生产力空间布局的研究重点反映在技术进步对区域经济发展的应用上；生产关系反映的是人们在生产过程中形成的各类社会关系，其中产业集聚作为一种介于市场与科层间的产业组织形态是生产关系的重要表现形式（范剑勇，2004；范剑勇等，2014；苏丹妮等，2018；苏丹妮和盛斌，2021），区域经济学及空间经济学的经典模型对产业集聚的集中关注正好说明了生产关系对于区域经济发展的重要性；生产力和生产关系的矛盾运动和相互作用是推动经济社会发展的核心动力。因此，结合上述理论模型的分析结果，本书从马克思政治经济学角度，可以将产业转移驱动承接地经济高质量发展机制的概念模型做如下简化的表述（见图3-2）。

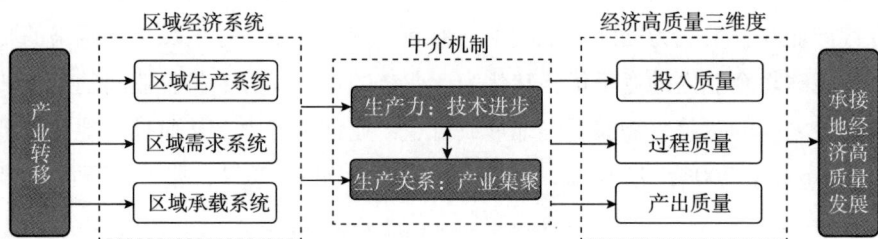

图3-2 产业转移驱动承接地经济高质量发展机制概念模型

根据图3-2可以看出，本书将产业转移驱动承接地经济高质量发展的一般机制可以做如下描述：首先，区域经济系统是由一定地域范围内相互作用的经济要素所组成，具有严密的结构和完整功能的生产综合体，产业转移作为一个外部变量必然打破承接地原有区域经济系统中生产系统、需求系统及承载系统的平衡；其次，区域经济系统中生产系统、需求系统及承载系统平衡态的打破又必然从生产力和生产关系两个层面作用于产业承接地，在生产力层面主要是通过对承接地的技术进步的影响来发挥作用，在生产关系层面则主要是通过对承接地产业集聚水平的影响来发挥作用；最后，在由技术进步和产业集聚所引致的生产力和生产关系矛盾运动和综合作用下，承接地经济系统的投入质量、过程质量和产出质量都向上提升，从而最终实现推进承接地经济高质量发展的目标。

二、内部动力机制分析

产业转移将通过产能扩大效应、产业关联效应、制度变迁效应等深刻影响承接地的生产系统，为系统的升级和效能提升提供内在的动力。

（一）产能扩大效应

产业转移通过投资方式在承接地建立新企业、发展新产业，从而填补了承接地经济发展中普遍存在的巨大资本缺口，使承接地生产网络系统的生产能力直接扩大。一般而言，承接地在工业化过程中普遍存在劳动力资源、自然资源等相对丰富，而资本积累有限，从而难以在短期内建立与发展某些产业部门的事实。对于那些承接地尚处于空白或薄弱的产业部门，承接地通过有的放矢的招商引资，来承接那些从转出地转移的成熟产业，显然可以直接而快速地在本地建立新的产业部门。胡黎明和赵瑞霞（2013）通过建立区域 CGE 模型对产业转移效应进行的相关研究认为，产业转移表现为承接地资本存量的增加，而资本存量的增加又会转化为区域产能。刘友金等（2023）通过对中国与共建"一带一路"国家和地区产业转移的实证研究发现，中国与共建"一带一路"国家和地区通过产业转移有效地开展了国际产能合作，中国的一些富余产业转移到共建"一带一路"国家和地区后，有效地推进了承接国生产网络的完善和升级。

产能的扩大通过技术进步和产业集聚的中介作用将推进承接地经济的高质量发展。从技术进步的角度来看，一方面，转移企业会利用产业转移的契机，以提高生产效率为目标主动进行技术升级；另一方面，在承接地环保、能耗等相关规制下，转移企业也会为达到这些标准而被迫进行技术升级。同时，携带相对较高技术的转移企业在嵌入承接地生产网络后又会通过网络效应产生技术溢出效应（寇明龙等，2023）。从产业集聚的角度来看，一方面，在集聚效应的作用下，单个转移企业在承接地进行最终区位决策时，会选择"产业密集带"进行落户，从而使承接地原有的产业集群得到强化；另一方面，在产品内分工日趋重要的背景下，产业集群式转移已成为产业转移的一种重要模式，而产业集群式转移将在承接地直接生成新的产业集群（胡黎明和赵瑞霞，2017）。

（二）产业关联效应

前述模型分析中的一个关键变量就是产业关联，它是德国发展经济学家 Hirschman（1998）提出的概念，指的是在经济活动中，各产业之间存在的广泛的、复杂的和密切的技术经济联系，某一产业的投入产出变化能够通过产业之间相互影响的关系波及其他产业。从本质上来说，产业关联反映的是各个产业在中间生产过程中的投入与产出、供给与需求间的相互影响、相互制约关系（李茂，2016）。产业转移到承接地后，产业转出地与承接地产业间的关联机制被激活，这些产业的前后向关联及旁侧关联作用将使承接地的大量相关企业被纳入与转移产业相关的跨区域生产网络和贸易网络中，使转入企业与承接地企业之间通过市场关系长期形成一种较为稳定的供需契约，从而形成产业转移的产业关联效应。桑瑞聪和郑义（2016）、刘新争（2016）、刘友金等（2016）认为，产业转移对承接地产生的动态效应之一就是激活产业间的关联，其主要作用机制是某一产业由转出地转移到承接地并融入当地生产系统后，由于产业自身的发展而引起的承接地其它相关产业发展的作用效果。

产业转移的产业关联效应具体包括前向关联效应、后向关联效应和旁侧关联效应。在产业关联网络的作用下，承接地相关企业的生产和经营方向将与转移产业保持高度的相关性，这一方面有利于提高承接地的产业集聚水平；另一方面将从整体上提高承接地产业的技术水平和竞争力。同时，转入企业特别是转入的跨国公司是从全球范围来进行价值链的分工与整合的，在价值链分工不断深化的背景下，转入企业的产品设计、生产、销售等各个环节乃至各个环节中的不同工序都推行的是全球化的专业化生产与协作，因而一般具有较高的生产率。同时，转入企业通过对承接地价值链重组，也就把承接地的本土生产网络纳入了全球生产网络中，从而系统性地提高了承接地的全要素生产率和企业竞争力，进而带动了承接地经济的高质量发展。刘新争（2016）、陈煦等（2023）认为，建立在劳动力成本等外生比较优势基础上的产业转移短期趋利性较强，产业转移的经济效应会随着比较优势的弱化逐步减弱，因此欠发达地区经济内涵式增长的实现要求外生比较优势向内生比较优势转化，而建立在产业关联基础上的产业转移正是建立在内生比较优势基础上，能够增强区际以及区域内部产业间的联动效应，促进承接地区域创新，进而推动区域产业的可持续发展。

（三）制度变迁效应

随着新制度经济学的兴起，North（1978）认为，制度才是区域经济长期增长的最根本推动力。在新制度经济学视域下，经济制度可以被看作一种"产品"，制度变迁主要源于制度需求与供给的不均衡。产业转移作为内涵丰富的"一揽子产品"，必然会打破承接地原有的制度均衡状态。首先，从承接地市场角度来看，最明显的就是产业转移会导致承接地市场格局的变化。产业转移从某个角度来说，就是产能的跨区域转移，承接地通过对产业的承接必然使所承接产业的市场供需关系发生改变，进而促进市场体制本身更加完善。其次，从承接地要素流动角度来看，紧接着产品市场供需状态的变化，便是要素市场的联动，如人才、资本等会快速响应本地产业格局变动而加速流动，以期获取更高的要素报酬，而要素流动的加快，无疑为制度均衡状态的打破创造了条件。最后，从制度本身来看，一般来说，转移的企业作为一种内含先进制度的市场主体，它的转入会使承接地的制度知识增多，因此，它对承接地最直接的影响就是使承接地制度需求与供给处于不均衡状态（赵瑞霞和胡黎明，2015）。随着产业转移对承接地制度均衡状态的打破，在制度竞争、制度配套、制度学习、制度革新的作用下，产业转移的制度变迁效应得以实现。

产业转移的制度变迁效应为承接地的技术进步提供了有利的制度环境。在微观层面，产业转移带来的先进企业制度将有利于激发员工的创新动机；在产业层面，产业转移使区域产业间的竞争加剧，企业为生存发展将需要增加研发投入力度；在区域层面，承接地出台的一系列招商引资优惠政策为区域创新提供了重要制度保障。Feils 和 Rahman（2019）认为，跨国公司的对外投资可以把跨国公司先进的企业制度、管理经验、企业文化等知识直接植入承接地，这些为承接地的本土企业提供了一个学习的样板，从而在推进区域经济一体化中起到重要的作用。Dirk 和 Swapna（2006）、王霞和陈柳钦（2007）、徐浩（2018）指出，国际间的产业转移对东道国市场准入制度与政府治理水平将产生重要的影响，并会通过降低要素错配程度、塑造公平竞争秩序及优化公共品供给直接加速技术的扩散速度，同时随着产品技术的日益收敛，标准化生产成为产品的主要生产方式，国际标准成为国际贸易的技术语言，从而使东道国的产品质量由国内标准统一到国际标准上。

三、外部动力机制分析

产业转移将通过资本累积效应、就业扩大效应、贸易顺差效应等深刻影响承接地的需求系统，为系统的升级和效能提升提供外在的动力。

（一）资本累积效应

自亚当·斯密开始，资本对于一国经济增长、经济发展的重要性就一直是主流经济学家的一个核心观点。从某种意义上来讲，产业转移主要是资本跨区域、跨国界流动的结果（刘友金等，2016）。产业转移不只是通过绿地投资、并购重组、扩大再投资等方式为承接地注入增量资本和盘活存量资本，更重要的是通过资本挤入激发了承接地的投资需求。具体而言，产业转移对承接地投资需求的激发作用主要体现在三个方面：一是通过产业间的关联作用促进承接地其他相关配套产业投资的增加；二是通过竞争示范作用促进承接地同类相关产业投资的增加；三是通过金融的刺激作用促进承接地资本市场效率的提高，进而在投资乘数的作用下使投资需求倍增。另外，为吸引产业转入，承接地对本地的公路、铁路、桥梁、港口、机场等基础设施进行改造，也将会使本地投资的增加。罗长远（2007）、胡黎明和赵瑞霞（2021）认为，在产业转移嵌入承接地生产系统的过程中，对于金融产品及中间品的需求，会在产业关联的作用下，使相关产业的投资得以扩张，形成产业转移的资本挤入效用。

随着产业转移资本累积的持续推进，承接地产业集聚速度不断加快。产业集聚不仅优化了创新资源的空间配置与使用效率，缓解了产业间创新要素配置扭曲对技术升级造成的负面影响，而且更重要的是促进了研发要素跨区域交流，增进了地区间知识交换频率和效率。首先，转移企业特别是跨国公司主导下的转移企业是知识溢出的重要载体，与之相伴而来的是先进的技术和知识，而承接地的产业关联又为转移企业的知识与技术的扩散形成了必要的垂直渠道，由此在转移企业后期的生产关联过程中，先进的知识和技术将在区域生产网络中得到有效的转移与传播（Managi，2010）。其次，为更好地融入当地市场，转移企业与承接地企业的业务往来将会不断增多，通过生产产品、了解产品技术要求、技术人员流动等方式，承接地企业能接受跨国公司的知识和技术溢出，并通过前后向产业间联系，促进产业技术升级（妥燕方和孔令池，2023）。可见，在产业转移资本累积机制作用下，承接地不仅通过直接的技术引进填补了自身的"技术缺口"，纾解了创新资源扭曲的负面影响，还通过知识和技术溢出推进了技术升级，从而促进承接地经济的高质量发展。

（二）就业扩大效应

依据新古典增长理论，在充分就业实现之前，以及技术水平和资本—劳动比不变的前提下，劳动投入的增加直接促进了区域经济的发展。同时，劳动投入的不断增加使区域就业水平不断向充分就业逼近，从而形成就业扩大效应。从这个逻辑上来说，产业转移的就业扩大效应正是通过劳动投入机制的推进而实现的，其具体途径主要有两条：一是就业创造。对于区域经济系统而言，承接产业转移一般会为该产业创造更多的就业机会，在劳动力流动存在区域限制情况下，就会吸纳当地的剩余劳动力，从而实现了就业创造。二是就业传导。这是指在产业关联作用的带动下，产业转移会带动承接地关联产业的发展，而关联产业的扩容也会带来劳动投入的增加，从而实现就业传导（胡黎明等，2013）。从另一个角度来看，产业转移之所以能够促进承接地劳动投入量的增加，是因为一般来说，转移的产业都需要相对高技术能力的劳动力，这促使承接地更加重视教育，大力培养高技能的劳动力（刘友金等，2016）。随着高技能劳动力供给量的增加，高技能劳动力密集型工序开始显现成本优势，又会进一步促进相关产业不断向承接地转移，这就意味着承接地就业空间得到拓展。

劳动投入是社会财富的源泉，经济的高质量发展大都与就业的充分扩张相伴而生。产业转移的就业扩大效应为区域非自愿失业和有效需求不足提供了一个可行的解决方案，成为推进承接地经济高质量发展的重要着力点。例如，20世纪后半期的日本及亚洲"四小龙"通过有效承接全球产业转移，实现了长达20多年的充分就业与经济高质量发展。产业转移的就业扩大效应对承接地经济高质量发展的推进机理具体可以从两个方面来看：一方面，根据"奥肯定律"可知，经济增长与就业率增长之间存在正相关关系，劳动就业是支撑经济发展的首要基础，因此在影响经济高质量发展的其他因素不变及承接地充分就业并未实现的前提下，一个单位的就业增量就意味着一个单位的经济高质量发展增量。另一方面，技术进步本质上是劳动的创造性和劳动者的劳动能力不断提高的过程，在经济高质量发展的投入质量、过程质量及产出质量三维度中，劳动者的劳动无疑是首要的、起主导作用的因素。另外，就业对居民收入差距的缩小、社会和谐稳定的维持、家庭关系的健康发展都具有重要的影响（石超明和孙居涛，2007），而这些因素又是影响区域经济高质量发展的重要前因因素。

（三）贸易顺差效应

在20世纪90年代开始的全球产业转移浪潮中，国际贸易的动因开始发生悄然改变：依据生产要素比较优势进行的李嘉图国际贸易模式开始回归，与以发达国家之间依据规模经济而进行的克鲁格曼国际贸易模式成为在国际贸易中并驾齐驱的主流模式（蔡昉，2022）。在此背景下，贸易顺差产生的表层原因在于顺差区域内需不足和逆差区域消费缺口的存在，而内在根源则是由产业空间分布不均而导致的贸易替代。产业转移作为产业空间分布不均的重要原因之一，自然就会对承接地产生明显的贸易顺差效应。正如刘欣和戴芸（2012）所指的那样，中国对美国贸易顺差的扩大是与美国向中国的产业转移同步的。虽然产业转移大体上是按照产业梯度而依次转移的，对承接地转移更多的是传统劳动密集型产业、处于衰退期的产业及污染密集型产业，但即便是这些所谓的"边际产业"对于经济欠发达的承接地而言也是十分重要的。这些产业除了夯实了承接地的产业基础，一个最为重要的益处就是承接地通过承接产业转移不但满足内需，实现了进口替代，还通过对外贸易实现了资本积累。

产业转移的贸易顺差效应对承接地经济发展质量可能存在正负两方面的影响。就负面影响而言，主要体现在国际产业转移上。如果转移企业将贸易顺差所形成的收益汇入转出国的母公司而不是就地转化为再生产的投资，则承接国可能会因表面的贸易顺差而陷入国际贸易摩擦的纠纷中，如近年来中美贸易摩擦的根源就在于此。产业转移的贸易顺差效应对承接地经济发展质量的正面影响主要体现在国内产业转移上。一方面，转移企业很可能将贸易顺差所得转化为承接地的再生产投资，从而通过上述的资本累积机制推进承接地经济的高质量发展。另一方面，贸易顺差效应可以通过改善承接地的贸易结构、提升劳动者素质来推进承接地经济高质量发展。从贸易结构角度来看，贸易顺差的扩大不仅改善了承接地出口商品结构，使承接地由初级产品出口为主转变为由制成品出口为主的地区，还会使高技术产品的出口量增加，提升承接地的贸易质量和水平（宋群，2005）。从提升劳动者素质角度来看，承接地对外贸易规模的增长意味着产品中劳动投入的增加，而劳动投入的增加又为劳动者素质提升提供了重要的基础。李小平和卢现祥（2010）研究发现，中国不但没有通过国际贸易和产业承接成为发达国家的"污染产业天堂"，反而推进了绿色技术进步。

四、辅助动力机制分析

产业转移将通过基础设施改善效应、政府政策优化效应、生态环境改善效应等深刻影响承接地经济承载系统，为系统的升级和效能提升提供辅助动力。

（一）基础设施改善效应

基础设施是指为社会生产和居民生活提供公共服务的物质工程设施，是用于保证国家或地区社会经济活动正常进行的公共服务系统，包括交通、邮电、供水供电、商业服务、科研与技术服务、环境保护、文化教育、卫生事业等市政公用工程设施和公共生活服务设施等（沈家文，2011）。对于承接地而言，基础设施与产业转移之间可谓是一种相互影响、相得益彰的关系。一方面，由产业区位布局理论和产业集聚理论可知，良好的基础设施有利于降低企业的生产经营成本和开展对外贸易，是承接地吸引产业转移的重要前因因素，为此地方政府将主动改善基础设施。另一方面，当产业转入承接地后，又会对承接地的基础设施提出更高的要求，地方政府为留住转移来的产业，又会被动地根据产业特征对相关基础设施进行有针对性的提质改造或重新建设。王晓芳等（2018）从新结构经济学视角，对共建"一带一路"国家和地区基础设施进行的理论与实证研究认为，共建"一带一路"国家和地区基础设施的改善极大地降低了企业的交易成本，推进了国际产业转移与产能合作。张克进等（2013）认为，河南省通过承接国内外产业转移，形成了一些新的产业集聚区，这些产业集聚区对通信基础设施提出更高的要求，迫切需要地方政府制定统一的通信基础设施规划来进行系统的解决。

基础设施是社会赖以生存发展的一般物质条件和国民经济各项事业发展的基础。在对改革开放以来经济持续40余年高速增长这一"中国奇迹"的众多解释中，基础设施作为一个重要因素被学者所共识。学者认为，基础设施的改善从整体上提升了经济承载力，是推进经济发展的"加速器"（张军等，2007；王婷等，2020）。基础设施对承接地经济高质量发展的作用机制主要有三个：一是基础设施建设具有很强的"乘数效应"。承接地为增强对转移产业的吸引力而投资于基础设施建设，能带来几倍于投资额的社会总需求和国民收入，从而通过扩大承接地需求系统而推进经济增长。二是基础设施具有很强的"产业集聚效应"。在竞争未达到饱和的状态下，区域基础设施的改善将会持续不断地吸引新企业来集聚（宣旸和张万里，2020），进而通过集聚经济推进承接地制造业全要素生产率的提高。三是基础设施能有效地促进区域技术进步。基础设施可分为传统基础设施和新型基础设施。一般认为，传统基础设施的改善对区域技术进步具有间接促进作用，而以5G基站、特高压、城际高速铁路和城市轨道交通、新能源汽车充电桩、大数据中心、人工智能、工业互联网等为代表的新型基础设施建设和改善则会直接促进区域技术进步（丁建勋和罗润东，2023）。

（二）政府政策优化效应

从经济自由主义视角来看，产业转移是区域经济不平衡发展过程中的自然经济现象，企业的再区位决策是一种完全而纯粹的市场行为。然而，从国家干预主义视角来看，产业转移则完全可以成为一种在政府政策引导下或在政令强制下以实现政府预期为目标的非自发行为，其中最典型的案例就是20个世纪60年代我国通过"三线"建设将沿海一线工业向三线、二线地区的大转移。自凯恩斯革命以来，强有力的政府干预的经济学价值无论是在理论界还是在实践界都得到了普遍的认可。在此背景下，产业转移作为实现生产力空间再布局的重要途径就与政府政策密不可分了。一方面，中央人民政府为实现国内生产力的优化布局或引进外资，会出台一系列相关优惠政策；另一方面，急需通过招商引资来推动本地经济跨越式发展的地方政府更会在国家经济法律法规框架下，竞相出台有利于吸引产业转入的金融、财税、补贴等方面的各类优惠政策。王红梅和鲁志辉（2020）认为，自2014年京津冀协同发展上升为国家战略以来，河北承接京津两地的产业转移规模发生了跳跃性变化，2015年较2014年增加近三倍。刘友金等（2011）、靳卫东等（2016）认为，自2004年中国沿海产业出现向中西部地区转移的趋势以来，除中央人民政府出台了《国务院关于中西部地区承接产业转移的指导意见》《产业转移指导目录（2012年本）》等一系列引导政策，中西部地区更是竞相出台了众多相关优惠政策，使营商环境得到了极大改善。

以 Coase 为代表的新制度学派认为，任何经济增长过程均是在一定制度环境和制度安排下进行的（Coase，1992）。根据这一观点，制度因素无疑是区域经济高质量发展的关键因素之一，只有当制度提供了有效的激励时，经济高质量发展才能得以持续。产业转移政策本质上是各级政府在产业空间布局领域选择的制度安排结构。政府的产业转移政策从制度层面拓宽了产业发展空间，增强了区域承载力，为区域经济高质量发展提供了宽松的制度环境。具体而言，中央人民政府层面的产业转移政策从国家层面确定了引导产业转移的总基调，为各级地方政府产业转移政策的制定提供了政策空间；各级地方政府出台的产业转移政策不仅通过放大产业转移的技术溢出效应推进了承接地技术进步，也将通过集聚效应而提高承接地的全要素生产率。陈煦等（2023）通过对中央人民政府设立承接产业转移示范区政策的实证研究发现，该项政策主要通过引导企业集聚、推动人才集聚及加大政府财政科技投入三个渠道提升了区域创新水平，推进了示范区经济的高质量发展。杨茜淋和张士运（2019）基于多区域 CGE 模型的研究发现，京津冀产业转移政策有利于改善京津冀区域的总体发展、提高其全要素生产率。

（三）生态环境改善效应

20世纪70年代末，Walter 和 Ugelow（1979）就率先指出，由于发达国家环境规制标准较为严格和完善，而发展中国家对环境问题大多不够重视，因此，在国际产业转移中，一些污染产业可能会从发达国家转移到发展中国家，从而使后者沦为发达国家的"污染避难所"。自此之后，产业转移对承接地生态环境的影响就成了学术关注的重要焦点。第二轮、第三轮全球产业转移的现实以及此阶段的学术研究几乎都证明了"污染避难所"确实存在（Chapman，1998；应瑞瑶和周力，2006）。然而，随着全球产业变革和新工业革命不断向纵深拓展，全球技术进步取得了长足发展。在此背景下，新一轮全球产业转移展现了一些新特点，一些学者开始对"污染避难所"效应提出了质疑，认为产业转移对承接地生态环境除了显而易见的负面影响，还可能由于转移的不再全是小岛清意义上的"边际产业"①而是"逆梯度产业"①，从而产生正向的生态环境效应，这就使产业转移对承接地生态环境的影响在正负相互抵销后可能最终为正（陈蕊和熊必琳，2007），进而形成所谓的生态环境改善效应。后续，越来越多的实证研究都证实了这一结论（陈红蕾和陈秋锋，2006；Anonymous，2010；袁红林等，2018；宋来敏，2021）。

生态环境的改善是标示区域承载力增强的重要指标之一，也是经济高质量发展的内在要求。本书认为，在当前数字经济、智能革命、产业变革的引导下，技术进步的速度十分迅速。同时，随着人们生活水平的提高，对生态环境也日益关注。在此背景下，产业转移是完全有可能对承接地生态环境最终起优化作用的，其内在的机制可能有两条：一是各类绿色市场技术大大减弱了污染产业的排污量；二是承接地制定了较为严格环境规制，对污染产业转移起到较强的隔离和清洗作用，从而在一定程度上能够实现经济和环境的"双赢"。吴传清和陈晓（2017）、吴传清和黄磊（2017）以长江经济带中上游地区为对象，对产业转移与区域承载力进行的案例研究认为，承接产业转移并未损害长江经济带中上游地区整体生态效率，且在此过程中，省会城市、沿江城市及中游城市产业转移绿色承接能力普遍增强，不均衡状况也有所改善。张彩云和郭艳青（2015）、罗良文和赵凡（2019）、罗知和齐博成（2021）认为，只要承接地政府能够真正有针对性地加强环境规制，就能在承接产业转移过程中既促进产业结构升级，又有效降低污染排放，从而实现承接地经济的高质量发展。

---

　　①　"边际产业"是日本学者小岛清（Kojmia，1973）在对20世纪70年代日本对外直接投资政策的研究中提出了一个概念，具体是指按照比较优势原则，在投资国已经处于或即将处于比较劣势的产业，这些产业大多是高投入、高能耗、高污染的"三高"产业。对比而言，"逆梯度产业"则指的是处于产业价值链中上端的具有较高技术含量的产业。

第四章　产业转移驱动国家级示范区高质量发展的效应评估

产业转移驱动示范区经济高质量发展的效应评估，既是检验前述理论框架必不可少的步骤，又为后续研究提供了重要基础。本章将主要讨论以下三个主题：①在政企协同框架下对示范区承接产业转移一般过程进行演化博弈研究及数值仿真分析；②对示范区承接产业转移与经济高质量发展进行量化测算并描述其基本现状；③对产业转移驱动国家级示范区经济高质量发展的影响效应进行计量评估与机制检验。

第一节　示范区承接产业转移的三方演化博弈分析

在逆全球化背景下，中国区际产业转移亟须进一步纵深拓展，而对处于制度和经济转型关键时期的中国来说，政企协同无疑将在区际产业转移过程中起关键性作用。本书将从示范区承接产业转移的实际情况出发，提出基于政企协同的区际产业转移模式，进而构建西部政府、东部企业及东部政府三方演化博弈模型，并以示范区的相关定性数据为基础设定初始值进行了动态仿真分析。

一、理论分析

（一）三方演化博弈的背景分析

2003年开始，中国的东部沿海部分产业在市场机制作用下出现了向中西部地区转移的倾向；2008年国际金融危机后，区际产业转移的速度开始明显加快；

近年来，新一轮区际产业转移浪潮业已形成（叶堂林等，2021）。从中央人民政府到各级地方政府都十分重视此轮产业转移浪潮带来的战略机遇，纷纷出台相关政策试图引导产业有序转移。中央人民政府层面，国家从"十一五"到"十四五"连续四个五年规划纲要都对东部沿海产业向中西部地区转移作了重要战略安排，在2010年还专门出台了《国务院关于中西部地区承接产业转移的指导意见》。各级地方政府无论是产业传出地还是产业承接地对产业转移的政策安排更是层出不穷，其中最为突出的实践成果就是从2009年到2023年4月在我国欠发达地区陆续设置了13个国家级承接产业转移示范区。这些示范区成为区际产业转移多方合作的标杆。然而，项目组通过实地调研发现，示范区在承接产业转移过程中还存在较为突出的多方合作不畅问题。沈体雁等（2016）认为，多方合作不畅主要是产业转移所涉及的多方复杂利益博弈关系导致的。因此，厘清区际产业转移过程中各参与方的利益关系，构建高效的政企协同机制对引导区际间产业有序转移具有重要意义。

从国家对13个示范区批复的回函中可以发现，示范区产业承接的主要对象是我国东部沿海地区的相关产业。因此，本书在此处用"区际产业转移"这一概念来对此进行一般性地描述，力图使本节的研究结论不仅对示范区承接产业转移具有直接的指导价值，也能对我国欠发达地区承接东部沿海产业转移具有一定的普遍意义。区际产业转移既是一个伴随区际投资和贸易的综合性要素流动过程，也是一个企业和地区相互选择的过程，不仅对区际间产业结构调整及产业转型升级产生深刻影响，也是区域协调发展及畅通国内大循环的一条重要途径（张倩肖和李佳霖，2021）。在后发工业国视角下的雁行产业发展形态说、边际产业扩张理论以及发达国家视角下的产品生命周期学说、国际生产折衷理论等经典理论中，专业化生产、交易成本、企业竞争力、东道国投资促进政策等因素常用来解释产业的跨国转移行为（陈建军，2002）。这些早期的研究虽然更注重市场机制对产业转移的基础性作用，但也强调政府对产业转移行为的重要影响。例如，缪尔达尔（1991）认为，在市场经济条件下回波效应总是大于扩散效应，因此自发的产业转移必将会强化区际间的二元结构，而要解决这一问题，就需要通过政府参与来增加扩散效应，以刺激欠发达地区的经济发展。事实上，要素流动和产业转移是政府、企业相互作用的产物（刘满凤和李昕耀，2018）。改革开放以来，我国东部沿海地区承接国际产业转移是以市场机制为主、以政府引导为辅（杨玲丽和万陆，2017）。但近年来，我国国内的区际产业转移则经历了一个被动承接到主动推进的过程，政府似乎发挥了更重要的作用（覃成林和熊雪如，2012）。邓慧慧等（2018）认为，地方政府热衷于通过推动开发区建设来承接产业转移是过去40余年中国经济发展和改革的一个鲜明特征。杨本建和王珺（2015）也指出，在中国式分权竞争体制下，转出地与承接地政府间均有动力营造积极的环境，促使企业自愿进行跨区际转移。

在以上研究的基础上，国内外学者普遍认为，当前中国区际产业转移的基本作用机制就是市场机制的长期作用与政府政策的即期引导相结合（桑瑞聪等，2016）。随着我国成为新一轮全球产业转移的主战场（Ang，2018），一些文献从欠发达地区的角度分析了收入、销售和资本利得税等税收方面的减免，财政转移支付、财经刺激和基础设施投资等方面的扶持性政策，以及加速折旧及低利率融资等方面的优惠政策对产业转移的吸纳作用（李春梅，2021；Okabe and Kam，2016）；一些文献从发达地区的角度分析了区域援助政策、环境规制政策、产业转型升级等相关政策对本地边际产业再区位的推动作用（胡黎明和赵瑞霞，2017；Theyel and Hofmann，2021）；还有一些文献强调了区际间的政府合作机制对产业转移的重要性（张述存和顾春太，2018；唐松林等，2021；Pontes and Pires，2021）。

综上所述，学者对于产业转移的研究视角虽然不尽相同，但一个基本共识就是无论是市场体制完善程度与否、无论是传出地还是承接地，政府行为将在很大程度上影响拟转移企业的行为选择，区际产业转移从很大程度上就是拟转移企业与转出地政府和目标承接地政府间的动态博弈过程。然而，现有文献还缺乏从区域合作的角度对三方博弈的过程和影响因素进行深入的研究，这为本书提供了一个很好的切入点。本书在现有研究基础上提出政企合作的区际产业转移模式，运用演化博弈理论和方法探讨各方的演化均衡及系统演化的影响因素，揭示区际产业转移的政企协同机制，以期为示范区有序承接产业转移、优化区域间资源配置及探索区域协调发展新动力提供理论支持和政策启示。

（二）基于政企协同的区际产业转移模式分析

1. 政企协同下区际产业转移运作过程

区际产业转移主要涉及转出地政府、承接地政府及拟转移企业三个不同的行为主体。由于各主体相对独立、其核心利益目标也不相同，因此主体间的协同必然存在相应的困难，在当前构建区域协调发展格局和建立现代化产业体系的时代要求下，亟须打造一个跨区域的政企协同机制来引导区际产业有序转移。鉴于此，本书提出基于政企协同的区际产业转移模式，如图 4-1 所示。

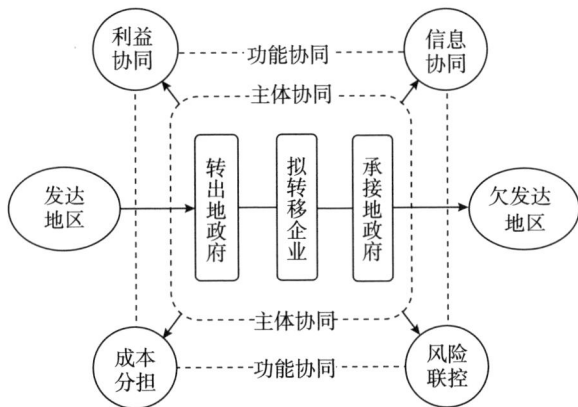

图 4-1 基于政企协同的区际产业转移模式

基于政企协同的区际产业转移模式是指转出地政府、拟转移企业、承接地政府三个核心协同主体在利益、成本、信息及风险等因素方面实现功能协同，进而共同推进区际产业有序转移的模式。对于转出地政府来说，基于政企协同的区际产业转移模式有助于转出地实现"腾笼换鸟"，为本地产业升级和引进新兴产业创造更多的空间；对于拟转移企业来说，基于政企协同的区际产业转移模式有助于推进企业最终实现再区位战略，拓展企业的生存空间及提升其竞争力；对于承接地政府而言，基于政企协同的区际产业转移模式将降低承接地政府招商引资过程中的盲目性和恶性竞争，提高其承接效率。从全局的层面来看，基于政企协同的区际产业转移模式不仅为产业发展提供了新空间、为区域协调发展提供了新动力，也对国家保持产业链供应链稳定、维护产业体系完整性、加快构建新发展格局，进而推进经济高质量发展具有重要的价值。

2. 政企协同下区际产业转移的关键影响因素

从上述分析可知，基于政企协同的区际产业转移模式具有极大的协同效应。然而，要充分发挥协同效应还面临诸多挑战。综合相关研究，政企协同下区际产业转移还存在以下几个方面的关键问题：

（1）目标多元问题。区际产业转移虽然是我国经济发展过程中地域不平衡和产业结构不平衡的必然结果，然而，在区际产业转移实践过程中，承接地政府、拟转移企业、转出地政府却有各自不同的利益诉求和期望目标（林平凡和刘城，2009）。承接地政府期望在产业转移过程中能够选择与本地匹配的产业并形成产业集群，进而建立起本地经济增长极，带动本区域实现跨越式发展；拟转移企业则期望通过再区位战略获得成本优势、政策优惠、市场优势等竞争优势，以实现利润最大化；转出地政府则期望将本地区的低附加值产业，高耗能、高污染产业向外推送，以便为本地产业升级腾挪空间。而且，除了经济目标存在差异，转出地政府和承接地政府在社会效益、政绩目标上也存在相应的差异。这三者的目标差异直接影响他们对区际产业转移的重视程度。从我国近20年的区际产业转移历程中可以看出，虽然承接地政府对招商引资十分重视，但转出地政府对一些拟转移企业却极尽挽留之能事，而拟转移企业则常常是待价而沽。

（2）成本分担问题。任何产业都不可能脱离所在区域的相关条件而孤立地发展，地方政府需要为本地企业提供土地、水、环境资源及社会公共服务等常规支出。除了这些企业赖以生存的常规支出，在区际产业转移过程中，承接地政府还存在为吸引企业转移到本区域而提供的相关优化政策、招商引资、基础设施改善等竞争性成本。而拟转移企业在其再区位决策过程中，除了需要考虑和比较现区位和目标转移区位的劳动力、原材料、土地等生产成本，还需要考虑劳动合同标准化、工作时间与休假制度、劳动合同执行与解除、集体议价制度、设备安装调试费用、员工再培训费用、项目审批的行政和法律成本等劳动调整成本和资本调整成本（胡黎明和赵瑞霞，2021）。对于转出地政府而言，区际产业转移不仅意味着税收资源在转出地和承接地之间进行此消彼长的重新分配，还可能因企业外迁而产生产业"空心化"等问题，这无疑是承接地政府必须考虑的一项重要成本。

（3）信息共享问题。对于转出地政府、拟转移企业及承接地政府来说，只有在充分掌握了各类信息的基础上，才可能最终作出有关产业转移的决策。这些信息归纳起来主要有三类：一是市场信息，主要包括产业转出地和承接地的工资水平、集聚经济、消费者偏好、运输费用、市场潜力、基础设施、技术水平等。二是企业信息，主要包括拟转移企业所属行业、企业信用、注册资本、总投资额、达产后年税收额、就业吸纳能力、污染物排放水平、能耗水平等。三是政策信息，主要包括金融支持、营商环境、基础设施建设、人力资源发展、土地政策、环境规制标准、财税政策等。然而，在当前我国区际产业转移实践中，一方面，信息资源在企业、转承地政府等各主体间还处于条块分割、资源分散的状态，缺乏信息共享的基础设施、交流平台及相关制度（徐华洋等，2011）；另一方面，由于产业转移涉及多方的利害关系，各主体间信息共享的意愿还有待提高。

（4）风险防控问题。21 世纪以来，我国区际产业转移从表面上看是东部发达地区和中西部欠发达地区产业布局的空间变化，实质上是区际间分工与合作的扩展和深化，在其实践过程中将涉及诸多不确定性因素，具有明显的风险性（孙敏，2013）。从承接地角度来看，承接产业转移的主要风险包括环境恶化风险、政府债务风险、资源诅咒风险、低端锁定风险、产业结构趋同风险、路径依赖风险等（郑春勇，2017）；从拟转移企业角度来看，产业转移既包括宏观层面的市场环境风险、亚文化差异风险、政策法规风险等，还包括微观层面的市场容量风险、要素转换风险、人力资源风险、金融风险等；从转出地角度来看，产业从本地转出的风险主要包括产业空心化风险、产业升级风险、技术进步风险、失业风险等。可见，区际产业转移既可能给承接地、拟转移企业、转出地带来巨大的潜在收益，也可能给各方带来巨大的风险，因此基于政企协同的区际产业转移模式如何对这些风险进行防控就至关重要。

二、模型构建与分析

（一）区际产业转移三方演化模型构建

1. 模型基本假设

根据上述分析可知，中国当前的区际产业转移实践是在地方政府主导下企业进行自主区位选择的动态博弈过程。因此，结合前述对政企协同下区际产业转移关键影响因素的分析，为最大限度地简化博弈模型，方便研究，本书提出以下假设：

（1）参与主体。在中国当前区际产业转移实践中，参与主体主要有三个：中西部承接地政府（以下简称"西部政府"，记为 1）、东部拟转移企业（以下简称"东部企业"，记为 2）、东部转出地政府（以下简称"东部政府"，记为 3）。三方参与人在博弈过程中均为有限理性的群体，即在他们各自决策时，很难确认他们的行为选择是否可以直接达到效应最大化，因此遵循"试探、学习、适应、成长"的动态行为逻辑。

（2）博弈策略。根据前述分析，在区际产业转移过程中，西部政府既可以采取积极的措施吸纳产业转移到本地，也可以不采取任何措施任由市场决定企业的区位决策，其策略集合为｛积极，不积极｝；东部企业依据利润最大化原则，在对现区位和目标区位进行综合比较的基础上作出区位决策，其策略集合为｛转移，不转移｝；东部政府作为产业转移主要黏性因素的主导者，将根据本区域经济发展的需要，既可能出台支持性措施引导产业有序转移，也可能不采取任何措施任由市场决定企业的区位决策，其策略集合为｛支持，不支持｝。

（3）区际产业转移的收益及其分配。假设东部企业因选择"转移"策略而给自身带来的收益增量为 A、区际产业转移行为实际发生后形成的额外收益为 R，收益分配系数为 $\alpha_i(i=1, 2, 3)$，且 $\alpha_i \in [0, 1]$，若三方均在区际产业转移过程中采取协同行为，即参与人分别选择"积极""转移""支持"策略，则 $\alpha_1 = \alpha_2 = \alpha_3 = \frac{1}{3}$，协同三方收益分配额分别为 $R\alpha_1$、$R\alpha_2$、$R\alpha_3$。若只有西部政府与东部企业采取协同行为，则 $\alpha_1 = \alpha_2 = \frac{1}{3}$，$0 < \alpha_3 < \frac{1}{3}$，即东部政府虽然选择了"不支持"策略，但仍然能从实际的产业转移中获得一定的"搭便车"收益。若只有东部政府与东部企业采取协同行为，则 $\alpha_2 = \alpha_3 = \frac{1}{3}$，$0 < \alpha_1 < \frac{1}{3}$，即西部政府虽然选择了"不积极"策略，但也能获得一定的"搭便车"收益。若东部企业选择"转移"策略而西部政府与东部政府分别选择"不积极"与"不支持"策略，则 $\alpha_2 = \frac{1}{3}$，$0 < \alpha_1 < \frac{1}{3}$、$0 < \alpha_3 < \frac{1}{3}$。若东部企业选择"不转移"策略，则协同收益为 0。若西部政府选择"积极"策略，经过多次博弈后将增强政府的美誉度和可信任感，从而更有可能吸纳更多的产业转入本地，从而获得隐性收益 K。若东部政府选择"支持"策略，将反映东部政府对"产业转移国家战略"的支持态度，有利于政府及政府官员形象提升，从而获得隐性收益 L。假定 T 为东部企业上缴所在地政府的税收，W 为东部边际产业转移而给东部政府带来的直接收益。

（4）区际产业转移的直接投入成本。假设西部政府选择"积极"策略而投入的基础设施建设、招商引资等直接成本为 C_1^F；东部企业选择"转移"策略而投入的厂房建设、设备购置等直接成本为 C_2^F；东部政府选择"支持"策略而导致的财税损失、失业增加等直接成本为 C_3^F。

（5）区际产业转移的信息收集成本。假设西部政府、东部企业、东部政府都采取协同行为而投入的信息收集成本分别为 C_1^H、C_2^H、C_3^H。若其中一方不采取协同行为，则剩余两方的信息收集成本将提高，假定提高系数为 δ，且 $\delta > 1$；若其中两方不采取协同行为，则剩余一方的信息收集成本将加速提高，假定提高系数为 2δ。

（6）区际产业转移的风险防控成本。假定风险防控成本是伴随产业转移行为而产生的，如果产业转移行为最终没有发生，则各方都不存在风险防控成本。进而假设西部政府、东部企业、东部政府都采取协同行为而投入的风险防控成本分别为 C_1^G、C_2^G、C_3^G。若其中一方不采取协同行为，则剩余两方的风险防控成本将提高，假定提高系数为 θ，且 $\theta > 1$；若其中两方不采取协同行为，则剩余一方的风险防控成本将加速提高，假定提高系数为 2θ。

2. 收益矩阵构建

假设 x 和 $1-x$ 分别表示西部政府对区际产业转移选择"积极"和"不积极"策略的概率；y 和 $1-y$ 分别表示东部企业选择"转移"和"不转移"的概率；z 和 $1-z$ 分别表示东部政府选择"支持"和"不支持"的概率。值得指出的是，由于参与人是一个群体概念，因此本书的参与人选择概率可以被认为是参与人群体中选择某一策略的参与人比例。根据上述模型基本假设，参与人的博弈收益矩阵如表 4-1 所示。

表 4-1 三方博弈收益矩阵

| 东部企业（2） | | 东部政府（3） | |
		支持 z	不支持 $1-z$
西部政府（1） 积极 x	转移 y	$\frac{1}{3}R+K+T-C_1^F-C_1^H-C_1^G$ $A+\frac{1}{3}R-C_2^F-C_2^H-C_2^G$ $\frac{1}{3}R+W+L-T-C_3^F-C_3^H-C_3^G$	$\frac{1}{3}R+K+T-C_1^F-\delta C_1^H-\theta C_1^G$ $A+\frac{1}{3}R-C_2^F-\delta C_2^H-\theta C_2^G$ $R\alpha_3+W-T-\theta C_3^G$
	不转移 $1-y$	$K-C_1^F-\delta C_1^H$ 0 $L+T-\delta C_3^H$	$K-C_1^F-2\delta C_1^H$ 0 T
不积极 $1-x$	转移 y	$R\alpha_1+T-\theta C_1^G$ $A+\frac{1}{3}R-C_2^F-\delta C_2^H-\theta C_2^G$ $\frac{1}{3}R+W+L-T-C_3^F-\delta C_3^H-\theta C_3^G$	$R\alpha_1+T-2\theta C_1^G$ $A+\frac{1}{3}R-C_2^F-2\delta C_2^H-2\theta C_2^G$ $R\alpha_3+W-T-2\theta C_3^G$
	不转移 $1-y$	0 0 $L+T-\delta C_3^H$	0 0 T

（二）参与人策略稳定性及系统演化均衡分析

根据演化博弈理论，演化均衡的实现是一个动态选择过程，而复制动态方程作为连续时间的总体动态方程通过综合正支付动态方程、单调动态方程及弱正支付动态方程，描述了个体选择的策略增长率高于群体的策略增长率的情形，进而刻画了群体策略随时间演化的规律，从而保证了演化稳定策略为演化均衡（Taylor and Jonker，1978）。

1. 西部政府策略稳定性分析

根据表4-1，设西部政府选择"积极"策略的期望收益为 U_1^a、选择"不积极"策略的期望收益为 U_1^b、平均期望收益为 $\overline{U_1}$，则：

$$U_1^a = yz\left(\frac{1}{3}R+K+T-C_1^F-C_1^H-C_1^G\right)+y(1-z)\left(\frac{1}{3}R+K+T-C_1^F-\delta C_1^H-\theta C_1^G\right)+$$

$$(1-y)z(K-C_1^F-\delta C_1^H)+(1-y)(1-z)(K-C_1^F-2\delta C_1^H) \tag{4-1}$$

$$U_1^b = yz(R\alpha_1+T-\theta C_1^G)+y(1-z)(R\alpha_1+T-2\theta C_1^G) \tag{4-2}$$

$$\overline{U_1} = xU_1^a+(1-x)U_1^b \tag{4-3}$$

西部政府协同策略的复制动态方程为：

$$F(x) = \frac{dx}{dt} = x(U_1^a-\overline{U_1})$$

$$= \frac{x(1-x)(3K-3C_1^F-6\delta C_1^H+yR-3yR\alpha_1+3y\delta C_1^H+3z\delta C_1^H+3y\theta C_1^G-3yzC_1^G-3yzC_1^H)}{3}$$

$$\tag{4-4}$$

为便于讨论，令：

$$z_0 = \frac{3K+yR+3y\delta C_1^H+3y\theta C_1^G-3C_1^F-6\delta C_1^H-3yR\alpha_1}{3yC_1^G+3yC_1^H-3\delta C_1^H} \tag{4-5}$$

（1）根据复制动态微分方程稳定性定理可知，若 $z=z_0$，则 $F(x)\equiv0$，意味着所有水平都是稳定状态，即对于承接产业转移，无论西部政府选择"积极"还是"不积极"策略的初始比例是多少，该比例都不会随时间的变化而变化。显然，这一情形无实际意义。

（2）若 $z\neq z_0$，则令 $F(x)=0$，求解复制动态方程可得到 $x=0$ 或 $x=1$ 两个解。通过对 $F(x)$ 求导可得：

$$\frac{dF(x)}{dx} = \frac{(1-2x)(3K-3C_1^F-6\delta C_1^H+yR-3yR\alpha_1+3y\delta C_1^H+3z\delta C_1^H+3y\theta C_1^G-3yzC_1^G-3yzC_1^H)}{3}。$$

演化稳定策略（ESS）要求 $\dfrac{dF(x)}{dx}<0$，此时有两种具体情况：情况一：若 $z<z_0$、

$\dfrac{dF(x)}{dx}\bigg|_{x=0}<0$、$\dfrac{dF(x)}{dx}\bigg|_{x=1}>0$，则 $x=0$ 为演化稳定策略。情况二：若 $z>z_0$、

$\dfrac{dF(x)}{dx}\bigg|_{x=0}>0$、$\dfrac{dF(x)}{dx}\bigg|_{x=1}<0$，则 $x=1$ 为演化稳定策略。

　　根据以上分析，对于承接产业转移，西部政府协同策略的动态演化路径如图 4-2 所示。

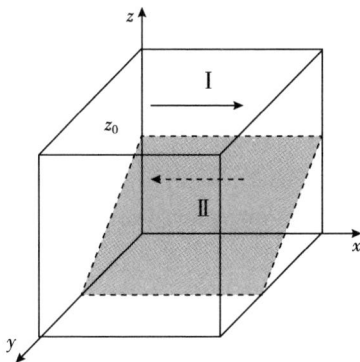

图 4-2　西部政府协同策略的动态演化路径

　　图 4-2 中的立体空间被 z_0 所表达的阴影部分分成 I 和 II 上下两个部分。当西部政府的初始状态处于空间 I 时，$x=1$ 为均衡点，即西部政府会趋向于选择"积极"的策略来承接产业转移。当西部政府的初始状态处于空间 II 时，$x=0$ 为均衡点，即西部政府在面对产业转移会趋向于选择"不积极"的策略来应对。

　　2. 东部企业策略稳定性分析

　　根据表 4-1，设东部企业选择"转移"策略的期望收益为 U_2^a、选择"不转移"策略的期望收益为 U_2^b、平均期望收益为 $\overline{U_2}$，则：

$$U_2^a=xz\left(A+\frac{1}{3}R-C_2^F-C_2^H-C_2^G\right)+x(1-z)\left(A+\frac{1}{3}R-C_2^F-\delta C_2^H-\theta C_2^G\right)+$$

$$(1-x)z\left(A+\frac{1}{3}R-\delta C_2^H-\theta C_2^G\right)+(1-x)(1-z)\left(A+\frac{1}{3}R-2\delta C_2^H-2\theta C_2^G\right)$$

$$(4-6)$$

$$U_2^b = 0 \tag{4-7}$$

$$\overline{U_2} = y U_2^a + (1-y) U_2^b \tag{4-8}$$

东部企业协同策略的复制动态方程为：

$$F(y) = \frac{dy}{dt} = y(U_2^a - \overline{U_2})$$

$$= \frac{y(1-y)(3A+R-3C_2^F-6\delta C_2^H-6\theta C_2^G+3x\delta C_2^H+3z\delta C_2^H+3x\theta C_2^G+3z\theta C_2^G-3xz C_2^G-3xz C_2^H)}{3}$$

$$\tag{4-9}$$

为便于讨论，令：

$$x_0 = \frac{3C_2^F+6\delta C_2^H+6\theta C_2^G-3A-R-3z\delta C_2^H-3z\theta C_2^G}{3\delta C_2^H+3\theta C_2^G-3z C_2^H-3z C_2^G} \tag{4-10}$$

（1）根据复制动态微分方程稳定性定理可知，若 $x=x_0$，则 $F(y)\equiv 0$，意味着所有水平都是稳定状态，即无论东部企业选择"转移"还是"不转移"策略的初始比例是多少，该比例都不会随着时间的变化而变化。显然，这一情形无实际意义。

（2）若 $x \neq x_0$，则令 $F(y)=0$，求解复制动态方程可得到 $y=0$ 或 $y=1$ 两个解。通过对 $F(y)$ 求导可得：

$$\frac{dF(y)}{dy} =$$

$$\frac{(1-2y)y(1-y)(3A+R-3C_2^F-6\delta C_2^H-6\theta C_2^G+3x\delta C_2^H+3z\delta C_2^H+3x\theta C_2^G+3z\theta C_2^G-3xz C_2^G-3xz C_2^H)}{3}。$$

演化稳定策略（ESS）要求 $\dfrac{dF(y)}{dy}<0$，此时有两种具体情况：情况一：若 $x<x_0$、$\dfrac{dF(y)}{dy}\Big|_{y=0}<0$、$\dfrac{dF(y)}{dy}\Big|_{y=1}>0$，则 $y=0$ 为演化稳定策略。情况二：若 $x>x_0$，$\dfrac{dF(y)}{dy}\Big|_{y=0}>0$、$\dfrac{dF(y)}{dy}\Big|_{y=1}<0$，则 $y=1$ 为演化稳定策略。

根据以上分析，面对产业转移的趋势和机遇，东部企业协同策略的动态演化路径如图4-3所示。

图4-3中的立体空间被 x_0 所表达的阴影部分分成Ⅲ和Ⅳ两个部分。当东部企业的初始状态处于空间Ⅲ时，$y=1$ 为均衡点，即东部企业在面对产业转移机遇时会趋向于选择"转移"的策略。当东部企业的初始状态处于空间Ⅳ时，$y=0$

为均衡点，即东部企业在面对产业转移机遇时会趋向于选择"不转移"的策略来应对。

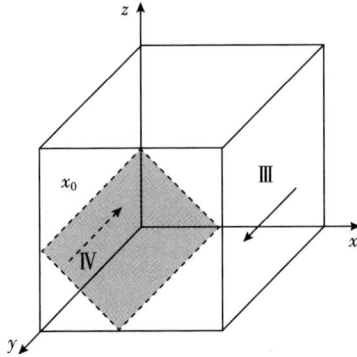

图 4-3　东部企业协同策略的动态演化路径

3. 东部政府策略稳定性分析

根据表 4-1，设东部政府选择"支持"策略的期望收益为 U_3^a、选择"不支持"策略的期望收益为 U_3^b、平均期望收益为 $\overline{U_3}$，则：

$$U_3^a = xy(W+R\alpha_3+L-T-C_3^F-C_3^H-C_3^G)+x(1-y)(L-C_3^F-\delta C_3^H-\theta C_3^G)+$$
$$(1-x)y(W+N\gamma_3+L-T-C_3^F-\delta C_3^H-\theta C_3^G)+(1-x)(1-y)(L-C_3^F-\delta C_3^H-\theta C_3^G)$$

$$(4-11)$$

$$U_3^b = xy(W+M\beta_3-T)+(1-x)y(W-T) \tag{4-12}$$

$$\overline{U_3}=zU_3^a+(1-z)U_3^b \tag{4-13}$$

东部政府协同策略的复制动态方程为：

$$F(z)=\frac{dz}{dt}=z(U_3^a-\overline{U_3})$$

$$=\frac{z(z-1)(3\delta C_3^H-3L-yR+3yC_3^F+3yR\alpha_3-3y\theta C_3^G+3xyC_3^G+3xyC_3^H-3xy\theta C_3^G)}{3}$$

$$(4-14)$$

为便于讨论，令：

$$y_0=\frac{3L-3\delta C_3^H}{3C_3^F+3R\alpha_3+3xC_3^G+3xC_3^H-R-3\theta C_3^G-3x\theta C_3^G} \tag{4-15}$$

（1）根据复制动态微分方程稳定性定理可知，若 $y=y_0$，则 $F(z)\equiv0$，意味着所有水平都是稳定状态，即对于本地产业的转出，无论东部政府选择"支持"还是"不支持"策略的初始比例是多少，该比例都不会随着时间的变化而变化。显然，这一情形无实际意义。

（2）若 $y \neq y_0$，则令 $F(z) = 0$，求解复制动态方程可得到 $z = 0$ 或 $z = 1$ 两个解。通过对 $F(z)$ 求导可得：

$$\frac{dF(z)}{dz} = \frac{(2z-1)3\delta C_3^H - 3L - yR + 3yC_3^F + 3yR\alpha_3 - 3y\theta C_3^G + 3xyC_3^G + 3xyC_3^H - 3xy\theta C_3^G)}{3}。$$

演化稳定策略（ESS）要求 $\frac{dF(z)}{dz} < 0$，此时有两种具体情况：情况一：若 $y < y_0$、$\frac{dF(z)}{dz}\Big|_{z=0} < 0$、$\frac{dF(z)}{dz}\Big|_{z=1} > 0$，则 $z = 0$ 为演化稳定策略。情况二：若 $y > y_0$、$\frac{dF(z)}{dz}\Big|_{z=0} > 0$、$\frac{dF(z)}{dz}\Big|_{z=1} < 0$，则 $z = 1$ 为演化稳定策略。

根据以上分析，面对本地产业的转出，东部政府协同策略的动态演化路径如图4-4所示。

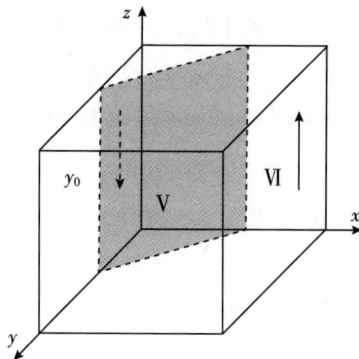

图4-4　东部政府动态演化路径

图4-4中的立体空间被 y_0 所表达的阴影部分分成 V 和 VI 两个部分。当东部政府的初始状态处于空间 V 时，$z = 0$ 为均衡点，即面对本地产业的转出，东部政府会趋向于选择"不支持"的策略。当东部政府的初始状态处于空间 VI 时，$z = 1$ 为均衡点，即面对本地产业的转出，东部政府会趋向于选择"支持"的策略来应对。

4. 系统演化均衡分析

令复制动态方程组 $F(x)=F(y)=F(z)=0$，可求得该三方演化博弈共有八个均衡点，分别为 $E_1(0,0,0)$、$E_2(1,0,0)$、$E_3(0,1,0)$、$E_4(0,0,1)$、$E_5(1,1,0)$、$E_6(1,0,1)$、$E_7(0,1,1)$、$E_8(1,1,1)$。根据上述对各参与人的策略稳定性分析可知，在不同的约束条件下，三方博弈演化的均衡点会发生很大的变化，并且存在多种约束组合，即系统的演化稳定策略受各方初始意愿、收益分配、直接成本、信息收集成本及风险防控成本等参数的综合影响，上述任一参数改变，都可能使三方博弈主体调整其策略。

为进一步考察八个均衡点的稳定性，需要根据参数的现实意义对相关参数间的关系进行进一步分析。通过对三类参与主体的参数关系的进一步分析，本书认为对西部政府而言，存在 $K<C_1^F+2\delta C_1^H$，其现实意义为虽然承接产业转移能为西部政府带来较大的隐性收益，但在另外两方都不采取协同行为的情况下，其隐性收益不会大到直接投入成本与信息收集成本之和。对东部企业而言，存在 $\dfrac{A+R}{3}>C_2^F+C_2^H+C_2^G$，其现实意义为企业的转移收益大于其转移成本，这是驱使企业产生转移意愿的最低条件。对东部政府而言，存在 $C_3^H<L$，其意义为东部政府的隐性收益大于其提供相关信息而支付的成本，这是符合我国地方政府作为地方经济的重要参与者和管理这一现实情况的。在上述参数间关系分析下可以构建复制动态方程组的雅克比矩阵，进而根据李雅普诺夫间接法对上述八个均衡点作出判定，其结果是 $E_1(0,0,0)$、$E_7(0,1,1)$、$E_8(1,1,1)$三个均衡点可能稳定。此三个均衡点反映了产业转移的最劣、自然及最优三种状态。考虑我国地方政府间锦标赛竞争的现实，产业几乎不可能转移至不采取积极承接措施的地区中去。因此，结合相关文献研究成果（张倩肖和李佳霖，2021；李春梅，2021），可以判断西部政府、东部企业及东部政府最可能选择的策略组合为｛不积极、不转移、不支持｝和｛积极、转移、支持｝，对应的均衡点则为 $E_1(0,0,0)$和 $E_8(1,1,1)$。

三、数值仿真分析

2010 年 9 月出台的《国务院关于中西部地区承接产业转移的指导意见》明确指出，"在中西部条件较好的地方设立承接产业转移示范区，充分发挥其典型示范和辐射带动作用"。截至 2023 年 4 月，国务院及国家发展改革委批复建立了皖江城市带承接产业转移示范区、广西桂东承接产业转移示范区、湘南湘西承接产业转移示范区等13个国家级承接产业转移示范区。这些示范区既是承接产业转移的国家级平台，也是国家探索区际合作、政企协同的先行区。本书通过对这些示范区内企业、政府在产业转移过程中的成本收益关系的实地调研，发现博弈三方各类成本收益的关系为 $R>K>A>L>(W-T)>0$，其协同收益分配系数 $0<\alpha_1\leqslant\frac{1}{3}$、$0<\alpha_3\leqslant\frac{1}{3}$；直接收益的关系为 $(K+T)>A>(L+W-T)$；直接投入成本的关系为 $C_1^F>C_2^F>C_3^F$；信息收集成本 C_1^H 最高；风险防控成本的关系为 $C_3^G>C_2^G>C_1^G$。根据对这些示范区内企业、政府的实际调研情况，结合前文对政企协同下区际产业转移关键影响因素的理论分析，并邀请了五位产业转移研究领域专家和三位系统仿真专家交流参数设置问题，设置各参数的初始值如下：$R=17$，$\alpha_2=0.3$，$K=8.5$，$T=2$，$A=6.5$，$L=3$，$W=3$，$C_1^F=4$，$C_2^F=3$，$C_3^F=1$，$C_1^H=3$，$C_2^H=2$，$C_3^H=2$，$\delta=2$，$C_3^G=2.5$，$C_2^G=2$，$C_1^G=1$，$\theta=2$。

（一）系统演化路径及初始意愿对演化结果的影响

将上述各参数代入三维动力系统，利用 MATLAB 对国家级示范区产业转移博弈三方演化行为路径进行数值仿真，得到图4-5的仿真结果。从图4-5可以看出，在当前国家级示范区承接产业转移实践中，三方演化博弈最终的稳定策略为（0，0，0）或（1，1，1），这与前文的理论预期一致。图4-6为初始意愿取不同值时三方策略演化的仿真。从图4-6中可以看出，当其他条件不变、三方的初始意愿均为0.5时，系统最终收敛于（1，1，1）；但当三方的初始意愿由0.49降至0.48时，系统最终由（1，1，1）收敛于（0，0，0）。图4-5和图4-6的仿

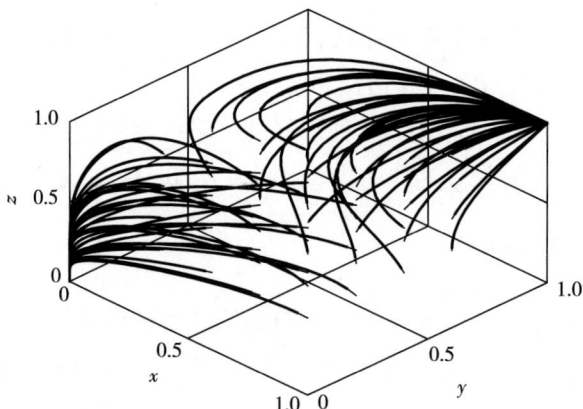

图4-5　系统演化路径

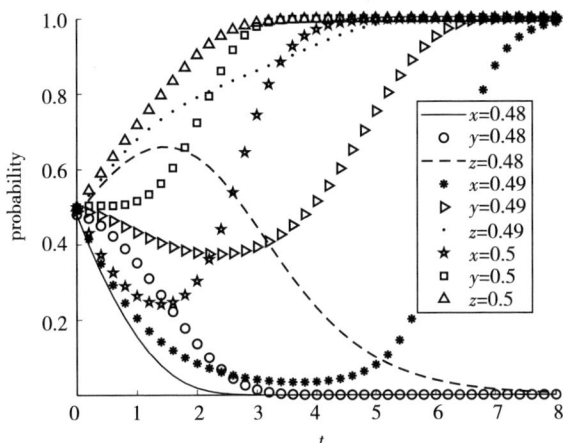

图 4-6　初始意愿对演化结果的影响

真结果虽然是以 13 个国家级示范区的相关数据为依据的，但基本上反映了当前我国区际产业转移的基本情况。纵观我国区际产业转移近 20 年的历程，虽然在我国政府的大力倡导下，以及在相关企业和转承地各级政府积极参与下，区际产业转移的政企协同已取得了初步成效，但其总体进展也还相对缓慢，2022 年初由工业和信息化部等十部门联合发布的《关于促进制造业有序转移的指导意见》就明确指出要进一步加强产业转出地和承接地之间的协同合作。

（二）收益及其分配对演化结果的影响

在中国东部沿海产业向示范区转移过程中，示范区各级政府、拟转移企业、转出地政府都存在相应的收益，本书结合相关研究成果及产业转移实践，重点关注示范区各级政府的隐性收益和产业转移带来的额外协同收益及其分配对系统演化结果的影响。图 4-7 为示范区各级政府隐性收益取不同值时三方演化结果仿真。在图 4-7 中，本书取初始值 $K=8.5$、$K=8$、$K=8.01$ 进行数值仿真。从图 4-7 可知，当隐性收益 $K=8.5$ 时，系统收敛于（1，1，1）；当隐性收益 K 从 8.01 变为 8 时，系统从（1，1，1）收敛于（0，0，0）。这说明，目前示范区各级政府的隐性收益对三方的协同合作起了重要推动作用，其临界值介于 8~8.01。图 4-8 为产业转移所产生的额外协同收益分别取初始值 $R=17$、$R=16.37$、$R=16.36$ 进行数值仿真。当协同收益 $R=17$ 时，系统收敛于（1，1，1）；当隐性收益 R 从 16.37 降为 16.36 时，系统从（1，1，1）收敛于（0，0，0）。这说明，三方协同行为直接与协同收益相关，当协同收益低于临界值时，三方均难以达成协同合作。图4-9、图4-10分别为示范区各级政府、转出地政府采取"搭便车"策略时三方演化结果仿真。图4-9从总体上反映转出地政府只有在"搭便车"收益与不"搭便车"收益差不多的情况下才会采取"不支持"策略，且即使转出地政府选择这一策略，示范区各级政府和拟转移企业受其影响也很小。图4-10说明，即使示范区各级政府"搭便车"收益几乎等于不"搭便车"收益，示范区各级政府也不会选择"搭便车"策略。

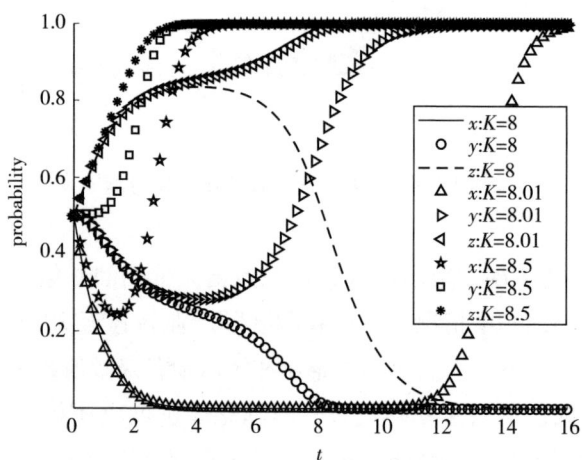

图4-7 K 对博弈三方演化结果的影响

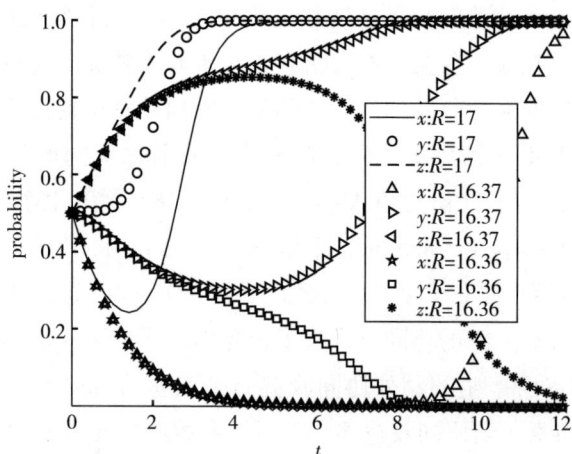

图4-8 R 对博弈三方演化结果的影响

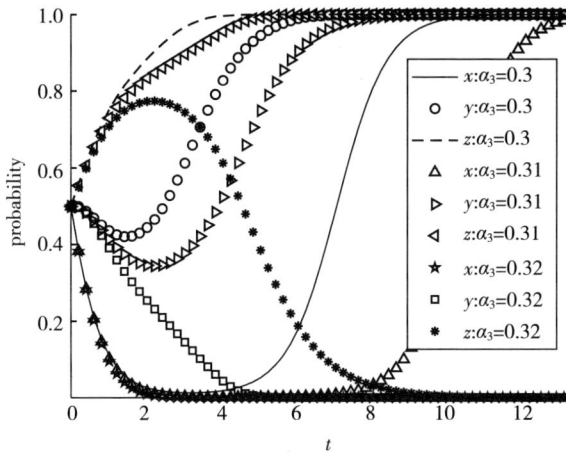

图 4-9 α_1 对博弈三方演化结果的影响

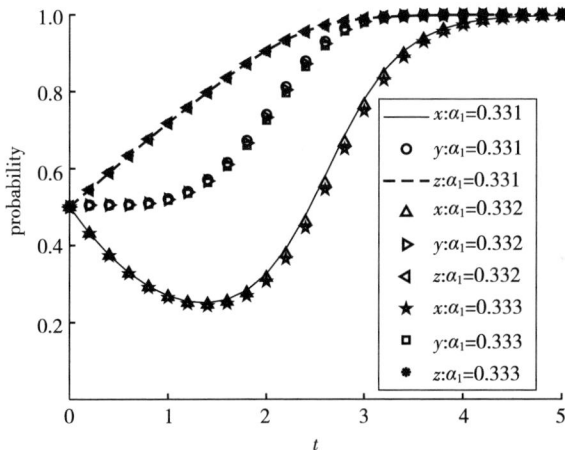

图 4-10 α_3 对博弈三方演化结果的影响

（三）直接投入成本对演化结果的影响

图 4-11 为直接成本取不同值时三方策略演化的仿真。在图 4-11 中，本书以初始值 $C_1^F = 4$、$C_2^F = 3$、$C_3^F = 1$ 为基础分别放大 1.03 倍和 1.04 倍进行数值仿真。从图 4-11 可知，在初始值 $C_1^F = 4$、$C_2^F = 3$、$C_3^F = 1$ 这一组数据中，系统最终收敛于（1，1，1）；当三方的直接投入成本在此基础上分别放大 1.03 倍和 1.04 倍时，系统由（1，1，1）收敛于（0，0，0）。这说明，在目前示范区的建设过程

中，各方的直接投入成本总体水平适中，其临界值处于目前成本水平的 1.03 倍和 1.04 倍之间。具体而言，示范区各级政府目前的直接投入成本有点相对偏高，在短期内可能拉低其承接意愿；拟转移企业目前的直接投入成本适中，短期内对其转移决策影响不大，但已接近临界值；转出地目前的直接投入成本虽然对其决策影响相对较小，但其敏感性相对于示范区各级政府及拟转移企业更强。

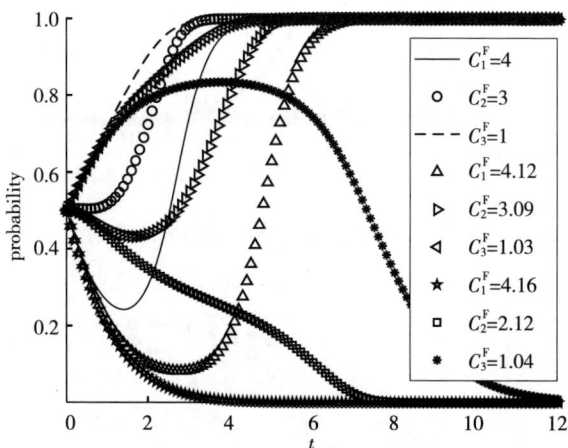

图 4-11　直接投入成本对博弈三方演化结果的影响

（四）信息收集成本对演化结果的影响

图 4-12 为博弈三方信息收集成本取不同值时三方策略演化的仿真。在图 4-12 中，本书以初始值 $C_1^H=3$、$C_2^H=2$、$C_3^H=2.5$ 为基础分别缩小 0.93 倍和 0.94 倍进行数值仿真。从图 4-12 可知，在初始值 $C_1^H=3$、$C_2^H=2$、$C_3^H=2.5$ 这一组数据中，系统最终收敛于（0，0，0）；而当三方的信息收集成本在此基础上分别缩小 0.93 倍和 0.94 倍时，系统由（0，0，0）收敛于（1，1，1）。这说明，在目前示范区的建设过程中，各方信息收集成本总体偏高，其临界值处于目前成本水平的 0.93 倍和 0.94 倍之间。图 4-13 为参数 δ 对博弈三方演化结果的影响。参数 δ 主要反映的是三方协作的程度以及与信息收集成本的关系。从图 4-13 可知，δ 的临界值为 2.02~2.04，即 δ 提高 1.01 倍至 1.02 倍，这充分反映了博弈三方对协同关系的高度依赖性。图 4-12 和图 4-13 共同表明，目前三方的信息收集成本还是偏高，这一投入水平对我国区际产业有序转移产生了重要的阻碍作用。同时，这一偏高的信息收集成本与直接投入成本不同，对系统演化的影响既有短期

效应也有长期效应，且当三方中的一方不采取协同行为时，剩余两方的信息收集成本还将提高，这将导致系统更加迅速地收敛于（0，0，0）。

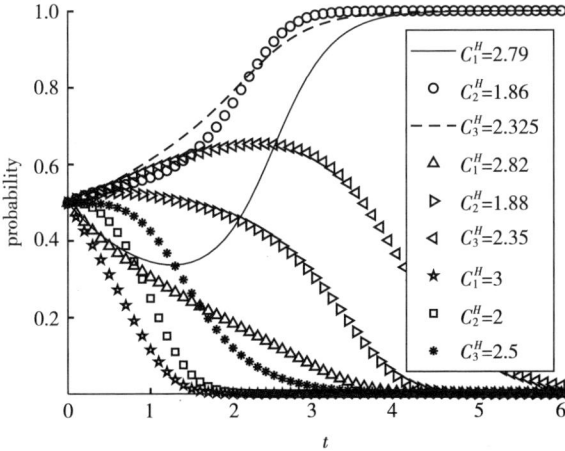

图4-12 信息收集成本对博弈三方演化结果的影响

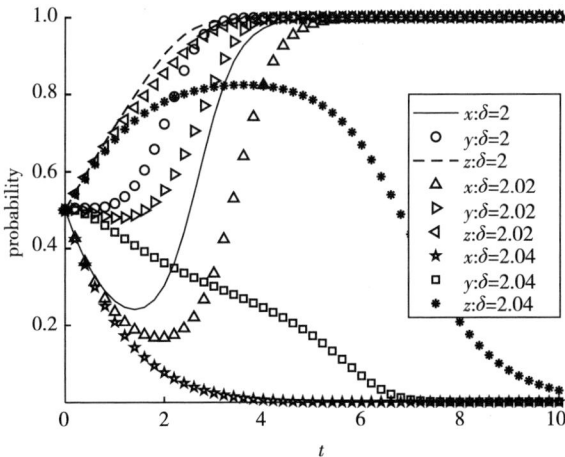

图4-13 δ对博弈三方演化结果的影响

（五）风险防控成本对演化结果的影响

图4-14为博弈三方风险防控成本取不同值时三方策略演化的仿真。在图4-14中，本书以初始值 $C_1^G=1$、$C_2^G=2$、$C_3^G=2.5$ 为基础分别放大1.09倍和1.1倍进行

数值仿真。从图 4-14 可知，在初始值 $C_1^G = 1$、$C_2^G = 2$、$C_3^G = 2.5$ 这一组数据中，系统最终收敛于（1，1，1）；而当三方的风险防控成本在此基础上分别放大 1.09 倍和 1.1 倍时，系统由（1，1，1）收敛于（0，0，0）。这说明，在目前示范区的建设过程中，各方风险防控成本总体水平适中，其临界值处于目前成本水平的 1.09~1.1 倍。图 4-15 为参数 θ 对博弈三方演化结果的影响。参数 θ 主要反映的是三方协作的程度以及与风险防控成本的关系。从图 4-15 可知，θ 的临界值位于 2.34~2.36，即 θ 提高 1.17~1.18 倍，这充分反映了博弈三方对协同关系

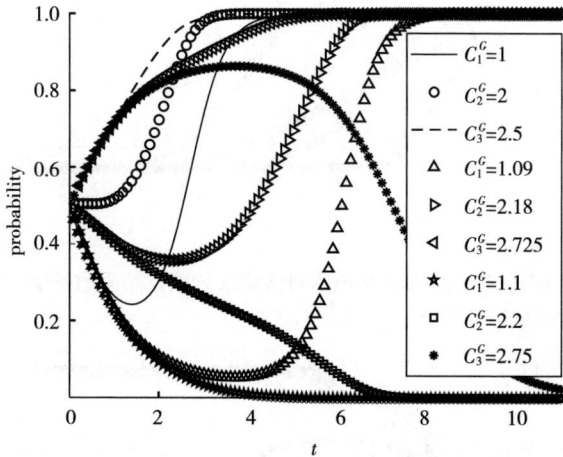

图 4-14 风险防控成本对三方演化结果的影响

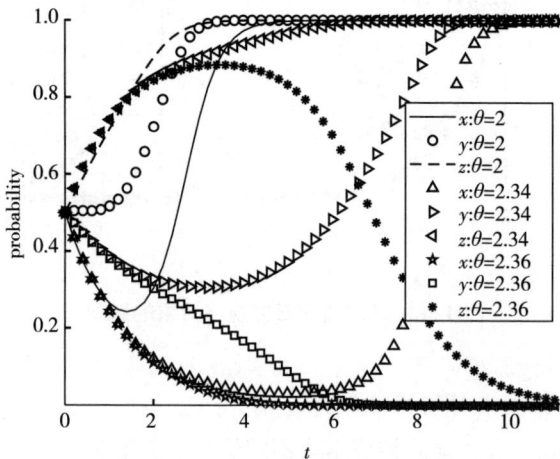

图 4-15 θ 对博弈三方演化结果的影响

的高度依赖性。具体而言，示范区各级政府目前的风险防控成本有点相对偏高，在短期内可能拉低其承接意愿，但这一风险防控成本相对其他两方对参数 θ 的依赖性最弱；拟转移企业目前的风险防控成本适中，短期内这一风险防控成本对其转移决策影响不大，且这一风险防控成本对参数 θ 的依赖性较示范区政府要稍强；转出地政府目前虽然在三方之中风险防控这一块投入的成本最高，但基本在其预期范围内，目前这一投入水平对其支持相关产业转出本地产生了重要的促进作用。

四、模型结论及启示

本书提出了基于政企协同的区际产业转移模式，进而构建了西部政府、东部企业及东部政府三方演化博弈模型，分析了各方策略选择的稳定性及系统演化的主要影响因素，得出以下结论和政策启示：

（1）当前我国区际产业转移的演化均衡为（0，0，0）和（1，1，1），当三方的初始参与意愿均大于或等于 0.49 时，系统演化均衡为（1，1，1）。因此，政策的重点在于提高各方参与人的参与意愿。一方面，要进一步出台推进区际产业转移的全国层面的宏观政策，强化区际产业转移的战略价值和意义，形成各方关注产业转移的整体氛围；另一方面，要运用碳达峰碳中和、产业转型升级、产业布局、技术标准等具体政策措施促使转承地政府和拟转移企业加快提升产业转承的内在意愿。

（2）在区际产业转移的各方收益中，承接地的隐性收益、三方协同收益及其分配是影响系统演化的重要因素。研究发现，目前我国区际产业转移对承接地产生的隐性收益、三方协同收益都还不是很高，特别是三方协同收益正处于临界值的边缘。因此，政策设计要进一步推进产业有序转承、集群化转承，充分发挥转承地的互补优势、分工优势，三方共同努力把蛋糕做大。同时，承接地政府、拟转移企业及转出地政府要进一步加强政策沟通，尽力避免"搭便车"行为。

（3）在区际产业转移的各方成本因素中，三方的直接投入成本、信息收集成本和风险防控成本及其分配系数都是影响系统演化的重要因素。研究发现，目前我国区际产业转移过程中三方的直接投入成本和风险防控成本及其分配系数对系统向（1，1，1）收敛起到重要促进作用，信息收集成本则相反。因此，博弈三方除了需要继续加强协同合作降低直接投入成本和风险防控成本，更重要的是降低信息收集成本。

第二节　示范区承接产业转移的现状分析

承接产业转移是示范区的主要功能。进入 21 世纪以来，在市场机制的作用下，东部沿海产业已自发地向中西部地区转移，示范区作为中西部地区的重要组成部分，也就开始了产业承接。因此，本书以 21 世纪初为起点，对示范区承接产业转移的情况进行定量测度，进而在此基础上分析示范区承接产业转移的基本现状。

一、国家级承接产业转移示范区简况

随着产业转移由单纯的市场行为逐步转变为地方政府有意识的行为，再进一步上升为国家战略，既能发挥地方比较优势，又能体现国家战略的国家级承接产业转移示范区应运而生。从 2010 年国务院批设皖江城市带承接产业转移示范区为第一个示范区，到 2023 年国家发展改革委同时批设吉西南和蒙东两个示范区，我国中西部地区和东北地区共设有 13 个国家级承接产业转移示范区。具体情况如表 4-2 所示。

表 4-2　国家级承接产业转移示范区简况

示范区名称	获批时间	规划范围	区域特点	主要承接方向	战略定位
皖江城市带承接产业转移示范区	2010 年 1 月	合肥、芜湖、马鞍山、铜陵、安庆、池州、巢湖、滁州、宣城、六安（金安区、舒城县）	沿江近海、紧邻长三角	长三角	合作发展的先行区、科学发展的试验区、中部地区崛起的重要增极、全国重要的先进制造业和现代服务业基地
广西桂东承接产业转移示范区	2010 年 10 月	梧州、贵港、贺州、玉林	广西东大门、毗邻珠三角	珠三角	西部大开发新的区域经济增长极、粤桂合作的先行区、东西部融合发展的试验区、生态循环经济示范区
重庆沿江承接产业转移示范区	2011 年 1 月	涪陵、巴南、九龙坡、璧山、永川、双桥、荣昌	内陆沿江、远离沿海	东部沿海地区	东西部合作示范基地、西部地区承接产业转移典型示范区、城乡统筹发展试验区

续表

示范区名称	获批时间	规划范围	区域特点	主要承接方向	战略定位
湘南湘西承接产业转移示范区	2011年10月批设，2018年扩容	衡阳、郴州、永州、湘西自治州、怀化、邵阳	湖南南大门、紧邻珠三角	珠三角	中西部地区承接产业转移领头雁、内陆地区开放合作示范区、国家重要先进制造业基地、支撑中部地区崛起重要增长极
湖北荆州承接产业转移示范区	2011年12月	荆州、荆门、仙桃、潜江、天门	江汉平原腹地、远离沿海	东部沿海地区	中部地区承接产业转移的优秀示范区、人水和谐可持续发展的先行区、跨区域合作与产业转型发展的综合试验区和湖北经济发展的重要增长极
甘肃兰白经济区承接产业转移示范区	2013年3月	兰州、白银	内陆沿河、省级中心区	东部沿海地区及中部地区	西北地区重要的经济增长极、国家重要的产业基地、向西开放的重要战略平台、国家自主创新示范区
四川广安承接产业转移示范区	2013年3月	广安	西三角中心节点城市	东部沿海地区及中部地区	西部承接产业转移优化发展示范区、区域合作发展先导区、改革创新示范平台、民生改善示范基地
江西赣南承接产业转移示范区	2013年6月	赣州	五岭要冲、粤闽咽喉	珠三角	稀有金属产业基地、中部地区先进制造业和服务业基地、特色农产品生产和加工基地
宁夏银川-石嘴山承接产业转移示范区	2014年1月	银川、石嘴山	省级中心地区	东部沿海地区及中部地区	承接产业转移区域合作示范区、全面协调可持续发展示范区、西部地区承接产业转移提典型示范区
晋陕豫黄金三角承接产业转移示范区	2014年3月	运城、渭南、三门峡、临汾	省际边缘、中西部结合带	东部沿海地区	中西部地区重要的能源原材料与装备制造业基地、区域性物流中心、区域合作发展先行区和新的经济增长极

示范区名称	获批时间	规划范围	区域特点	主要承接方向	战略定位
辽西北承接产业转移示范区	2020年12月	阜新、朝阳	东北华北咽喉、邻近京津冀	京津冀地区	东北地区承接产业转移高地、区域经济新增长极、承载产业转移新平台、中国北方新兴交通枢纽和先进制造业聚集带、北方优质农产品精深加工基地、京津冀清洁能源供应基地
吉西南承接产业转移示范区	2023年2月	四平、辽源、通化	省际交界区	东部沿海地区	东北地区特色制造基地、绿色低碳转型先行区、区域合作发展新高地和全国重要的农特产品加工基地
蒙东承接产业转移示范区	2023年2月	通辽、赤峰	省际交界区	京津冀地区、邻近京津冀	蒙东高质量发展引领区、特色产业集聚区、区域开放合作先行区、绿色发展试验区、区域经济新增长点

资料来源：笔者整理。

从表4-2中可以看出，我国先后在中西部地区和东北地区15个省份设立的13个国家级承接产业转移示范区的主要区域分布情况为：西部地区5个（广西桂东、重庆沿江、甘肃兰白经济区、四川广安、宁夏银川—石嘴山），中部地区4个（安徽皖江城市带、湖北荆州、江西赣南、湘南湘西），跨区域合作2个（晋陕豫黄河金三角、蒙东），东北地区2个（辽西北、吉西南）。从示范区批设时间来看，前期集中批设较多，中期批设几乎停滞，近三年集中在东北地区批设了3个，特别是2023年初同时批设了2个，这从侧面说明国家对加快引导国内产业有序转移的日趋重视。从示范区的覆盖范围来看，既有多市的组队方式，也有单市的独立方式。从区域特点来看，中部地区的示范区大多坐落在与长三角或珠三角邻近的位置；西部地区的示范区主要以其中心发达城市为主；东北地区的示范区则主要坐落在与京津冀地区邻近的位置。从示范区的战略定位上来看，各示范区大多能在自身禀赋的基础上，结合自身的区位优势进行战略定位的制定。各示范区的具体战略定位通过对先进制造、区域合作、向西开放、可持续发展、绿色发展、自主创新、民生改善、清洁能源等的强调无不体现了在承接产业转移过程中对发展质量的要求。

二、示范区承接产业转移的测度

现有国内外文献对产业转移的测度方法主要有两种：一种是直接测量法，主要是采用企业迁移数据或投资数据，如用 FDI 和 OFDI 表示国际产业转移，用实际利用境内省外资金额表示区际产业转移（余珮和孙永平，2011；妥燕方和孔令池，2023）。另一种是通过间接方法用产业数据的区位变化来测算相对产业转移，如通过产业集中度、产业份额和区域间贸易的变化识别产业转移（范剑勇，2004；刘红光等，2011）。

由于目前中国缺乏完整的企业迁移数据和准确的各地级市间投资数据，无法直接衡量区域产业转移，因此本书在借鉴范剑勇（2004）、Zhao 和 Yin（2011）、韩军和孔令丞（2023）等研究成果的基础上，采用间接方法对产业转移进行测量。具体来说，使用地区工业增加值的相对变化来衡量产业转移的变化情况。产业转移指数计算公式为：

$$trans_t = \frac{\dfrac{iav_t}{IAV_t}}{\dfrac{iav_{t-1}}{IAV_{t-1}}} \tag{4-16}$$

其中，iav_t 和 iav_{t-1} 分别为 t 年和 $t-1$ 年的地区工业增加值，IAV_t 和 IAV_{t-1} 分别为 t 年份和 $t-1$ 年的全国工业增加值。该指数大于 1 表明产业转入，小于 1 则表明产业转出。

三、示范区承接产业转移的整体特征

考虑行政区划改变、成立时间年限及数据可获得性，本书以九个示范区内的 29 个地级市为研究对象[①]，考察产业转移对示范区高质量发展的影响，测度产业转移的数据来源于 EPS 数据库。由于我国东部沿海地区向中西部地区发生产业转

---

① 根据 2010 年 1 月国务院批复的《皖江城市带承接产业转移示范区规划》，该示范区包括合肥、芜湖、马鞍山、铜陵、安庆、池州、巢湖、滁州、宣城九市，以及六安市的金安区和舒城县，但 2011 年 8 月，地级市巢湖被撤销，所辖一区四县分别划为合肥、芜湖、马鞍山三市。因此，对于皖江城市带示范区，本书仅保留了合肥、芜湖、马鞍山、铜陵、安庆、池州、滁州、宣城八市作为研究样本。根据规划文件，重庆沿江示范区仅包括涪陵、巴南、九龙坡、璧山、永川、双桥、荣昌七个区县，本书予以剔除。此外，辽西北、吉西南、蒙东三个示范区设立时间较短，政策效果难以体现，故本书也予以剔除。

移的趋势始于 2005 年左右（贺曲夫和刘友金，2012），因此本书从 2005 年开始研究示范区承接产业转移情况。

根据产业转移指数计算结果分析示范区产业转移情况，如图 4-16 所示，2005~2020 年，示范区产业转移指数呈现先上升后下降的趋势。从时间上以 2008 年为界限将我国产业转移过程分为两个阶段：2008 年以前，东部地区作为全国的增长极，是我国产业转移的主要承接地，中西部地区尚未呈现承接产业转移优势。2008 年以后，由于国际金融危机和大规模的政策刺激，我国东部地区企业面临土地、劳动力等生产要素成本上升的问题，一些劳动密集型产业向要素成本较低的中西部地区转移步伐加快。2010~2018 年，产业转移指数均值在高位水平，承接产业转移规模较大，我国大多数示范区就在这段时期内相继成立。

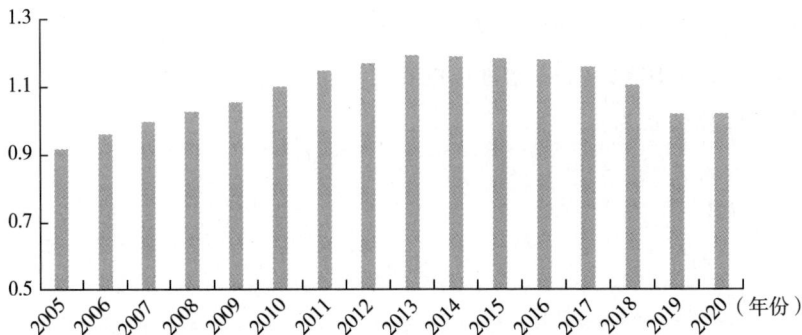

图 4-16 2005~2020 年示范区产业转移指数均值

资料来源：笔者测算所得。

但 2018 年以后，示范区承接产业转移规模下降，这一方面可能是因为中国经济增长突飞猛进，中西部地区的劳动力和土地成本优势难以与越南、柬埔寨、印尼等东南亚国家相竞争，东南沿海地区的纺织、机械、电子元器件等劳动密集型产业向东南亚国家转移；另一方面也可能是因为近年来随着产业转移推进，示范区越来越把握主动权，提高承接标准，如制定严格的环保转入门槛，有选择地发展地方产业。

四、示范区承接产业转移的地区差异

我国中部与西部地区自然、区位条件存在明显差异，直接影响人口分布与产业布局。中部地区的人口相对较多,在地理位置上更加邻近东部沿海地区,本身具有较为完善的工业基础设施,而西部地区有丰富的天然气、风能、太阳能等资源,与十几个国家接壤,是与周边国家合作交流的重要通道。因此,分别讨论中部和西部示范区在承接产业转移中的差异,有助于因地制宜地制定承接策略,促进区域间有差异化的科学承接①。

如图4-17所示,在研究期限内,大多数年份中部示范区承接产业规模高于西部示范区。2006~2009年,西部示范区承接产业转移势头较盛,这与冯根福等(2010)的结论相吻合,部分东部产业转移在目的地选择上偏好西部地区。这可能是因为西部地区矿产资源丰富,为资源型产业转移提供了良好的依托条件,而且西部大开发战略的率先实施,使西部地区的产业承接意识较强,承接能力提升较快。2009年以后,除2016年外,中部示范区产业转移指数始终高于西部地区,表明这段时期内中部地区承接产业转移引力增强。可见,自2010年示范区政策上升为国家战略后,中部示范区内各级地方政府在承接产业转移相关政策优惠及对投资市场环境等方面不断完善,迎来了承接产业转移新局势。2018~2020年,中部与西部示范区承接产业转移规模在总体回落的基础上呈现差距扩大的趋势。

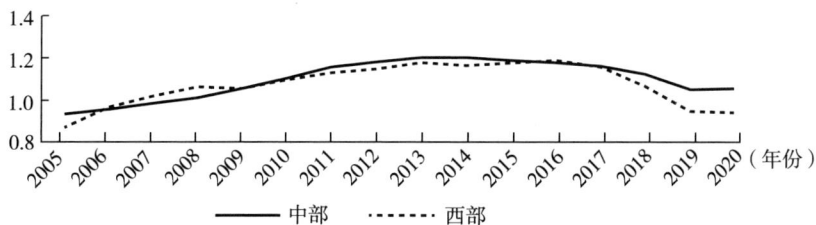

图4-17 中部、西部示范区产业转移指数均值

资料来源:笔者测算所得。

如图4-18所示,西部地区的宁夏银川—石嘴山示范区产业转移指数最大。宁夏银川—石嘴山示范区地理位置优越,处于"一带一路"上,公路和铁路交通便捷,为承接产业转移提供了得天独厚的条件。同时,矿产资源和新能源资源

① 中部包括皖江城市带承接产业转移示范区、湘南湘西承接产业转移示范区、湖北荆州承接产业、江西赣南承接产业转移示范区和晋陕豫黄河金三角承接产业转移示范区,西部包括广西桂东承接产业转移示范区、宁夏银川—石嘴山承接产业转移示范区、兰白经济区承接产业转移示范区和四川广安承接产业转移示范区。

丰富，宁夏银川—石嘴山示范区的制造业、能源、化工等产业具有较强的支撑实力，已经形成了一定的产业集群效应。中部地区的皖江城市带示范区产业转移指数最大，其次为晋陕豫黄河金三角示范区。皖江城市带示范区是全国首个以承接产业转移为主题的区域，以长江沿线为主要发展轴线，以合肥和芜湖两市为核心，以滁州和宣城两市为配套发展的"双翼"，形成了"一轴双核两翼"的产业布局。因此，在良好的交通、物流、信息等基础设施条件下，皖江城市带示范区充分把握集聚发展优势和相对区位优势，吸引承接东部沿海地区特别是长三角地区的产业转移。

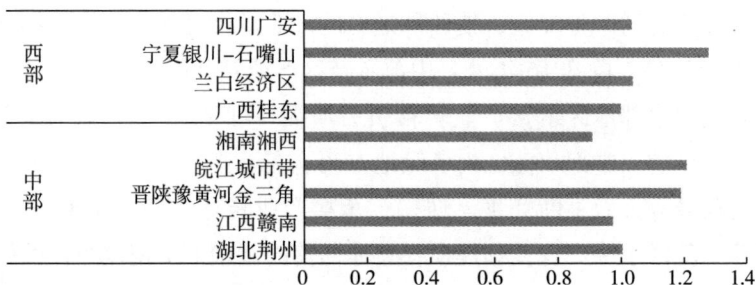

图 4-18　各示范区产业转移指数均值

资料来源：笔者测算所得。

晋陕豫黄河金三角地区位于我国中西部结合带，是西部大开发战略和中部地区崛起战略的重点区域之一。该地区铁路与公路网四通八达，矿产、水土资源丰富，经济联系紧密，产业关联度高，具有良好的产业基础，初步形成以能源原材料、装备制造和农产品加工为主的产业体系。国家发展改革委已经明确要求将晋陕豫黄河金三角地区建设成为中西部地区重要的能源原材料与装备制造业基地和区域性物流中心。因此，该区域已经承接了一批产业关联度大、市场竞争能力强、辐射带动面广、产品附加值高的项目。

第三节　示范区经济高质量发展的现状分析

高质量发展虽然是 2017 年党的十九大报告中提出的新概念，但其在本质上反映的是经济发展过程中的质量状况。因此，本节运用第二章建立的区域经济高质量发展指标体系对示范区 2005 年以来经济发展的质量状况进行测度，进而分析示范区经济高质量发展的基本现状。

一、示范区经济高质量发展测评

国家级承接产业转移示范区是一个典型的主体经济功能区，其经济高质量发展的情况将根据第二章建立的区域经济高质量发展测评指标体系来进行具体测评。根据表 2-2 可知，示范区的高质量发展评价体系涉及多个指标，指标之间属性不同且包含相对指标与绝对指标，无法直接计算，因此对各指标进行同趋化和无量纲化处理。运用极差法对各指标 X_{ijk} 进行标准化处理：

$$Y_{ijk} = \begin{cases} \dfrac{X_{ijk}-\min(X_k)}{\max(X_k)-\min(X_k)}, & X_{ijk} \text{ 为正向指标} \\[3mm] \dfrac{\max(X_k)-X_{ijk}}{\max(X_k)-\min(X_k)}, & X_{ijk} \text{ 为负向指标} \end{cases} \tag{4-17}$$

其中，i 表示年份，j 表示城市，k 为指标。X_{ijk} 表示第 i 年、第 j 个省份、第 k 个指标的值，X_{ij} 和 Y_{ij} 分别表示原始值和标准化的值，$\max(X_k)$ 和 $\min(X_k)$ 分别表示 X_{ijk} 的最大值与最小值。Y_{ijk} 是处理后的值，取值范围为 $[0，1]$。

对初始数据进行了标准化处理后，示范区高质量发展指数可根据各维度各指标的权重加总后计算而得。由于经济、社会和环境发展同等重要，三大维度下描述不同方面的指标之间也难以区分重要性，故借鉴联合国开发计划书署编制的人类发展指数（HDI）的做法，采用均等权重，利用线性加权法计算示范区内各城市的高质量发展指数。

数据来源于 EPS 数据库和中国经济与社会发展统计数据库，部分地方统计年鉴数据仅更新至 2020 年，因此本书研究时间为 2005~2020 年。少数样本数据缺失使用线性插值法进行填补，其中关于价格的数据以 2005 年为基期进行平减剔除了价格波动影响。

二、示范区整体高质量发展变化趋势

示范区经济高质量发展的总体及分维度测算结果如图 4-19 所示。由图 4-19 可知，2005~2020 年，示范区经济高质量发展水平总体呈上升趋势，2005 年平均值最低为 0.531，最高值出现在 2018 年，达到 0.588。从分维度的测算结果来看，图 4-19 显示，环境效果平均值最高，表明生态环境质量是示范区高质量发展的核心优势；示范区发展的经济效果和社会效果波动较大，且社会效果表现较差，在 2007 年和 2012 年有明显上升后迅速回落，指数均值始终低于经济与环境维度，这表明社会层面的发展效果仍有较大提升空间。

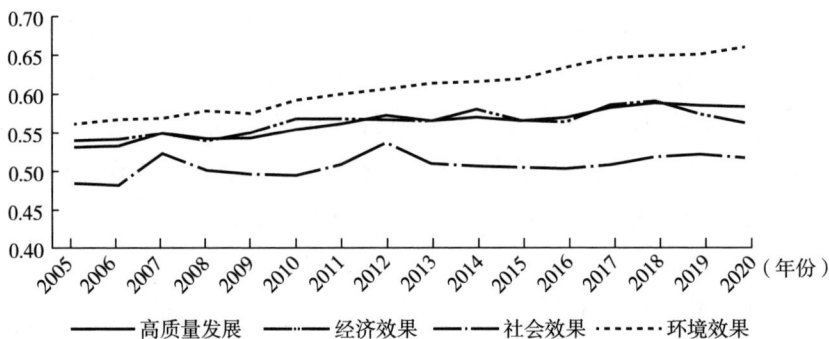

图 4-19 2005～2020 年示范区高质量发展指数及分维度指数

资料来源：笔者测算所得。

在研究样本期间，示范区经济高质量发展大致经历了三个阶段：第一个阶段为自发阶段，时间为 2005～2009 年。这一阶段的高质量发展整体水平较低，经济效果和生态环境效果处于低位，社会事业建设有较大的波动。第二个阶段为政策引导阶段，时间为 2010～2016 年。此阶段的高质量发展水平表现出明显的攀升态势，经济增长为高质量发展提供了一定的物质积累。第三个阶段为加速发展阶段，时间为 2017～2020 年。此时，高质量发展水平相对较高，我国经济发展进入新时代，确立了高质量发展的新目标，追求质量型发展成为共识。

三、示范区经济高质量发展地区差异

将测算样本覆盖的示范区按照中、西部划分，计算各自经济高质量发展指数均值，并将其与示范区整体均值进行对比，如图 4-20 所示。在整个样本期间，中部示范区高质量发展指数均值始终高于西部地区，2005～2017 年，中西部示范区高质量发展水平均呈波动上升，但 2017 年后西部示范区高质量发展指数下降，导致区域差距逐渐拉大。

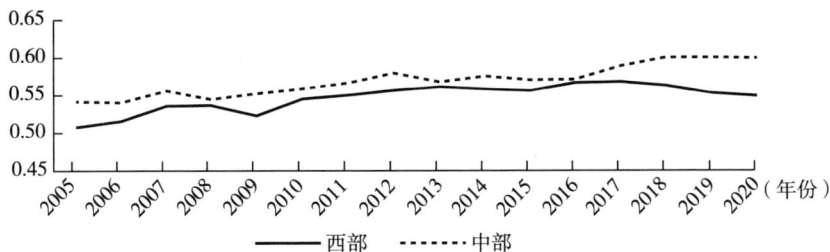

图 4-20 2005~2020 年中部、西部示范区高质量发展指数

资料来源：笔者测算所得。

由图 4-21 可知，在区域内部，高质量发展水平也存在明显差异。中部地区高质量发展较为突出的是皖江城市带示范区。作为首个国家级承接产业转移示范区，皖江城市带示范区成立至今已有 12 年，区域内各级地方政府关于示范区建设方略已有诸多实践探索经验，在高质量发展方面发展态势良好，具有引领作用。西部地区的兰白经济区示范和宁夏银川—石嘴山示范区高质量发展水平领先。在研究样本中，包含省会城市的示范区高质量发展水平领先于总体水平，省会城市通常是一省的经济、教育、社会发展中心，对周边地区具有显而易见的辐射作用。中西部地区部分省级政府已制定相关的政策强调省会城市的经济首位度，以强大的省会城市驱动全省经济的成长，提高科技创新能力。

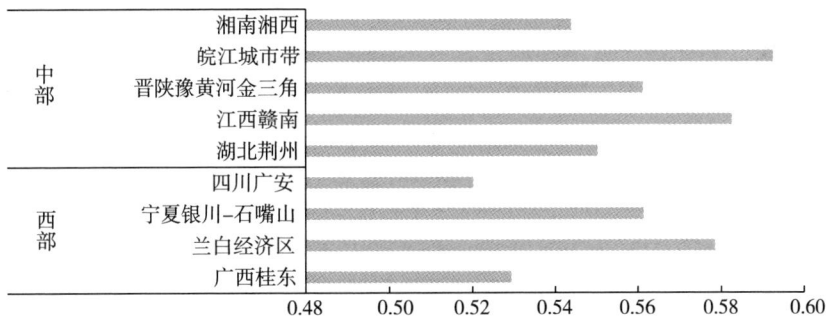

图 4-21 各示范区高质量发展指数均值

资料来源：笔者测算所得。

四、示范区经济高质量发展与经济增长的关系

综合以上测算结果，经济高质量发展需要培育发展新动力、优化经济结构，

推进绿色发展，尤其要协调发展质量与经济增长数量之间的关系。中国经济已由高速增长阶段转向高质量发展阶段，这一阶段的发展目标要求更加注重经济发展质量的合意性，不能再一味地追求经济数量和规模的快速扩张。但是，高质量发展需要稳定合理的经济增长速度为之提供稳定的发展条件，并且示范区高质量发展的地区差异特征显示出省会城市所在示范区的高质量发展领先于其他示范区。本书用实际人均GDP（2005年为基期）来衡量经济增长数量，测算得知2005～2020年示范区内高质量发展和经济增长的相关系数0.5925，证明二者间的确有较高的正相关关系。为了进一步解释高质量发展和经济增长数量之间的关系，本书绘制了二者间的散点图（见图4-22）。在图4-22中，研究样本中的示范区城市大致可以分位四种类型：高质量—高增长、高质量—低增长、低质量—高增长、低质量—低增长，多数城市集中分布于低质量—低增长区域，这表明示范区高质量发展格局与经济增长格局存在相似之处。

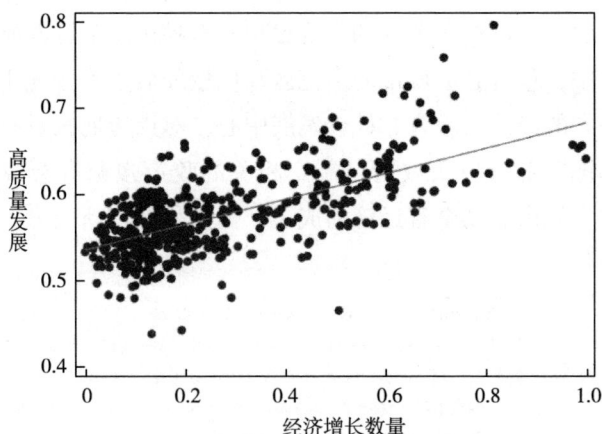

图4-22　示范区高质量发展和经济增长关系

资料来源：笔者测算所得。

第四节　产业转移对示范区经济高质量发展
影响效应的计量检验

本节在示范区承接产业转移和高质量发展状况特征和理论分析的基础上，基于 2005~2020 年示范区内 29 个地级市的面板数据,对产业转移影响经济高质量发展的效应进行计量评估与机制检验。

一、模型构建

为了检验和评估产业转移对示范区经济高质量发展的影响效应,设定基准模型如下:

$$hq_{it} = \alpha_0 + \alpha_1 trans_{it} + \gamma Z_{it} + \lambda_t + \mu_t + \varepsilon_{it} \tag{4-18}$$

其中,被解释变量 hq 表示高质量发展,解释变量 $trans$ 表示产业转移,i 表示地区,t 表示年份,Z 表示影响示范区高质量发展的一组控制变量,λ_t、μ_t 分别表示时间、个体效应,ε_{it} 表示随机扰动项。进行 Hausman 检验,拒绝了随机效应更优的原假设,故本书选择固定效应模型。面板数据通常存在时间和个体异质性与相关性,传统标准误可能会被低估或高估,为了提高数据估计的准确性和可靠性,本书采用 Driscoll-Kraay 标准误(Hoechle,2007)。

二、变量说明及数据来源

(一)被解释变量与核心解释变量

被解释变量为高质量发展(hq),采用前文测算的高质量发展指数。核心解释变量为产业转移($trans$),采用前文测算的产业转移指数。

(二)控制变量

为了消除遗漏变量产生的偏差,在参考以往文献的基础上选择了金融发展、信息化、城市化、环境规制等作为控制变量。①金融发展(fin)。金融发展通过影响企业资源获取与配置间接作用于地区高质量发展。金融机构可以为企业提供贷款和融资服务,使企业能够更加专注于技术研发和创新创业,从而推动示范区的技术进步和高质量发展。而且,金融有助于推动资金向风险易于控制、技术含量较高和市场前景较好的产业和企业流动。因此,本书考虑金融发展水平的影响,用年末金融机构各项贷款余额除以地区总人口来衡量。②信息化(inf)。刘思明(2019)认为,信息化是影响高质量发展的重要因素。信息化建设可以改变传统的研发、投产、销售、售后服务模式,提高生产经营效率,促进转型与升级。另外,提高信息化水平可以减少信息不对称,降低交易中的信息搜寻与磋商成本,优化资源配置效率,助推经济发展。用每百人互联网用户数、人均电信业务总量、每万人计算机服务和软件从业人员数、每百人移动电话用户数四个指标等权计算出信息化水平。③城市化（*urban*）。城市化过程涉及政治、经济、社会、生态等多领域的结构重构，城市化的推进意味着各种要素在城市集聚。例如，人力资本向城市流动为服务业和工业的发展提供了充足的劳动力资源，降低了企业生产成本，促进了地区经济增长，但人口过多也会加大环境承载压力，对高质量发展产生负面影响。本书以市辖区人口占年末总人口的比值表示。④环境规制（*regu*）。由于环境资源的公共品特性和污染的负外部性，因此保护生态环境必须依靠政府的环境规制。一方面，企业投入物质与人力资本以达到环保标准，于是减少生产性投资，导致成本增加而利润减少，抑制高质量发展。另一方面，环境规制激励企业进行创新，提高生产效率，增强企业竞争力，推动了经济高质量发展。本书借鉴陈诗一和陈登科（2018）的研究方法，用地方政府工作报告中与环境相关的词汇频数占报告全文字数的比重作为环境规制的代理变量。

数据源自 EPS 数据库和中国经济与社会发展统计数据库。主要变量的描述性统计如表 4-3 所示。

表 4-3　主要变量的描述性统计

变量	符号	样本量	均值	标准差	最小值	最大值
高质量发展	*hq*	464	0.576	0.0460	0.440	0.798
产业转移	*trans*	464	1.083	0.276	0.495	1.830
金融发展	*fin*	464	1.440	1.794	0.200	11.19
信息化	*inf*	464	0.207	0.0850	0.0940	0.633
城市化	*urban*	464	0.279	0.170	0.067	0.670
环境规制	*regu*	464	0.003	0.001	0.0001	0.010

三、计量实证分析

（一）基准回归

为了探究产业转移在不同因素作用下对示范区经济高质量发展的影响效应，本书逐步加入各类控制变量，以观察核心解释变量的系数符号及显著性变化。在表 4-4 中，列（1）控制了地区与时间固定效应，仅加入产业转移变量，回归系数在 1%的水平下显著为正，初步表明产业转移促进了示范区经济高质量发展。

列（2）～列（5）依次加入金融发展、信息化、城市化和环境规制等控制变量，产业转移系数值为 0.025，仍然通过 1% 水平的显著性检验，表明产业转移的确推动了示范区经济高质量发展。

表 4-4　基准回归结果

变量	(1)	(2)	(3)	(4)	(5)
	hq	hq	hq	hq	hq
trans	0.026***	0.027***	0.026***	0.026***	0.025***
	(0.007)	(0.006)	(0.006)	(0.006)	(0.006)
fin		0.004**	0.006**	0.006**	0.006**
		(0.001)	(0.002)	(0.002)	(0.002)
inf			-0.070	-0.073	-0.071
			(0.047)	(0.048)	(0.045)
urban				0.038	0.038
				(0.032)	(0.032)
regu					-1.260*
					(0.689)
_cons	0.526***	0.521***	0.529***	0.519***	0.521***
	(0.006)	(0.005)	(0.004)	(0.011)	(0.011)
地区固定效应	Yes	Yes	Yes	Yes	Yes
时间固定效应	Yes	Yes	Yes	Yes	Yes
N	464	464	464	464	464
R^2	0.3214	0.3335	0.3392	0.3413	0.3438

注：回归系数下方括号内为标准误，*、**和***分别表示在 10%、5% 和 1% 的水平下显著。

在控制变量中，金融发展对示范区高质量发展的影响为正。金融发展在资金供给、风险管理方面能够促进高质量发展。金融体系可以为环保型、创新型等具有高成长潜力的企业提供资金支持，金融机构提供的保险等风险管理工具有助于减少市场风险，提供的支付与清算服务有助于提高交易效率，保障经济活动的顺利进行。环境规制对示范区经济高质量发展的影响显著为负。环境规制的目的是保护环境，减少对生态环境的破坏和污染，从而维护人类和生态系统的健康和可持续发展。但根据回归结果，环境规制抑制了示范区经济高质量发展，这可能是因为环境规制限制了示范区内企业的采矿、制造等活动的规模或范围，限制了企业的发展空间，也可能是因为企业为了满足环境保护要求增加了成本，对企业的经营造成一定的负担，从而抑制企业的发展。信息化和城镇化在统计上不显著，对示范区经济高质量发展并未产生推动作用。

表4-5分别为产业转移对示范区经济高质量发展的经济、社会、环境效果三个分项指数的回归结果。列（1）为产业转移对经济效果的影响，在1%的水平下显著为正，说明产业转移显著促进了示范区的经济效果提升。列（2）中产业转移对社会效果的影响统计不显著，符号为负，这可能是因为承接的产业与当地发展情况脱节，新产业需要的劳动力与当地劳动力职业结构不匹配。一些企业受政策吸引迁移到示范区，但这种转移可能是暂时的，一旦成本或市场环境变化，这些企业将再次转移，导致劳动力失业。此外，产业转移虽然提高了劳动者的收入，但是低技能层次的就业者收入增长幅度不及高层次的就业者，收入差距的延续扩大了人们的生活水平差距，减少了人们的获得感，因此产业转移对社会效果

表4-5　分维度回归结果

变量	（1）	（2）	（3）
	经济效果	社会效果	环境效果
trans	0.113***	−0.001	−0.036***
	（0.01）	（0.01）	（0.01）
fin	0.010**	0.005*	0.002*
	（0.00）	（0.00）	（0.00）
inf	−0.219	−0.106**	0.112***
	（0.15）	（0.04）	（0.03）
urban	0.229**	−0.108	−0.006
	（0.09）	（0.08）	（0.03）
regu	−2.125	0.794	−2.448**
	（2.08）	（0.95）	（1.14）
_cons	0.458***	0.522***	0.583***
	（0.03）	（0.03）	（0.01）
地区固定效应	Yes	Yes	Yes
时间固定效应	Yes	Yes	Yes
N	464	464	464
R^2	0.2987	0.1353	0.5912

注：回归系数下方括号内为标准误，*、**和***分别表示在10%、5%和1%的水平下显著。

的促进作用不明显。为了更好地发挥产业转移的作用，需要政府和企业共同努力，注重就业结构的匹配、稳定性，并将社会民生纳入发展的整体考虑。列（3）中产业转移对环境效果产生了显著的负面影响，印证了"污染天堂"假说，产业转移加剧了示范区环境承载压力，能源消耗力度和污染物排放量激增，造成生态环境恶化。为了避免产业转移对示范区环境造成负面影响，政府要加强环保标准的执行力度，并通过税收、补贴和其他激励措施，鼓励产业向环保和清洁能源转型。企业也应该承担起环保责任，采用先进的环保技术和管理措施，减少污染和能源消耗。

（二）稳健性检验

为了保证研究结果的可靠性，本书通过工具变量法、更换变量和缩尾处理进行稳健性检验。

1. 工具变量法

双向因果和遗漏变量可能会带来严重的内生性问题。首先，产业转移与经济高质量发展可能存在双向因果关系。承接产业转移有利于提升经济高发展水平，而地区高质量发展具备的更完善的市场机制、完备的产业配套也更容易吸引产业转入。其次，影响区域经济高质量发展的因素众多，尽管本书尽可能多地收集与整理了相关文献，仍然无法避免遗漏一些影响经济高质量发展的变量。本书选取工具变量回归处理内生性问题，内生变量滞后项与当期变量具有时间上高度的相关性，既满足工具变量相关性前提，又由于滞后项与当期扰动项不相关而满足外生性要求，因此以滞后一期产业转移为工具变量进行回归。回归结果如表 4-6 列（1）所示，$trans$ 的系数值为 0.034，且在 1% 的水平下显著。其中，识别不足检验统计量为 263.425，且在 1% 的水平下显著；弱识别统计量为 715.033，超过 10% 显著性水平检验对应的临界值（16.38），证实了本书使用的工具变量的有效性。

表 4-6　稳健性检验结果

变量	（1）	（2）	（3）
	工具变量回归	替换核心解释变量	缩尾处理
$trans$	0.034***		0.026***
	(0.01)		(0.01)
$trans0$		0.089**	
		(0.03)	
fin	0.006***	0.005**	0.005**
	(0.00)	(0.00)	(0.07)

续表

变量	(1)	(2)	(3)
	工具变量回归	替换核心解释变量	缩尾处理
inf	-0.076**	-0.052	-0.062
	(0.04)	(0.04)	(0.04)
urban	0.034	0.027	0.044
	(0.03)	(0.03)	(0.03)
regu	-1.157	-1.256*	-0.897
	(1.00)	(0.70)	(0.63)
_cons		0.464***	0.518***
		(0.04)	(0.01)
地区固定效应	Yes	Yes	Yes
时间固定效应	Yes	Yes	Yes
N	435	464	464
R^2	0.3039	0.3464	0.3595

注：回归系数下方括号内为标准误，*、**和***分别表示在10%、5%和1%的水平下显著。

2. 替换变量法

对核心解释变量产业转移进行重新度量。示范区的承接产业中包含部分现代服务业，现在加入第三产业增加值的影响，重新计算产业转移指数 *trans*0。回归结果如表4-6中列（2），回归系数在5%的水平下显著，系数为0.089，大于仅考虑承接工业产业转移时的影响。虽然系数大小发生变化，但符号依旧为正且通过显著性检验。

3. 缩尾处理

示范区各地级市在产业转移与经济高质量发展水平上存在较大差异，为了避免数据异常值问题可能对估计结果的干扰，本书对所有连续型变量均进行5%水平下的缩尾处理，再重新估计模型。在表4-6的列（3）中，产业转移的系数为0.026且在1%的水平下显著，与基准回归结果一致。

综上所述，在考虑了内生性问题及进行其他稳健性检验后，不同情形下的实证估计结果较为一致。因此，可以认为产业转移对国家级示范区经济高质量发展的影响效应为正这一基本结论是稳健的。

（三）传导机制分析

根据前文理论分析，产业转移能够通过技术进步、产业集聚对示范区高质量发展间接产生促进作用。为了验证这两个间接的传导机制，本部分基于 Baron 等（2009）的逐步回归法及 Bootstrap 检验法[1]，以基准模型为基础，构建中介效应模型进行实证检验。具体如下：

$$M_{it}=\rho_0+\rho_1 trans_{it}+\varphi Z_{it}+\lambda_t+\mu_t+\varepsilon_{it} \tag{4-19}$$

$$hq_{it}=\beta_0+\beta_1 trans_{it}+\omega M_{it}+\delta Z_{it}+\lambda_t+\mu_t+\varepsilon_{it} \tag{4-20}$$

其中，M_{it} 为中介变量，Z_{it} 为控制变量，其他变量与基准模型相同。检验步骤为：先对式（4-18）进行回归，如果系数 α_1 显著，则按照中介效应立论。随后对式（4-19）和式（4-20）进行回归，如果 ρ_1 和 ω 均显著，则观察 β_1 的显著性；如果二者至少有一个不显著，则用 Bootstrap 法检验二者乘积 $\rho_1\omega$ 是否显著不为 0。若不显著，需停止分析；若显著，也继续观察 β_1 的显著性。β_1 反映直接效应，如果 β_1 不显著，说明只存在中介效应；反之，则表明为部分中介效应。

本书的中介变量为技术进步和产业集聚。技术进步采用历年专利申请量和授权量进行衡量（Cheung and Ping，2004），数据来源于 CNRDS 数据库，将该数据库内发明专利、实用新型专利、外观设计专利三种专利数据进行加总，得到专利授权量（pat1）和专利申请量（pat2）。现有相关产业集聚水平测度的方法主要包括区位熵、赫芬达尔指数、空间基尼系数、地理密度指数等。其中，区位熵因为可以消除区域规模差异等方面的影响且数据较易获得而被普遍用于衡量地区产业集聚程度，因此本书将就业人数作为基础性指标，采用区位熵分别测算制造业（manu）和生产性服务业（serve）集聚情况[2]。制造业集聚可以促进地区形成完整的产业链，优化产业结构。随分工的深化，生产性服务业逐渐从工业生产过程独立出来，保障了生产制造过程的顺利实现，但现实中仍有大量生产企业将服务内置化，生产性服务的需求和作用尚未显现。生产性服务业集聚与制造业集聚对经济高质量发展的影响可能有所不同。

技术进步中介效应回归结果如表 4-7 所示。根据逐步回归检验法可直接判定专利授权量（pat1）表征的技术进步对示范区高质量发展具有显著的中介效应。表 4-7 的列（1）展示了产业转移促进示范区高质量发展的总效应为 0.025，在 1% 的水平下显著。列（2）反映了产业转移对技术进步的影响，产业转移系数为

---

① 此处检验也有学者选择 Sobel 法。Sobel 法是通过构建系数乘积 $\rho_1\omega$ 的统计量进行估计，要求统计量服从正态分布，存在局限性，而 Bootstrap 法进行重复取样，适用性更广且检验力更强。

② 以《国民经济行业分类（GB/T 4754-2011）》和《生产性服务业分类 2015》为基础，借鉴已有的研究成果，生产性服务业包括交通运输、仓储和邮政业，信息传输和计算机服务、软件业，金融业，租赁和商业服务业，科学研究、技术服务和地质勘查业五大行业。

3.717，在1%的水平下显著，表明产业转移显著促进了示范区技术进步，这一结果也与刘亚婕和董锋（2020）的观点一致，经济发展水平较低时，承接产业转移会显著促进技术进步。列（3）展示了产业转移、技术进步与高质量发展之间的关系。专利授权量（pat1）回归系数为0.002，在1%的水平下显著，表明示范区技术进步对高质量发展有促进作用，这与姚凤阁等（2022）的研究结论一致。技术创新是经济增长的源泉，通过产业合作、知识交流、技术成果市场化等途径形成技术扩散，推动区域经济高质量发展。产业转移的回归系数显著为正，其值为0.02，小于基准回归中产业转移的系数0.025。因此，产业转移会通过技术水平进步促进示范区高质量发展，专利授权量（pat1）表征的技术进步在产业转移对示范区高质量发展的影响中存在部分中介效应。

表4-7 技术进步中介效应回归结果

变量	(1)	(2)	(3)	(4)	(5)	(6)
	专利授权量（pat1）			专利申请量（pat2）		
	hq	pat1	hq	hq	pat2	hq
trans	0.025***	3.717**	0.020**	0.025***	1.088	0.021***
	(0.01)	(1.52)	(0.01)	(0.01)	(0.86)	(0.01)
pat1/pat2			0.002***			0.004***
			(0.00)			(0.00)
fin	0.006***	1.013***	0.004**	0.006***	0.790***	0.003*
	(0.00)	(0.31)	(0.00)	(0.00)	(0.18)	(0.00)
inf	−0.071*	16.808**	−0.097***	−0.071*	5.247	−0.091***
	(0.04)	(6.75)	(0.04)	(0.04)	(3.83)	(0.03)
urban	0.038	−13.081**	0.059*	0.038	−8.242**	0.069**
	(0.03)	(6.16)	(0.03)	(0.03)	(3.49)	(0.03)
regu	−1.260	−338.670*	−0.724	−1.260	−131.294	−0.765
	(0.99)	(180.92)	(0.95)	(0.99)	(102.56)	(0.91)
_cons	0.548***	−1.513	0.550***	0.548***	1.039	0.544***
	(0.01)	(2.72)	(0.01)	(0.01)	(1.54)	(0.01)
地区固定效应	Yes	Yes	Yes	Yes	Yes	Yes
时间固定效应	Yes	Yes	Yes	Yes	Yes	Yes
N	464	464	464	464	464	464
R^2	0.7732	0.5917	0.7917	0.7732	0.618	0.8073

注：回归系数下方括号内为标准误，*、**和***分别表示在10%、5%和1%的水平下显著。

当用专利申请量（pat2）表征技术进步时，对式（4-19）回归后，ρ_1 不显著。由于逐步回归法检验力较弱，进而采用 Bootstrap 检验补充，偏差调整后的置信区间下限为 0.0002、上限为 0.0133，未穿过 0，因此可以按照中介效应分析，其含义与专利授权量（pat1）一致，不再赘述。

产业集聚中介效应回归结果如表 4-8 所示。对于制造业集聚，表 4-8 列（1）产业转移系数显著，反映了产业转移影响示范区高质量发展的总效应；列（2）产业转移系数为 0.273，在 1% 的水平下显著，表明产业转移显著推动了示范区内制造业集聚；列（3）制造业集聚对示范区高质量发展的回归系数为 0.004，但不显著，进行 Bootstrap 检验，偏差调整后的置信区间为（0.0027，0.0179），区间未穿过 0，直接效应显著为正，且小于总效应，因此制造业集聚在产业转移与示范区经济高质量发展中起中介作用，中介效应占总效应为 11.5%。对于生产性服务业集聚，系数 α_1、ρ_1、ω 均显著，满足逐步回归法检验的要求。表 4-8 列（5）产业转移系数为 0.248，在 1% 的水平下显著，表明产业转移显著推动了示范区内生产性服务业集聚。列（6）生产性服务业集聚对示范区高质量发展的回归系数为 0.015，在 5% 的水平下显著，表明生产性服务业集聚能够促进示范区经济高质量发展，直接效应 0.022 小于总效应 0.025，因此生产性服务业集聚在产业转移与示范区经济高质量发展中起中介作用。因此，产业转移通过制造业集聚、生产性服务业集聚都对示范区经济高质量发展产生了显著的正向影响。

表 4-8　产业集聚中介效应回归结果

变量	(1)	(2)	(3)	(4)	(5)	(6)
	制造业集聚			服务业集聚		
	hq	manu	hq	hq	serve	hq
trans	0.025***	0.719***	0.022**	0.025***	0.248***	0.022***
	(0.01)	(0.09)	(0.01)	(0.01)	(0.06)	(0.01)
manu/serve			0.004			0.015**
			(0.00)			(0.01)
fin	0.006***	−0.071***	0.006***	0.006***	−0.064***	0.007***
	(0.00)	(0.02)	(0.00)	(0.00)	(0.01)	(0.00)
inf	−0.071*	0.391	−0.073*	−0.071*	0.858***	−0.084**
	(0.04)	(0.40)	(0.04)	(0.04)	(0.27)	(0.04)

续表

变量	（1）	（2）	（3）	（4）	（5）	（6）
	制造业集聚			服务业集聚		
	hq	manu	hq	hq	serve	hq
urban	0.038	3.758***	0.022	0.038	0.839***	0.026
	(0.03)	(0.37)	(0.04)	(0.03)	(0.25)	(0.03)
regu	−1.260	−1.582	−1.253	−1.260	−17.573**	−1.000
	(0.99)	(10.81)	(0.99)	(0.99)	(7.21)	(0.99)
_cons	0.548***	−1.076***	0.553***	0.548***	0.062	0.547***
	(0.01)	(0.16)	(0.02)	(0.01)	(0.11)	(0.01)
地区固定效应	Yes	Yes	Yes	Yes	Yes	Yes
时间固定效应	Yes	Yes	Yes	Yes	Yes	Yes
N	464	464	464	464	464	464
R^2	0.7732	0.8547	0.7731	0.7732	0.8915	0.7753

注：回归系数下方括号内为标准误，*、**和***分别表示在10%、5%和1%的水平下显著。

（四）异质性分析

上述分析表明产业转移对整体示范区经济高质量发展具有促进作用。但示范区分布广阔，各地区经济基础与发展阶段差异大，对于不同类型的区域这种作用是否有差异呢？以下将分别从政府能力、产业基础等方面分组考察异质性。

1. 政府能力异质性

区域发展战略的实施效果取决于政府能力，地方政府作为示范区政策实施的主体，财政能力是保证示范区政策有效实施的有力保障。

因此，本书用财政支出强度表征政府能力，按照中位数并且将所有样本城市划分为政府能力较弱与政府能力较强的两个组别。根据表4-9的回归结果，在政府能力较强的地区，产业转移对经济高质量发展的影响为正且显著；而在政府能力较弱的地区，产业转移并没有显示出正面影响。这表明，政府能力不同，产业转移对地区经济高质量发展的影响不同，在现阶段，提高政府支出对示范区高质量发展有显著的促进效果。原因在于，能力更强的地方政府往往拥有更完善的行政法规和更高效的行政管理，能够有力保障相关配套政策的推进。例如，财政补贴、税收优惠、创新奖励等，能够优化社会资源配置，包括改善基础设施建设、提高医疗保健水平和教育水平等，还能够强化竞争机制与完善知识产权制度，更容易吸引产业转移，进而推动经济高质量发展。

表 4-9　政府能力异质性

变量	政府能力	
	较弱	较强
trans	−0. 016	0. 065 ***
	(0. 030)	(0. 013)
fin	−0. 034	−0. 155 ***
	(0. 066)	(0. 039)
inf	0. 001	0. 004 **
	(0. 002)	(0. 002)
urban	0. 102 *	0. 174 ***
	(0. 056)	(0. 045)
regu	−2. 310 *	−0. 825
	(1. 280)	(1. 107)
_cons	0. 552 ***	0. 460 ***
	(0. 021)	(0. 011)
地区固定效应	Yes	Yes
时间固定效应	Yes	Yes
N	231	233
R^2	0. 4450	0. 4614

注：回归系数下方括号内为标准误，*、** 和 *** 分别表示在 10%、5% 和 1% 的水平下显著。

2. 产业基础异质性

产业基础决定了地区产业的竞争力，后发区域与先发区域的经济发展差距在产业基础上有明显体现。强大的产业基础为创新提供了必要的技术和人才支持，企业能够更好地适应市场竞争，提高产品质量和降低生产成本。本书以第二产业产值占地区总产值的比例为划分依据衡量产业基础，高于 50% 的被认为该地区产业基础较好，低于 50% 的被认为其产业基础较差。第二产业包括制造业与建筑业，在经济发展中具有重要地位。制造业是技术进步的重要推动力量之一，通过不断地研究开发，制造业可以不断地推出新产品和新技术，从而提高生产效率和经济质量。建筑业提供了住房、商业、工业和基础设施等建筑物的建设和维护，可以为其他行业提供必要的基础设施，能够带动原材料供应、物流等多个行业的发展。回归结果如表 4-10 所示，产业基础较好的地区通过承接产业转移显著提高了经济高质量发展水平。从东部向中西部转移的产业大多属于第二产业，第二产业占比较高的城市意味着其工业基础扎实，其厂房、机器等硬件设备更加齐全，对新转入企业来说，能较快投入生产，转移成本较低。企业合理规划和利用资源、优化生产方式和提高效率，可以实现地区经济高质量发展。

表 4-10　产业基础异质性

变量	产业基础	
	较差	较好
trans	0.004	0.050***
	(0.011)	(0.015)
fin	0.005***	0.004
	(0.002)	(0.004)
inf	−0.073	−0.024
	(0.067)	(0.025)
urban	0.098**	0.044
	(0.042)	(0.029)
regu	−2.260**	−0.747
	(0.893)	(1.275)
_cons	0.526***	0.475***
	(0.011)	(0.024)
地区固定效应	Yes	Yes
时间固定效应	Yes	Yes
N	298	166
R^2	0.8603	0.8216

注：回归系数下方括号内为标准误，*、**和***分别表示在10%、5%和1%的水平下显著。

3. 高质量发展水平异质性

前文采用最小二乘法（OLS）估计得到产业转移对示范区经济高质量发展的条件期望影响，反映了条件分布的集中趋势。为更准确地刻画产业转移对经济高质量发展水平不同值域的影响和减少极端值造成的结果偏误，接下来采用面板分位数回归反映基于经济高质量发展程度的异质性。表4-11给出了在10%、25%、50%、75%和90%分位点处的回归结果。从表4-11中可以看出，各分位数水平上的产业转移变量的系数均在1%的水平下显著为正，证明上文OLS的结果是稳健的，承接产业转移对于示范区经济高质量发展有着积极影响。观察各分位数水平上产业转移系数的变化趋势发现，从 10% 分位点到 90% 分位点，50% 分位点以下的产业转移系数大于 50% 分位点以上的产业转移系数，即意味着产业转移对经济高质量发展水平较低的城市促进作用更明显。究其原因可能是，经济高质量发展水平极为落后的城市本身经济增长基础条件较差，承接产业转移后，资金、技术等要素的流入解决了地区发展过程中的许多瓶颈问题，从而实现更快地经济增长，带动了地区的经济高质量发展。

表 4-11　高质量发展水平异质性

变量	(1)	(2)	(3)	(4)	(5)
	q10	q25	q50	q75	q90
trans	0.046 ***	0.050 ***	0.046 ***	0.019 ***	0.023 ***
	(0.00)	(0.00)	(0.00)	(0.01)	(0.01)
fin	0.015 ***	0.016 ***	0.020 ***	0.012	0.017
	(0.00)	(0.00)	(0.00)	(0.01)	(0.01)
inf	0.031 **	0.038	0.050 **	0.091 ***	0.083 **
	(0.02)	(0.03)	(0.02)	(0.04)	(0.04)
urban	-0.012	-0.038 ***	-0.018	0.097	0.044
	(0.02)	(0.01)	(0.02)	(0.09)	(0.10)
regu	2.287 ***	1.601 ***	0.068	1.019 ***	0.759
	(0.44)	(0.32)	(0.34)	(0.38)	(0.62)
N	464	464	464	464	464

注：回归系数下方括号内为标准误，*、** 和 *** 分别表示在 10%、5% 和 1% 的水平下显著。

　　通过上文对政府能力、产业基础和高质量发展水平阶段异质性检验结果可以看出，产业转移对示范区经济高质量发展的影响确实存在异质性。

四、实证结论及启示

　　产业转移作为区域产业互动的重要方式必然将继续扩大规模与加快速度，国家级承接产业转移示范区作为促进产业合理有序转移的专门区域，对我国优化产业空间布局、创新区域合作发展机制、促进区域协调高质量发展具有重要作用。探究产业转移在该区域内的高质量发展效应对示范区后期建设与政策设计具有积极的指导意义。本书基于 2005~2020 年示范区所覆盖的 29 个地级市的面板数据，考察了产业转移对示范区经济高质量发展的影响效应，同时进行稳健性检验以保证结果的准确性，并且对此影响进行了传导机制分析和异质性分析，主要得出以下结论：第一，产业转移对示范区经济高质量发展具有显著的促进作用，基准回归结论在处理内生性问题及进行其他稳健性检验后仍然成立，这种促进作用主要体现在经济效果方面，产业转移对示范区发展的社会效果作用不显著，而且严重削弱了示范区的环境效果。第二，传导机制检验表明，产业转移能够通过技术进步和产业集聚间接地促进示范区经济高质量发展。产业转移从技术转移、技术创新两个层面推动了技术进步，而技术进步推动了质量变革、效率变革和动力变革，从而促进示范区经济高质量发展。产业转移通过一系列产业关联机制产生集聚效应，加强示范区专业化分工和知识溢出，促进资源共享，发挥网络经济效应，提升发展质量。第三，产业转移对示范区高经济质量发展的影响确实存在异质性，对于政府能力较强的城市、产业基础较好的城市和高质量发展水平较低的城市，产业转移促进经济高质量发展的作用更大。

基于上述结论，可以得到如下政策启示：第一，示范区应有选择地承接产业转移，以提升其生态环境效应和社会民生效应。根据本地区的产业基础、技术水平、资源禀赋、环境承载能力等因素进行综合考虑，以确保引进的产业符合本地区的发展方向和实际需要，能够实现生态环境效益和社会民生效益的双赢。第二，示范区应着力培育区域创新环境，以更好地发挥产业转移的技术溢出效应。当前，阶段技术进步对示范区经济高质量发展水平具有明显的促进作用，因此示范区政府应引导创新要素流入与聚集，推动技术水平提高。第三，示范区应加快打造产业集聚区，发挥规模效应。示范区政府可以通过提供土地、税收和财政支持等政策，吸引制造业企业落户示范区，形成制造业集群，促进技术创新和产业升级。同时，拓展金融、法律、人力资源等服务领域，吸引高端人才和企业落户示范区，形成生产性服务业集群，提高地区综合竞争力。第四，示范区应进一步强化政府能力，不断提升其产业基础。示范区政策的制定与实施效果很大程度上取决于政府的能力和效率，因此应当进一步强化政府能力。在政策制定阶段要注重针对性与灵活性，因地制宜地开展工作，以更好地适应示范区的发展需要。

第五章　产业转移驱动国家级示范区高质量发展的路径优化①

运用 QCA 方法对产业转移驱动国家级示范区经济高质量发展的路径进行理论和实证分析是链接理论和政策分析的桥梁。本章将主要讨论以下四个主题：①对 QCA 方法进行介绍并分析其在路径优化研究中的价值；②对产业转移驱动国家级示范区经济高质量发展的前因因素进行理论分析；③运用 QCA 方法对产业转移驱动国家级示范区经济高质量发展的路径进行实证分析；④归纳并阐释产业转移驱动国家级示范区经济高质量发展的路径。

第一节　QCA 方法介绍及其在路径优化研究中的价值

QCA 方法是社会学领域兴起的一种新的研究方法，目前在管理学领域已经得到了比较广泛的应用，在经济学领域的应用也已崭露头角。本书力图实现经济学与管理学的交叉融合，本节将重点对 QCA 方法进行介绍性的阐述并分析其在路径优化研究中的价值。

一、QCA 方法的提出

QCA 方法是源于社会学家 Ragin 对于传统的定量分析法不能处理复杂因果关系和案例分析法缺乏普适性的困扰，而试图寻找突破两者局限性和界限的新方法。Ragin 开创的 QCA 方法，突破了定量与定性方法的局限，超越了定量与定性

---

① 本章主要内容作为项目阶段性研究成果已公开发表。

的界限。该方法整合了定量与定性方法的优势并将案例作为条件的组态，用组态代替自变量、用组态效应代替净效应、用集合关系代替相关关系，推动社会科学研究由单一的线性相关分析向复杂的因果关系发展（杜运周等，2021）。此外，QCA 方法以理论和实证为基础，如类型学基于实证经验将多种属性组合成不同类型，分类学基于理论选择的属性进行分类组合，不同分类或类型形成的组合，表达了相同的结果，这也是 QCA 方法中组态思想的基础。也就是说，QCA 方法所要表达的思想是，任何结果的体现都不是由单一因素所决定的，而是由多个因素所决定的，多种因素的不同组合可以决定相同的结果，即"殊途同归"，这些因果复杂性正是组态分析试图解决的。

QCA 运算的核心原理是布尔最小化，该原理以 19 世纪著名的数学家和逻辑学家布尔命名。布尔代数基于二进制，用符号计算代替了语言推理，已被应用于实验、应用科学等学科。所谓布尔最小化就是将长且复杂的表达式化简为短且简洁的表达式（何良兴和张玉利，2020；戴正和包国宪，2023）。如果两个表达式存在一个因果条件不同但产生结果相同时，则两个表达式的因果条件不相关，可以去掉这一因果条件，从而创建简易的表达式。QCA 中有三个主要技术：清晰集（csQCA）、多值集（mvQCA）和模糊集（fsQCA）。csQCA 和 mvQCA 对变量的划分"非黑即白"，而 fsQCA 克服了两者的缺陷，允许部分隶属，使变量的划分更加灵活，结果的解释性更强。

二、QCA 方法的定位

1. 认识论基础

在 QCA 方法的逻辑基础上，最重要的思想是"一致性方法"和"差异性方法"。"一致性方法"是指通过排除相似性后确定因果关系，如果案例产生某一现象时只存在一个共同特征，案例均表现出一致性，那么这一共同特征就是导致产生案例一致性的原因。"差异性方法"是指研究在其他所有情况都相同时，案例产生某一现象是否还存在某一个原因使其表现出差异。以上两种方法通过关注案例的系统配对，以排除其他可能性来确定导致结果的共同原因（Rihoux and Ragin，2017）。显而易见，这两种方法均存在极端的局限，通过僵硬地控制其他所有的可能性来确立案例导致一致性或差异性的因果关系。因此，一种整合了两种方法的优势、剔除了极端缺陷的复合方法应运而生，被称为"一致性和差异性方法的联合方法"，指的是当案例现象的发生只存在一个共同特征且现象未发生时却缺乏该共同特征，则这一特征是现象产生的结果、原因或不可或缺的一部分。尽管这一复合方法看似完美，但仍缺乏说服力，这是因为其有着严格的实证假设，通常相对机械和决定式的因果关系很少被建立，研究者也很难提前预设和检验到明确和完整的控制其他所有关系的因果模型（胡汉辉等，2020；邱玉霞等，2021）。当然，虽然复合方法无法排除所有相关情况，却能无限接近导致现象的发生条件，这使在某个特定假设下得出的结果在逻辑上更可取。导致现象发生的原因是多样交错的，大多数政治学易将结果归纳为综合性的发生条件，从而导致事实被放大或缩小。QCA 方法的不同技术正是建立在寻找和减少这些发生条件，从而简化复杂性问题的研究方法。

2. 小样本和宏观分析及其拓展

QCA 方法最初被用于宏观分析，后在社会科学领域得到充分应用。一方面，宏观分析的样本数量和有效数据相当有限，如依据不同标准划分的经济体、组织等数量是较少的，因此 QCA 方法仍然被广泛应用于"小样本"研究。QCA 方法涉及的样本大小应与实证计量的大样本区别开来，相对而言，前者是小样本、多变量，后者是大样本、最大限度的随机、少变量。随着 QCA 技术的发展，QCA 法逐渐被应用于"大样本"。当然必需要说明的是，这里的大样本是相对于原先的小样本而言的。如果同定量分析的大样本相比较的话，QCA 方法所谓的大样本仍是小样本。例如，在 QCA 方法中，小于 10 个案例被认为是小样本，10~40 个案例被认为是中等样本，而大于 40 个案例通常被认为是大样本，这些样本大小与定量分析的大样本是相去甚远的（刘丰，2015；张明和杜运周，2019）。总的来说，QCA 方法的应用已经从以小样本案例研究为主向中等样本、大样本案例研究拓展。另一方面，在管理学、教育学等研究领域，QCA 方法正在中观层面发挥作用，近年来也不断出现微观层面的应用。QCA 方法呈现从以宏观分析为首、为主向中观、微观分析拓展。可见，QCA 方法的应用正不断突破固有局限，从以小样本、宏观分析为主向更广的应用方向延展。

三、QCA 方法的核心特征与假设

1. 案例与理论

QCA 方法是以案例为导向的，每个案例都是由一系列属性构成的复杂组合，在分析时应以整体视角出发，不应忽略任何一个整体。在 QCA 的组态理论视角下，首先，案例的选择应该是众所周知的，在这种情况下案例通常有其独特之处，也能获得更多学者的讨论和有价值的信息。其次，变量的选择必须基于丰富的理论支撑。事实上，理论体系本身就是集合论，因而 QCA 方法是能与理论共鸣、相辅相成的。从理论角度来看，QCA 的理论属于中观理论的范畴，与宏观的"大"理论及普适的社会学理论区别开来。前者缺乏"扎根"，后者缺乏实证基础，而 QCA 理论融合两者优势，是典型的中观和情景敏感理论（Glaser and Strauss，1967）。从实际操作的角度来看，理论在完成 QCA 操作中发挥着重要作用。在前期选择变量和案例时，理论可以指导哪些变量应该纳入模型，哪些变量微不足道，也可以指导哪些案例更为典型、更具代表性，哪些案例存在特殊、异常，应排除；在中期分析组态形成的表达式时，理论可以设定变量取值范围，使之符合方法所需的设定门槛；在后期分析组态解时，理论可以解释不同组态形成的原因及其作用（Rihoux and Ragin，2017）。

2. 因果关系、复杂性与简约性

QCA 方法关注案例间的"并发因果关系"，这意味着不同的要素组合可以产生同样的结果。准确来说，QCA 方法拓展了因果关系，并将其与复杂性结合，称为"多重并发因果关系"。"多重"是指路径的数量多，"并发"是指每个路径由不同的条件组合而成（Meur、Berg-Schlosser，1996）。因此，多重并发因果关系意味着由不同条件组合的不同路径会产生相同的结果。这与主流的实证计量方法的单一模型区别开来，QCA 方法更注重寻找案例间不同的组合因果模型。同时，与相关分析、回归分析技术忽略案例的独特性和"异常值"不同的是，QCA方法将条件组合仅能解释少数或一个案例视为和解释多数案例的条件组合同等重要，更关注案例和因果关系的多样性和复杂性（Ragin，2006）。此外，QCA 方法在寻求解决复杂因果关系时候，也对因果关系做简约化处理。简约性原则是针对QCA 方法的组态解而言的，不同的条件组合会得到相同的结果，条件组合间通常存在相似的条件变量，其具有等效性，通过布尔最小化运算，能将组态简约化，凸显组态的共性。

3. 适度普适性

普适性对于所有的理论研究和实证研究都是十分重要的。在对某一问题寻求科学解释的过程中，如果没有一定的普适性，那么这一科学研究可能仅仅是同义反复或简单描述而已。由组态的等效性特点不难看出，不同的条件组合会得到相同的结果已经说明 QCA 的普适性特点。但 QCA 的普适性是相对适度的，在这里需要和定性单一或少数案例研究的普适性不足和定量大样本的单一高程度普适性区别开来。一是 QCA 方法是基于案例导向的，但并不是以一个或少数几个案例的定性研究为条件，而是以一定样本量的案例为基础，试图寻找不同条件组合得到相同结果的案例，同一条件组合可能会与多个案例匹配，也可能和单一案例匹配，这些案例的条件组合特点的普适性也得到了扩展（Ragin，1987）。二是 QCA 方法并一定存在一种完全可解释于所有案例的条件组态，其结果是多样的，存在多种组态解释不同案例的情况，这意味着其普适性是有限度的，不是完全匹配所有案例的。

4. 数据、可复制性和透明性

首先，QCA 方法除了能处理定量数据，还能处理"主观"或"定性"的数据，在实际操作中需将其转化为类别或数字，如根据变量数值大小进行赋值 1 或 0、根据富裕程度对变量进行赋值 1 或 0 等。通过最简易的数据二分法，就能识别出对象最基础的特征。当然，随着 QCA 技术的发展，数据的处理已经不仅仅局限于二分化，而是考虑了更加多元的隶属水平进行赋值。其次，QCA 技术是一种可形式化和可复制性的工具。QCA 具有独特的语言体系，这套语言体系所具备的规则是固定的、有逻辑的，因此具备可复制性的特点，即不同研究者使用相同的方法分析数据库所得到的结果也是相同的（King et al.，1994）。这意味着 QCA 方法具有广泛的科学性，削弱了主观分析的模糊性和可操作性，其运算过程的核心原理——布尔最小化是具备科学性和普适性的。最后，QCA 方法的各个环节是透明的。从变量选择、数据处理到结果分析，QCA 方法都要求学者以透明的方式作出选择。过程的透明化使研究者能回溯过程，不断挖掘分析案例的独特之处和共性，也使读者能更容易地了解案例结果（Rihoux and Ragin，2017）。因此，QCA 方法的透明不仅是研究过程的透明，也是相对于研究者分析和读者了解结果的透明。

四、QCA 方法在路径优化研究中的价值

QCA 方法是对传统案例研究和传统计量分析方法的整合与创新，既突破了案例研究的定性特点，又突破了传统计量分析的单一片面性（Ragin，2008）。QCA 方法可以识别案例的多重复杂因果关系，这种因果关系不仅关注案例的整体，也关注案例的个体（方竹兰和徐腾达，2021）。QCA 方法的特点决定了其在路径优化研究中有着不可替代的优势。

（1）研究范围的扩大。在路径优化研究中，常常需要针对某些对象或者范

围进行分析，而传统的案例研究的对象要么为特定的某一个对象，要么为少数范围内的类比对象，研究对象的范围十分有限。QCA 方法虽然在发展之初的设定是以小样本分析为主，但随着方法的不断改进，已从小样本扩展至中样本、大样本的研究。路径优化研究是一类广泛性的研究，其覆盖范围不仅涉及单个对象，也涉及许多同类对象，如某个企业的路径优化研究、某个产业涵盖的所有企业的路径优化研究、一个国家所有城市的路径优化研究等。可见，路径优化研究的范围既有窥见特定对象具体性的一面，也有洞察所有对象全面性的一面。因此，QCA 方法所能覆盖小、中、大样本研究的特点，极大地延展了案例研究对象的范围。在路径优化研究上，QCA 方法可实现对微观、中观、宏观各个层面以及小、中、大样本的路径优化研究。

（2）结合整体性和具体性的分析。传统的案例路径研究主要以两种形式为主：一种是以某个特定案例进行深入研究，提出与之匹配的政策建议，但其研究结论与启示一般仅适用于该案例，普适性较差，对其他案例的研究不具有较为匹配的参考价值。另一种是以某类型多数对象为主进行的路径研究分析，提出针对此类对象的一致的政策建议，具有一定的普适性。显而易见，这种分析方法只是强调了整体的共同特征，而并没有考虑研究对象中仍然存在个体差异，缺乏对个体特征深入分析。可见，传统的两种案例路径研究仍存在一定不足，即整体性和具体性不能同时满足。而 QCA 方法很好地解决了案例路径研究中整体性和具体性分析无法并存的问题，既集合分类了对象所普适的组态路径，又识别了具体对象所对应的路径。

（3）提供新的视角。QCA 方法与其他方法的典型区别在于能够识别多重复杂因果关系。以往通过验证变量间的相关性的方法是十分严谨的数据分析，仅讨论某一变量对结果的独立相关性，却忽略了现实经济生活中的复杂因果关系。以国家级承接产业转移示范区的经济高质量发展为例，学者主要运用计量分析方法评估了示范区的政策效果，认为示范区的设立具有环境优化效应、产业升级效应、能源节约效应、全要素生产率提升效应及减贫效应等（贺胜兵等，2019；熊广勤和石大千，2021；熊凯军和张柳钦，2022）。这些研究虽然都和示范区的经济高质量发展相关，但大多是围绕某一单一效应而展开的，缺少对"多重并发"复杂因果关系的探讨。高质量发展是"创新、协调、绿色、开放、共享"新发展理念的集中表达，从本质上说是一个多维的、综合性的概念，如果仅仅分析单一效应显然是片面的。示范区的高质量发展是一个多维综合的渐进式发展，涉及多重层面，需要综合考虑各类影响因素、识别复杂因果关系，才更符合现实发展，才能提出更全面、更具体的路径优化建议。QCA方法正是通过集合式分析，从组态视角出发，考虑了多重并发因果关系，能识别不同要素组合对结果的影响，为路径优化研究提供了更符合现实情况的新视角。

（4）检验、细化和构建路径。在检验路径方面，QCA方法可以作为独立的理论检验方法，也可以辅以计量因果模型进行检验，检验路径假设可以是宽泛的、组合的、多要素的，这与组态的集合特性紧密相关。在细化路径研究方面，QCA方法可以通过多种途径，如访谈、调研等多种形式将数据进行归纳，寻找变量间更细化、更具体的变量，从而细化路径研究。在构建路径方面，基于多变量的分析，组态解为路径研究呈现了多种可供选择的组态，不仅局限于净效应的因果路径，还通过组态解提供针对不同案例的路径选择。

通过前述分析可以发现，QCA方法是十分适用于对路径优化问题进行深入研究的。对于本书而言，不仅影响国家级承接产业转移示范区经济高质量发展的因素是复杂多样而非单一的，而且已批复的示范区样本数量有限且各示范区及其地级市的地理位置、制度、文化、资源、生产要素禀赋等各具特色，产业分工不尽相同，采用QCA方法对其路径优化问题进行研究不仅可以有效解决传统路径分析中的"多重并发因果"关系难题，也可以提炼出与各示范区自身特色相匹配的具有直接政策指导意义的具体路径。

第二节　产业转移驱动示范区经济高质量发展的前因因素分析

示范区自设立以来，其最重要、最核心的任务就是承接产业转移。产业转移作为一揽子要素流动协议不仅会对承接地的承载力提出内在要求，还将对承接地经济社会各方面产生巨大影响（叶堂林等，2021），而承接地的经济高质量发展正是自身承载力不断提升和承接产业转移效应不断强化这双重因素作用下的结果。承接地的承载力与承接产业转移的效应构成了承接地经济高质量发展的前因因素，这些因素归纳而言主要体现在城镇化、基础设施、产业结构及人力资本四个方面。

一、城镇化因素

城镇化是随着地区生产力水平不断提高，该地区由以传统农业为主导的乡村型社会向以工业和服务业为主导的现代城市型社会转变的历史过程（Guan et al.，2018）。在我国的城镇化实践中，地方政府一般通过建立开发区、建设新区和新城、城市扩展、旧城改造、建设中央商务区、乡镇产业化和村庄产业化七种模式来推进地区城镇化进程（刘修岩等，2017）。承接地作为新型城镇化的核心区，在这七种城镇化"推进模式"中，承接外来产业无疑在大多数承接地的城镇化模式中起基础性的作用。承接产业转移不仅能通过吸引低层次劳动力向承接地集聚及本区域外出劳动力回流来提升城镇化水平，还能通过"溢出效应"对承接地的城镇化产生"双转移"正效应（罗小龙等，2020；颜银根和王光丽，2020）。而城镇化又会通过规模经济和范围经济的作用对承接地经济增长速度和经济增长质量产生深远影响（任保平和巩羽浩，2022）。从经济增长速度角度来看，城镇化能通过吸引劳动力、资本等要素的集聚及土地的集约利用来加快承接地经济增长速度；从经济增长质量角度来看，城镇化通过地区科技创新水平提高、生态环境改善、城乡协调发展等方式提升承接地经济发展质量。相关实证研究表明，无论是传统型城镇化还是新型城镇化，对地区经济增长质量均存在不同程度的正反馈（郭晨和张卫东，2018；熊凯军，2022）。

二、基础设施因素

基础设施立足于为社会生产和人民生活提供公共服务，不仅作为中间投入品关乎生产效率，也作为准公共产品关乎分配公平，是经济社会发展的重要支撑（Thacker et al.，2019）。一个地区的基础设施大体可分为生产性基础设施和社会性基础设施，其建设水平在很大程度上影响着该地区产业生产效率、要素流通速度、市场交易成本及人民生活质量等方面。对于承接地而言，一方面，基础设施是打通产业转入与承接"最后一公里"的关键保障，是驱动产业区位选择的重要因素（Moore et al.，1991；Taylor，1993）；另一方面，承接产业转移又是推动承接地进行基础设施投资的基本动力，为增强承接地的承载力，大多数承接地都制定了专项的基础设施规划。随着我国步入新发展阶段，各承接地除了在继续推进传统基础设施建设投资，也在不断加大新型基础设施投资力度，一个初具雏形的现代化基础设施体系正在各承接地逐渐形成。承接地的基础设施建设不仅通过提高总产出、私人投资以及降低劳动力流动成本等方式促进了承接地的经济增长（Munnell，1992），还通过提高劳动边际产出、推动制造业升级、促进生产性服务业发展等方式促进了承接地经济增长质量（郭凯明等，2020）。因此，无论是传统基础设施，还是新型基础设施，都对承接地经济高质量发展做出了贡献。其中，传统基础设施为承接地经济高质量发展提供重要支撑，新型基础设施有助于承接地形成经济高质量发展的新动能（潘雅茹等，2020）。

三、产业结构因素

21世纪以后，随着产品内分工的出现和全球价值链的不断细化，世界经济发展进程中的一个典型现象就是全球产业转移与产业结构调整相互交织，全球产业转移使嵌入全球价值链的国家和地区产业结构升级有了突破"低端锁定"的机会，可以实现从低附加值的价值链环节向高附加值的价值链环节攀升（刘友金和胡黎明，2011）。承接地作为承接产业转移的集中区、核心区，产业转移不仅有助于承接地利用其相对区位优势提升产业发展基础，增强产业结构合理化程度，从而实现产业优化和增值，还能通过产业配套效应、产业关联效应、产业链整合效应、技术溢出效应等方式提高第二、第三产业的比重，提升承接地产业结构高级化水平（陈凡和周民良，2020）。产业结构转型升级的最直观结果就是提高经济总体发展效率，促进全要素生产率的提高（Kuznets，1973），这无疑体现了经济高质量发展的核心要义。从国际产业转移的历史来看，20世纪五六十年代，日本、德国通过承接美国产业转移实现了国内产业优化，从而成为世界级制造强国；20世纪七八十年代，"亚洲四小龙"通过承接美国日本产业转移实现了价值链攀升，从而迅速崛起；20世纪90年代至今，中国通过承接全球产业转移不仅建立了完整的产业体系，而且迅速提高了第二、第三产业在国民经济中的比重，从而创造了"中国奇迹"，为推动中国经济从高速增长阶段转向高质量发展阶段奠定了基础。

四、人力资本因素

按照罗默的技术进步内生增长理论，人力资本积累是经济增长的源泉。经典的国际产业转移理论表明，产业转移促进欠发达国家和地区的技术进步和经济增长程度取决于承接地的吸收能力，而这种吸收能力最终取决于承接地的人力资本水平（Keller，2004）。承接地承接产业转移不仅能通过吸引劳动力集聚及外出劳动力回流提高剩余劳动力的利用率，扩大本地的就业规模，还能吸引高技能型人才的转入（陈龙和张力，2021），从而有效推动承接地人力资本存量的增加。同时，承接地承接产业转移是一个相对持久的连续过程。在这一过程中，产业转移与人力资本积累会形成一个良性循环：产业转移溢出效应增加了承接地个体知识和技术的积累，承接地个体知识和技术的积累又提高了承接地的技术能力和竞争能力，承接地的技术能力和竞争能力提高进一步促使具有更高技术含量的产业转移到该地。在这一良性循环过程中，承接地的人力资本积累效率和配置效率都将得到提高。在供给侧结构性改革背景下，承接地要实现以创新驱动为主导的高质量发展，增长动力就需要从要素驱动转向内生动力驱动（楠玉，2020），而人力资本由于克服了物质资本边际报酬递减的特点，成为产业转移促进承接地技术进步的关键，从而为承接地经济高质量发展提供了持久的动力。

第三节　产业转移驱动示范区经济高质量发展的 fsQCA 分析

根据前述分析可知，QCA 方法中有三个主要技术：清晰集（csQCA）、多值集（mvQCA）和模糊集（fsQCA）。fsQCA 因克服了 csQCA 和 mvQCA 对变量"非黑即白"划分的缺陷而逐渐受到学者的格外青睐。本书中所涉及的示范区经济高质量发展问题本质上具备明显的阶段性和程度性特征，对其进行"非黑即白"的划分显然会有失偏颇。因此，本节将采用 QCA 方法中的 fsQCA 技术对示范区经济高质量发展的路径进行具体分析，力图找出不同路径所依赖的核心条件和边缘条件。

一、分析框架

如前文所述，产业转移会对承接地的城镇化、基础设施、产业结构、人力资本等产生深刻影响，而这些影响因子又为承接地经济高质量发展提供了前提条件。那么，随之而来的一个问题就是，示范区经济高质量发展是这些影响因子单独作用的结果还是综合作用的结果呢？结合经济社会发展的现实来看，多因素综合作用答案似乎是显而易见的。然而，传统的还原论研究范式常采用的边际分析方法注重的是对单因素效应的考察，据此给出的政策也往往容易堕入"只见树木，不见森林"的陷阱。相对于对传统的研究而言，整体论与复杂论是超越还原论的研究范式（黄欣荣，2004；马利霞，2022）。而依据整体论与复杂论发展起来的组态理论不再过分关注主流还原论的边际效应，转而重点考虑整体论下的组态效应（杜运周和贾良定，2017）。

鉴于此，本书从组态理论视角出发，将城镇化和基础设施视为示范区经济高质量发展的硬前因因素，将产业结构、人力资本视为示范区经济高质量发展的软前因因素，建立产业转移驱动下示范区经济高质量发展的组态路径框架（见图5-1）。在此框架中，国家级示范区经济高质量发展和非高质量发展就是在产业转移驱动下，由硬前因因素与软前因因素组态形成的"多重并发因果关系"综合作用下的结果。

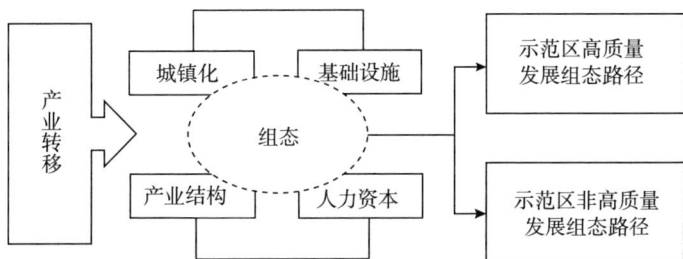

图5-1 产业转移驱动下示范区高质量发展的组态路径框架

二、研究设计

1. 案例选取

截至2023年，我国已有13个国家级承接产业转移示范区获得国务院或国家发展改革委的批复，这些示范区涉及中部地区和东北地区15个省份的部分地级市。本书根据数据可获得性及可分析性，剔除部分样本。剔除的具体情况如下：2011年，安徽省撤销了巢湖市并交由合肥市代为管理，故本书不单独考虑巢湖市，而以合肥市为准；重庆沿江示范区的七个区县部分数据无法获得，故予以整体剔除；湖北荆州示范区中的仙桃、天门和潜江三市属省直管市，行政级别介于地级市与县级市，故不将其纳入样本。根据数据可分析的时间长度，大多数示范区是2015年以前批复设立的，故剔除2018年批复扩容设立的湘南湘西示范区中属湘西地区的湘西州、怀化和邵阳三市，只保留 2011 年已批复的湘南示范区三市，同时剔除 2020 年批复设立的辽西北示范区和 2023 年批复设立的吉西南示范区和蒙东示范区。最终，本书选取九个示范区涵盖的 28 个地级市作为样本案例，具体如表 5-1 所示。

表 5-1 纳入统计样本的示范区

序号	示范区	获批时间（年）	涵盖的地级市
1	安徽皖江城市带承接产业转移示范区	2010	合肥、芜湖、马鞍山、铜陵、安庆、池州、滁州、宣城、六安
2	广西桂东承接产业转移示范区	2010	梧州、贺州、玉林、贵港
3	湘南承接产业转移示范区	2011	衡阳、郴州、永州
4	湖北荆州承接产业转移示范区	2011	荆州、荆门
5	晋陕豫黄金三角承接产业转移示范区	2012	运城、临汾、渭南、三门峡
6	甘肃兰白经济区承接产业转移示范区	2013	兰州、白银
7	四川广安承接产业转移示范区	2013	广安
8	江西赣南承接产业转移示范区	2013	赣州
9	宁夏银川—石嘴山承接产业转移示范区	2014	银川、石嘴山

2. 条件变量及测度

Rihoux 和 Ragin（2017）认为，QCA 方法的案例数量和条件数量的选择要保持良好的平衡，在中等样本（10~40 个案例）中，通常选择 4~7 个条件变量。根据 Rihoux 和 Ragin（2017）的建议及示范区高质量发展的前因因素分析，本书最终选取人力资本、基础设施、城镇化、产业结构四个条件变量。关于人力资本（HC）的测度，学者常用省级层面的劳动力受教育年限来衡量，但地级市层面这一数据难以获取。鉴于此，本书从劳动价值论出发，认为劳动力这一特殊商品的价值决定交换货币（价格）的多少，高水平人才对工资会提出更高的要求，同时参考李松亮等（2020）的做法，以人力资本的价格即职工平均工资（单位：元）表征人力资本水平。基础设施（I）易受地理位置影响，特别是交通基础设施，如一些地区有河流途经，一些地区则可能无河流途经，这就容易造成地级市间交通基础设施分布差异。因此，为克服这一弊端，本书选用较为普遍的公路基础设施建设作为测算依据，具体用公路里程与土地面积的比值（单位：1/km）进行衡量。城镇化（URB）用城镇人口占年末常住人口的百分比来衡量。产业结构（IS）用第三产业增加值与第二产业增加值的比值加以量化。

3. 结果变量及测度

本书的结果变量为示范区经济高质量发展水平。自高质量发展概念提出以来，学者广泛响应，在内涵上，高质量发展应该以新发展理念为指导，以满足人民的真实需要为出发点，从量的追求回归质的本真。在具体测评上，本书通过构建一个涵盖了多个指标的综合指标体系对示范区经济高质量水平进行测评。

4. 数据说明

由于受 2020 年新冠疫情的冲击，疫情三年对经济影响广泛，因此，使用 2020 年以前的数据分析过去示范区高质量发展组态路径更具有科学性和代表性。此外，在本书选定的样本案例中，石嘴山市是最晚被批复设立为示范区的（2014 年），为了各示范区在时间上的统一，故采用 2014 年起的数据。同时，基于数据可得性，本书最终运用示范区 28 个地级市高质量发展指数及 4 个条件变量，取两者 2014～2019 年数据的平均值，进行 fsQCA 分析。数据来源于中国专利之星检索系统、国泰安数据库、EPS 数据库、地区国民经济和社会发展统计公报、中国城市统计年鉴，部分缺失数据根据缺失情况采用相似指标、线性插值法、邻近法等方法补齐。

三、实证分析

1. 变量校准

本书运用 fsQCA3.0 分析组态路径，首先必须对变量进行校准。校准前须确定各变量的锚点，包括完全隶属点、交叉点和完全不隶属点；校准后，变量就被赋予了模糊集隶属分数。Rihoux 和 Ragin（2017）认为，模糊集隶属分数就是不同案例隶属于集合的程度。本书对变量设置了三个定性锚点，分别为完全隶属（95%）、交叉点（50%）、完全不隶属（5%），校准的结果如表 5-2 所示。

表 5-2　条件变量和结果变量的校准

变量		锚点		
		完全隶属（95%）	交叉点（50%）	完全不隶属（5%）
条件变量	人力资本（HC）	73411	58598	52099
	基础设施（I）	1.78	1.03	0.53
	城镇化（URB）	75.93	51.40	44.43
	产业结构（IS）	1.312	0.924	0.626
结果变量	高质量发展（HQD）	34.33	16.72	8.50

2. 必要性分析

必要性分析是为了确定条件变量中是否存在影响结果的必要条件，当结果存在时，该必要条件总是存在。如果不进行必要性分析，最后得出的组态可能会忽略这一关键变量。Ragin（2008）指出，当条件变量的一致性水平大于 0.9 时，认为该变量是结果的必要条件。如表 5-3 所示，条件变量中不存在一致性水平大于 0.9 的情况。因此，条件变量中不存在影响示范区高质量发展的必要条件，即单个因素均不能导致示范区高质量发展结果的产生。

表 5-3　示范区高质量发展的必要性检验

条件变量	一致性	覆盖度
HC	0.733	0.771
~HC	0.569	0.494
IS	0.598	0.607
~IS	0.705	0.632
URB	0.839	0.864
~URB	0.574	0.507
I	0.738	0.699
~I	0.643	0.615

注：符号"~"表示"非"。

3. 真值表说明

真值表展示了案例隶属的条件组合，案例频数阈值和一致性阈值的设立会直接影响组态最终的结果。杜运周等（2017）认为，案例的频数阈值应根据样本大小及组态分布情况进行选择，小样本时，1 是最小临界值；大样本时，应选择大于 2 的临界值。在一致性阈值的选择上，Rihoux 和 Ragin（2017）认为，应根据数据性质、数据分布缺口，避免使用低于 0.75 的一致性阈值。严格的一致性阈值会带来更具有解释性的组态，低一致性阈值会带来分散、解释力低的组态。基于对本书样本大小及真值表的判断，最终案例频数阈值选择为 1，一致性阈值选择为 0.8。

4. 组态解

本书通过分析真值表，确定案例频数阈值和一致性阈值后，得到最终组态解。基于布尔最小化，本书的组态解来源于中间解和简约解，复杂解不进行考虑。在中间解和简约解上均出现的条件变量为核心条件，未在组态上呈现的为可存在或不存在的条件，其余为边缘条件。

（1）示范区高质量发展的组态解。通过上述处理，得到最终的组态解。如表5-4所示，存在四个促进示范区高质量发展的组态解。总体上看，总体解的一致性和覆盖度均达到了较高的水平，分别为0.787、0.941，各组态解的一致性均大于一般最低标准临界值0.75，具有较强的解释性。从表5-4的纵向上看，组态解H1（~IS×URB），城镇化发挥核心作用，低产业结构发挥边缘作用；组态解H2（HC×URB），城镇化发挥了核心作用，人力资本起边缘作用；组态解H3（HC×I），人力资本和基础设施均发挥了核心作用；组态解H4（IS×I），产业结构和基础设施均发挥了核心作用。从表5-4的横向上看，各组态中条件变量作为核心条件出现的次数分别为城镇化2次（出现的频率为50%）、基础设施2次（50%）、人力资本1次（25%）、产业结构1次（25%）。这表明，城镇化和基础设施是促进示范区高质量发展最关键的核心条件，人力资本和产业结构是次重要核心条件。此外，组态H1和组态H2出现了核心条件一致的情况，发挥核心作用的条件均为城镇化，一个边缘条件存在差异，两者的一致性和原始覆盖度差别不大，且均覆盖九个案例，故认为两条组态解是等效的，即当城镇化发挥核心作用的时候，无论是在低水平产业结构的辅助下还是在人力资本的辅助下，均能推动示范区中九个案例的高质量发展。

表5-4　示范区高质量发展的组态

条件变量	组态解			
	H1	H2	H3	H4
HC		●	●	
IS	⊗			●
URB	●	●		
I			●	●
一致性	0.841	0.934	0.877	0.813
原始覆盖度	0.631	0.652	0.542	0.444
唯一覆盖度	0.089	0.099	0.013	0.080
总一致性	0.787			
总覆盖度	0.941			

注：●表示核心条件，●表示边缘条件，⊗表示边缘条件缺席，空白处表示条件可以存在或不存在。

（2）示范区非高质量发展的组态解。本书选择与示范区高质量分析一致的案例阈值、一致性阈值，运用 fsQCA3.0 得到如表 5-5 所示的示范区非高质量发展组态解，结果表明存在六个示范区非高质量发展的组态解。在示范区非高质量发展的条件变量中，低人力资本作为核心条件出现 3 次（50%）、低城镇化出现 3 次（50%）、低基础设施出现 1 次（16.7%）、低水平产业结构出现 1 次（16.7%）。可见，低水平人力资本和低城镇化是削弱示范区高质量发展的"罪魁祸首"，低水平产业结构和低水平基础设施发挥了次核心作用。

表 5-5　示范区非高质量发展的组态

条件变量	组态解					
	NH1	NH2	NH3	NH4	NH5	NH6
~HC			●		●	●
~IS	⊗			●		●
~URB	●	●		⊗	●	
~I		⊗	⊗	●		
一致性	0.886	0.902	0.894	0.810	0.909	0.867
原始覆盖度	0.616	0.591	0.562	0.365	0.724	0.589
唯一覆盖度	0.061	0.052	0.003	0.012	0.002	0.020
总一致性	0.765					
总覆盖度	0.937					

注：●表示核心条件，●表示边缘条件，⊗表示边缘条件缺席，空白处表示条件可以存在或不存在。

（3）结合表 5-4、表 5-5 可见，总体上，示范区高质量发展与非高质量发展的组态解存在非对称性。仅有组态 H1 和组态 NH1 存在对称性，表现为低水平的产业结构和城镇化是示范区高质量发展的组态解，而高产业结构和低水平城镇化是示范区非高质量发展的组态解，这是因为当前大部分示范区产业结构水平较低，还未能有效促进高质量发展，而城镇化作为核心条件能带动示范区高质量发展；反之则抑制。

5. 稳健性检验

关于稳健性检验，Schneider 和 Wagemann（2012）认为可以通过调整校准阈值或一致性水平的方式实现。如果调整后的结果与先前结果不存在较大的差异或组态解前后具有明确的子集关系，则说明先前结果稳健。但对于 QCA 方法应该调整多少的一致性水平与校准阈值、调整后的组态结果怎样才能界定为稳健，学术界尚未达成共识。本书参考大部分学者的做法，采用提高一致性水平的方式检验组态解的稳健性，结合真值表分布情况，在维持覆盖案例高于50%的基础上，将一致性水平由0.8调至0.84。结果发现，总体解的一致性和覆盖度发生了微小变化，除了个别条件有变化，组态解的数量并没有发生改变，故可认为原示范区高质量发展组态结果是稳健的。

第四节　产业转移驱动示范区经济高质量发展的路径提炼

示范区地级市所处发展阶段各有不同，便产生了与之相匹配的高质量发展组态路径。基于上述示范区经济高质量发展组态解的分析及各组态解核心条件的相似程度，将四个组态解归纳为三条示范区高质量发展组态路径。

一、城镇化核心环绕型

由示范区经济高质量发展组态H1、组态H2可知，在城镇化的核心作用下，无论是处于低水平产业结构下，还是获得人力资本的边缘辅助，结果是一致的，这表明，以城镇化建设为核心的组态有利于推动示范区高质量发展。本书将上述以城镇化为核心条件的组态H1、组态H2归纳为城镇化核心环绕型组态路径。如表5-6所示，此路径覆盖了13个案例，包括石嘴山、马鞍山、芜湖、铜陵、荆门、三门峡、荆州、宣城、郴州、银川、兰州、合肥、池州。且从示范区28个样本案例数据来看，以上13个案例的城镇化水平均位于中等偏上水平。依托于较高的城镇化水平，第一，在低水平产业结构下，尽管这些示范区地级市承接大量劳动密集型等低端产业，产业结构中的非农产业比重提高，而产业结构的高级化程度欠佳，容易陷入"低端锁定"，但在一定程度上提升了原本"荒芜"的承接地的发展水平，为提升承接能力筑牢"地基"。第二，在人力资本的辅助下，"双转移"效应使劳动力及技能型人才不断积累，劳动力人口向城市集聚，城市劳动力更加充足，人力资本和城镇化水平不断提升，有利于满足产业承接、企业规模扩张等劳动力需求。因此，城镇化核心环绕型组态路径非常适用于承接能力较差、产业贫瘠或者有一定的优质劳动力积累，但城镇化水平较其他方面要好的示范区地级市。

表 5-6　示范区高质量发展组态路径覆盖的样本案例

组态路径	覆盖的样本案例	数量合计（个）
城镇化核心环绕型（H1+H2）	石嘴山、马鞍山、芜湖、铜陵、荆门、三门峡、荆州、宣城、郴州、银川、兰州、合肥、池州	13
固"基"强"本"保障型（H3）	合肥、马鞍山、芜湖、铜陵、滁州、广安、六安	7
产业"基"累与升级型（H4）	衡阳、合肥、运城、六安	4

二、固"基"强"本"保障型

由示范区经济高质量发展组态 H3 可知，基础设施与人力资本的组合能带动示范区经济高质量发展，两者均发挥了核心促进作用。本书将上述组态归纳为固"基"强"本"型组态路径，指的是巩固夯实基础设施建设、强化人力资本积累，覆盖的案例有合肥、马鞍山、芜湖、铜陵、滁州、广安、六安七市。无论是人力资本还是基础设施水平，这七市均处于案例的中等偏上水平。在基础设施和人力资本的双核心作用下，示范区既有保障产业顺利承接的物力基础，又有人力支撑，降低了产业转入壁垒，容易得到转入企业的青睐。可见，依托于较高的人力资本积累水平和基础设施建设，上述七市能向高质量发展方向迈进。因而，固"基"强"本"型组态路径较适用于其他各方面发展水平较低，但基础设施发展与人力资本水平较有保障的示范区地级市。

三、产业"基"累与升级型

由示范区经济高质量发展组态 H4 可知，基础设施和产业结构的组合推动了示范区经济高质量发展，且两者均发挥了核心作用。本书将上述组态归纳为产业"基"累与升级型路径，此路径覆盖了衡阳、合肥、运城、六安四市。在产业转移承接地基础设施建设及自身产业结构较好的情况下，其承接基础、承接环境、承接能力表现较好，将有利于吸引技术水平较高的产业转入，容易摆脱"低端锁定"，获得技术溢出，提升自主创新能力。可见，依托于产业结构升级和较好的基础设施水平，上述四个案例能朝着高质量方向发展。此类高质量发展的组态路径，较适用于那些基础设施建设水平较高且具有一定的产业发展基础的示范区地级市。

综合上述三条组态路径分析发现，低水平的产业结构在第一条组态路径中发挥了边缘作用，而高产业结构在第三条组态路径中发挥了核心作用，这说明示范区的产业结构升级情况还不够协调稳定，仅体现在个别示范区地级市中，示范区整体的产业结构仍有待优化。此外，合肥在三条组态路径中均作为覆盖案例出现，其城镇化、基础设施、产业结构及人力资本在 28 个案例中均处于较高的水平，这表明其总体发展水平在案例中表现较好，发展较为全面，具备了优良的承接能力，是示范区中高质量发展的"排头兵"。对于示范区这类欠发达地区而言，以上三种组态路径均属于能吸引产业转移、保障产业承接顺利进行的基础性条件，承接产业转移是分阶段进行的，在未筑牢"地基"的情况下，采取跨越式发展是不可取的，现仍需不断提升基础承接能力，优化承接环境，吸引优质人才，推动产业结构升级，才能更好地承接技术水平较高的产业，提升自主创新能力，从而迈向更高水平的发展。

四、基本结论与启示

本书通过运用 fsQCA 方法对示范区经济高质量发展组态路径分析可以得到以下结论：第一，从将总体组态的条件变量作为核心条件出现的频率来看，城镇化和基础设施起了最关键核心作用，人力资本和产业结构起了次核心作用；低水平人力资本和低水平城镇化是导致示范区非高质量发展的最关键核心条件，低水平产业结构和低水平基础设施是次核心条件，这表明示范区的落后往往伴随着大量低水平廉价劳动力和低水平的城镇化进程。第二，低水平产业结构作为边缘辅助条件出现，而高产业结构又作为示范区核心条件出现，这说明示范区产业结构在总体上还不够协调稳定，大部分示范区地级市存在产业结构高级化程度低的情况，容易陷入"低端锁定"。第三，示范区高质量发展存在四个组态解，凝练归纳为三条示范区高质量发展组态路径，分别为城镇化核心环绕型、固"基"强"本"保障型、产业"基"累与升级型。不同示范区地级市的经济高质量发展组态路径因地而异，各示范区地级市应根据自身发展特点，选择合适的路径对症下药，实现经济高质量发展。

以上基本研究结论可提供三点政策启示：第一，处于起步阶段或对自身路径选择不明确的示范区可以优先选择发展具有关键核心促进作用的城镇化、基础设施。此外，由于低水平人力资本和低水平城镇化是导致示范区落后的"罪魁祸首"，因此也要注重提升技能型劳动力积累、吸引优质人才。以上核心条件能有效提升基础承接能力，优化承接环境，吸引产业转移，承接环境越优，就越有利于企业的转入，有助于化被动为主动。第二，处于低水平产业结构的示范区，应循序渐进，有序扩大承接规模。在产业转入时，示范区应积极做好有序承接工作，兼顾承接质量，科学判断自身剩余承接能力，找准定位，先实现合理的量变，再层层加码，有序提高产业转入门槛，由量变转为质变，促进产业结构有序升级。在产业转入后，要对承接企业后续发展进行动态跟踪，加强技术水平较高企业和人才间的交流，创造辐射带动条件，为承接地产业后续转型升级提供支持。第三，处于向高质量发展阶段转型的示范区，应根据自身的发展特点和承接能力量体裁衣，因地制宜，参考上述示范区高质量发展的三条组态路径，选择最适合自身的组态路径，从而实现高质量发展。上述三条示范区高质量发展的组态路径对应的案例各有不同，进一步说明了各示范区地级市必须结合自身发展情况来选择组态路径，摒弃亦步亦趋的战略思想，避免盲目地跨阶段、跨路径发展。

第六章 产业转移驱动国家级示范区高质量发展的引导政策

产业转移驱动国家级示范区经济高质量发展的引导政策是本书的落脚点。本章将主要讨论以下四个主题：①产业转移驱动示范区高质量发展的金融引导政策；②产业转移驱动示范区高质量发展的土地引导政策；③产业转移驱动示范区高质量发展的财税引导政策；④产业转移驱动示范区高质量发展的人力引导政策。

第一节 产业转移驱动示范区高质量发展的金融引导政策[①]

如何促进示范区的金融资本与产业资本有效结合，形成金融发展支持产业转移、产业转移助推金融发展的良性互动格局，已成为推动示范区高质量发展的关键问题。虽然产业转移是涉及资本、技术、劳动力、管理制度等的一揽子要素流动协议，但从新古典经济学意义上来说，其核心就是资本的跨界流动（胡黎明和赵瑞霞，2017）。因此，它需要作为现代经济核心的金融充分发挥其先导推动、资源配置、资本整合及信用催化等功能来提供支持。完善示范区承接产业转移的金融支持，要按照"十四五"规划的总体要求，继续深化金融供给侧结构性改革，坚持金融服务实体经济的基本导向，建设更高水平的开放型金融新体制，更好地发挥金融对示范区承接产业转移的支持作用。具体来说，示范区可以从四个

---

① 本节主要内容作为项目阶段性研究成果已公开发表。

方面来进行政策设计。

一、拓宽金融支持产业转移的资金筹措渠道

示范区的金融机构对产业转移项目的传统信贷方式在各级政府的强力引导下已然处于"天花板"的状态。因此，要突破示范区承接产业转移的资金瓶颈，亟须从战略层面拓宽金融支持产业转移的资金筹措渠道。具体而言，可以从这三个方面着手：一是示范区政府要制定金融支持产业转移的资金筹措倾斜性政策，鼓励示范区内各类闲散资金通过金融机构规范地参与承接产业转移；二是示范区金融机构要为承接产业转移提供融资新途径，如通过小额贷款公司、互联网融资平台、资金互转组织等新的金融组织为承接产业转移提供资金支持；三是引导和鼓励转入企业创新融资方式，如可以鼓励已转移到示范区的企业根据自身情况通过发行股票、企业债券、中期票据、员工持股计划、短期融资券等方式进行融资。

二、有重点地加大金融支持产业转移的力度

金融作为现代经济的核心，国民经济的各个领域都离不开它的支持，而产业转移对示范区而言，既存在促进经济跨越式发展的正面效应，也可能存在"污染避难所"等方面的负面效应。因此，金融对示范区承接产业转移的支持必须有的放矢。具体而言，可以从这三个方面发力：一是以供给侧结构性改革为目标，推进示范区承接的产业向集群化、差异化方向发展，严管各示范区间"产业结构趋同"；二是以实施"绿色金融"政策为抓手，形成合理的承接项目遴选机制，严防"污染产业"向示范区转移；三是以高质量发展为引领，着力支持示范区承接优势产业、特色产业和战略性新兴产业，严控"边际产业"向示范区转移。

三、全面创新金融支持产业转移的服务方式

示范区金融机构要消除因循守旧的金融服务模式，在现实金融活动中大胆创新，努力探索一条既能满足转入企业现实金融需求，又能有效防范金融风险的新路。根据当前转入企业反馈的问题，目前亟须从这三个方面切入：一是金融体制的创新。示范区要建立一个有效的信用征集、评价系统和严格的失信惩罚制度，以降低金融机构与转入企业间的信息不对称程度，提高金融企业放贷的信心；示范区要为重大产业转移项目的企业设立专门的客户授信、信贷评审机制，提高信

贷审批效率。二是金融产品的创新。示范区金融机构要在风险可控的前提下，根据转入企业的需要，开展应收账款质押贷款、专利权质押贷款业务，开办融资租赁、仓单质押、货权质押、贸易融资、信托融资等业务，大力推广商业承兑汇票，发展供应链金融，满足转入企业对金融产品的多样化需要。三是金融服务的创新。示范区金融机构要为转入企业融资搭建"绿色通道"，减少融资的审批手续，加强产业转移项目资金的管理，提供更多的金融服务网点，为转入企业提供方便、快速、安全、多样的融资服务。

四、打造金融机构集群化的区域开放金融体系

产业转移常常伴随着金融资源的跨区域流动，因此在当前实现区域协调发展战略下，各示范区应该充分发挥其政策优势，促进区域金融中心建设，放宽金融市场的准入政策，推进金融产业的发展和区域合作，削弱地方间金融竞争对承接产业转移带来的负效应，为金融资源的自由流动建立一个体系完整、活跃度高的区域开放金融市场。区域开放金融体系的构建可以将以下两方面作为重点：一是推进金融机构的集群化发展。示范区金融机构的集群化发展有助于形成金融产业的集聚效应和规模效益，优化示范区金融生态环境，扩大金融支持承接产业转移的效应。二是降低金融市场准入门槛和放宽准入政策。示范区要制定开放性金融政策来吸引外资和示范区外非国有金融机构在区内设点，重点争取东部城市的金融机构进入示范区设立更多的分支机构，加快金融一体化的步伐，实现各类金融业务与东部地区的无缝对接。

第二节　产业转移驱动示范区高质量
发展的土地引导政策

土地是人类赖以生存和发展的物质基础，是一切生产和一切存在的源泉（万志博，2009），也是一种兼具资源、政策、政绩、制度的核心要素。土地利用体制机制可以起调节产业布局的作用，因此在产业转移过程中，土地资源的利用状况常常决定着产业转移的方向。当前，国家级承接产业转移示范区在土地资源利用方面还存在可利用开发土地资源较少、中央给予地方政策主动权较小、土地使

用权的取得方式和制度不够完善等问题。完善示范区承接产业转移的土地政策支持，要在《中华人民共和国土地管理法实施条例》的基本框架下，坚持土地资源的集约利用、保护利用，建设更高水平的国土空间规划新体制，更好地发挥土地对示范区承接产业转移的支持作用。具体来说，示范区可以从以下四个方面来进行政策设计：

一、强化土地整治，适度增加土地供给

在坚持守住 18 亿亩耕地红线以确保粮食安全的硬约束条件下，土地整理、土地流转及土地产权交易等土地整治策略无疑成为增加土地供给的有效途径。虽然相关方通过国家级承接产业转移示范区的设立能够享受一定宏观层面的土地政策优惠，但对于其产业承接主体功能而言，还远远不够。因此，通过强化土地整治，适度增加土地供给就成为其扩充土地增量的重要途径。具体而言，各示范区一是要积极探索农村土地入股等形式，加快村级土地开发，以地招商、以地生财；二是要进一步坚持科学、合理、节约的原则用地，在产业承接过程中不断提高单位土地的投资强度，使有限的土地资源发挥最大的产出效益；三是在制定区域土地开发利用规划过程中，要根据示范区产业承接的潜能合理确定规模用地，示范区内各级行政区要相互协调，科学划分功能分区和用地结构，避免土地浪费，避免示范区内各类产业承接园区的重复建设，同时要统筹协调考虑各类用地效率的综合平衡。

二、完善土地市场，充分保障各方权益

与其他商品市场不同，土地市场是一个特殊的市场，是将土地作为一种资源和商品，在经济活动中进行交易和流通的市场，是我国社会主义市场经济体系的重要组成部分（马克星等，2017）。目前，我国的示范区全都处于欠发达地区，这些地区的土地市场还很不完善，市场中各方的土地权益常常不能得到有效的保障。而完善的土地市场是示范区顺利地进行招商引资和产业承接的一项基础工程。为此，示范区需要从以下几个方面来完善土地市场，以充分保障各方权益：一是各示范区要建设完善市场化土地交易、流转及开发等制度，完善取得土地使用权的方式，从而保证各方权益，保障土地市场的公平、公正与效益。例如，在针对产业承接的用地方式上，实行国有土地使用权有偿的土地使用制度；对从事基础设施、能源、水利等产业转移项目用地按可划拨方式供应；对从事

农、林、牧、渔业等产业转移项目可按租赁方式供地等。二是各示范区要建立健全市场化的工业用地"招拍挂"制度，在土地利用总体规划编制的基础上，将重点发展的产业承接园区、集中区纳入示范区土地利用总体规划优先考虑的范围，同时纳入城镇用地统一规划管理，为产业承接留足用地空间。

三、提高利用效率，鼓励适度规模经营

土地利用效率是指单位土地面积上的产出增加值。对于示范区而言，土地利用效率不仅能反映示范区土地利用经济水平的高低，也是探讨示范区土地利用经济效益好坏的关键指标。然而，当前示范区在建设过程中还存在商住用地占比过高、工业用地相对较少，产业园区土地闲置、规划欠科学等土地粗放利用问题。各示范区提高土地利用效率，还需从以下三个方面入手：一是要充分保障产业承接园区的用地需求，各示范区要储备一定数量的存量土地，确保产业集聚力强、发展后劲足、带动作用大的产业转移项目的用地需要；二是各示范区要抓好土地集约经营，严格实施项目用地规划审查，提高项目用地审批门槛，努力提高集约节约用地水平；三是各示范区要根据带动力强、高技术、高产出、低能耗、低污染等原则，严格对产业转移项目实行筛选，探索与效率相挂钩的土地使用政策，着力提高示范区的土地产出水平。

四、创新管理方式，匹配产业承接需求

1994 年，我国进行分税制改革，各级地方政府成为土地制度的供应者。土地作为地方政府调节经济的重要手段，其适用性和幅度需要根据地区经济的不同而有所调整，适当增强地方土地供应的弹性，使地方政府在区域统筹和开发协调方面发挥更加有力的作用。因此，各示范区可以通过对土地市场的宏观调控及土地供应制度的微观干预来影响本地的经济增长和产业承接。具体而言，一是要将"三个集中"作为示范区创新土地管理方式的核心思路。"三个集中"是指示范区要以推动工业向产业园区集中、推动农业向规模经营集中、引导示范区劳动力向城镇集中。二是要充分改善政府服务，提高工业用地的土地审批效率，推动示范区的土地制度进一步适应产业承接和区域经济发展的需要。三是要加强示范区的土地管理，运用现代数字技术建立土地动态监测机制，严格控制低效用地，及时处置闲置用地。

第三节 产业转移驱动示范区高质量
发展的财税引导政策

改革开放 40 余年来，社会主义市场经济体制日趋完善，市场机制在经济活动中的作用和贡献不容置疑。然而，值得注意的是，单纯的市场机制也可能造成产能过剩、重复建设、环境污染等一系列有损于社会整体福利的问题（张国庆和李卉，2020），这就需要政府通过财税政策来进行矫正。更为重要的是，财税政策作为政府调控经济的手段是隐性的，是在充分尊重市场经济规律的前提下进行设计和执行的，因而最有利于市场各参与主体接受。在我国东部沿海承接上一轮全球产业转移过程中，财税政策就发挥了不可替代的作用。财税政策有利于支持产业转移承接平台的发展、有利于支持产业转移企业的发展、有利于支持产业承接园区科研平台的建设，因此示范区在承接产业转移的过程中，应该制定科学合理的财政政策和税收政策，来促进国家级示范区高质量发展。

一、构建科学的财税政策体系

财税政策对产业转移的影响主要是通过要素流动来实现的，某地区的财税政策紧缩则会促使要素外流，形成产业转出趋势；反之，某地区的财税政策扩张则会吸纳相关要素流入，产生产业转入的效果（陈俊忠，2017）。为此，中央人民政府和各级地方政府应相互配合，构建科学的财税政策体系来宏观调控产业和要素在区域间的合理流动。首先，中央政府要搭建各示范区地方政府间的交流合作平台，避免各示范区政府间过度竞争导致的资源浪费和次优均衡，各示范区所属的省级政府应加强对所辖示范区内相关资源的再分配，从而促使示范区整体福利水平的提升。其次，示范区地方政府要与产业转出地政府加强政府间的交流合作，破除阻碍要素流动的制度性壁垒。同时，在统筹区域间要素资源时，示范区政府和要素流出地政府要协同监控要素密集度的区域分布，把控要素流动的节奏。最后，示范区地方政府要为创新活动设计专门的财税支持政策，获取产业转移的技术溢出效应是促使示范区高质量发展的关键，示范区可以通过其掌握的财税资源针对转移企业专门设立创新投入基金、人才引进基金、创新产出奖励基金等来强化对创新活动的支持力度。

二、争取合理的财税分成政策

财政政策和税收政策是各示范区地方政府在市场机制下直接影响产业承接的政策工具。在我国当前的财税体制下，示范区政府与上级政府的经济关系在很大程度上与分税制密切相关。因此，各示范区在承接产业转移的过程中，财税利益的再分配无疑在其中扮演着十分重要的角色。对于示范区各级地方政府而言，相对于产业承接所带来的总正效应，合理的财税利益损失是值得的。然而，根据我国分税制和转移支付相结合的现行财税体制，产业的跨区域转移必然导致财税利益在转出地与承接地进行此消彼长式的再分配，从而造成产业转移的行政阻碍。因此，在当前的分税制框架下，各示范区要在产业承接中取得竞争优势，一方面，应借助国家级承接产业转移示范区的申报和建设之机遇，在中央财税分成中积极争取分税优惠或倾斜；另一方面，其地方政府还应该加强政府间的合作，创新产业转出地区、产业承接地区的财税分成制度，合理分配承接产业转移区、产业承接区和产业转移企业三方利益，使三者共赢。

三、加大财政支持承接的力度

从实践层面来看，资金紧缺是制约各示范区承接产业转移特别是高效地承接产业转移的要素。为此，在中央政府层面，要在示范区设立一级财政和一级国库，使其拥有更多的财政自主权；要建立有利于示范区经济高质量发展的财政体制，把各示范区的土地收入、企业税收、非税收入列入示范区财政；要设立中央财政支持国家级示范区承接产业转移的专项资金，为产业转移企业提供适当的运费补助，对符合国家产业发展规划的"两型"企业给予直接财政补助，对转移企业银行贷款给予适当利息补助，对上市融资给予适当财政资金补助等，以降低企业的迁移成本、鼓励企业上市融资、优化产业承接环境等。在示范区地方政府层面，要理顺产业承接园区财政体制，增强各示范区的自我发展能力，提高示范区产业承接的竞争力；要构建科学的财政支撑体系，支持示范区的基础设施建设，支持示范区的产业承接园区建设，支持示范区产业承接平台发展；在进行产业承接项目选择时，应注重产业发展与本地禀赋的匹配性和战略前瞻性，加大对重点行业和龙头企业的财政支持力度；要支持各类产业承接园区科研平台建设，构建科学的财政产业承接科研支持体系；要支持产业转移企业产品消费，对优先采购转移企业产品的，给予适当价格补助。

四、创新产业转移的税收政策

通过竞相降低税率来进行招商引资竞争已成为欠发达地区产业承接惯常采用的手段，但从承接地角度孤立地来看，虽然有一定的效果，却可能会导致整体的社会福利损失，特别是对国内产业转移而言更是如此。因此，在本轮由我国主导的全球产业转移浪潮中，引导东部沿海产业有序向中西部及东北地区转移并力图推进承接地的经济高质量发展是我们的最终战略目的，对示范区而言，通过竞相降低税率来进行产业承接竞争不是一个明智的选择。为此，示范区亟须创新产业转移的税收政策来应对新的挑战。具体而言，可以从以下两方面入手：一是创新示范区产业承接的税收政策工具。针对示范区税收政策普遍存在的诸如缺乏高端产业承接的税收政策、缺乏吸引高端人才落户的税收政策、缺乏与新型住房供给体系相配套的税收政策等短板，建立高新产业承接专项税收优惠政策，高端人才的住房补贴、伙食补贴、搬迁费、探亲费、子女教育费用等五年内可在个人所得税税前扣除的个人所得税优惠政策，试行个人税收递延型养老保险试点，对房产租赁探索试行综合征收率方式等。二是建立产业转移税收分享机制。要建立涉税争议协调机制，以解决示范区和产业转出地的税收利益分享矛盾；要在充分考虑企业转移成本、环境污染成本、公共服务成本的基础上建立产业转移税收分享成本分担机制，以解决示范区和产业转出地成本规避矛盾；要建立统一高效的税收征管机制，以促进转移企业办税便利化、规范化。

第四节　产业转移驱动示范区高质量
发展的人力引导政策

人力资源是除生产资料、劳动对象之外生产力中最为活跃的要素，也是区域经济高质量发展的主要动力和决定因素（任保平和李梦欣，2022）。区域人力资源总量、质量及结构对承接产业转移的规模、品质及广度具有深刻影响。13 个国家级承接产业转移示范区所在省份大多为人口大省，潜在的人力资源十分丰富。因此，示范区通过构建城乡一体化就业体制、稳定人力资源队伍、加快人力资源开发、提高劳动者技能与素质、完善人才流动机制，把丰富的人力资源优势转化为现实生产力，对促进示范区经济高质量发展具有十分重要的意义。

一、加快户籍制度改革，构建城乡一体化就业体制

目前，13个国家级承接产业转移示范区正处在快速城镇化和全面建设社会主义现代化的转型过程中。在此背景下，随着产业承接规模的不断扩大，示范区内传统的农业、农村、农民"三农"问题与新增的农民工问题叠加，迅速升级为"四农问题"，并已成为各示范区在继续承接产业转移过程中备受社会各界关注的焦点问题。近十几年来，随着我国人口红利的逐渐消退及新生儿出生率的不断下降，我国人力资源越来越稀缺，包括农民工在内的示范区劳动力就成为承接产业转移的重要支撑。因此，示范区要加快户籍制度改革，构建城乡一体化的就业体制，为转移产业提供足够的劳动力保障。具体而言，一是各示范区地方政府必须加快推进当前的户籍制度改革，要取消传统户籍的人口登记功能及其相关的社会福利配套，促进城乡户籍人口社会福利的均衡配置，从而持续地为承接产业转移提供劳动力支撑；二是各示范区地方政府要统筹发展示范区内城区和农村的人力资源，率先建立示范区城乡一体化的就业服务体制，健全示范区辖区内市、县两级就业公共服务体系，打造以地级城市为中心、以县域小城镇为支点的城乡双层就业平台；三是各示范区要健全公共就业服务制度体系，全面落实就业免费服务制度、就业人员培训制度、困难人员就业援助制度、劳动力市场供求信息服务制度、就业与失业管理制度等。

二、提升公共服务水平，稳定示范区人力资源队伍

人力资源队伍的稳定是示范区经济高质量发展的基础。一个地区的人力资源队伍是否稳定与当地的公共服务水平密切相关。为此，各示范区地方政府需要从以下几个方面着力提升自身的公共服务水平：一是示范区地方政府在人力资源工作中的职能应由"管理型"向"服务型"转变，要坚持贯彻以人为本、以才为先，创新人力资源服务方式，主动为各种类型企业特别是新进的转移企业提供人事政策和人才信息服务。二是示范区各类参与主体应相互协调，在示范区内构建统一的人力资源信息化平台、劳动就业创业服务平台、人才培养与评估平台、人事政务公开服务平台等，为示范区内各企业单位及个人提供统一的服务。三是示范区地方政府应通过人力资源平台建设，深入了解企业用户需求，搭建求职者与

用人单位的桥梁。在承接产业转移的过程中，示范区政府应实现从招商引资源头抓起，把人力资源服务环节前移，为招商引资的成功加分助力。四是示范区各级人力资源与社会保障部门应转变传统的服务观念，借助快速发展的信息技术、网络技术、数字技术提高服务效率，同时通过教育培训提升队伍素质加强服务能力。五是示范区各地教育部门应出台幼儿园、小学、初中等各级入学政策，以方便转移企业员工子女就地接受高质量的教育。同时，示范区各级地方政府还应改善交通、文体、医疗等基础设施建设，加强区域公共安全管理，优化社区环境，使跟随企业转移而来的各级人才能安心工作。

三、强化人才内培外引，提升示范区人力资源素质

示范区在承接产业转移的过程中，必然会大大增加对高端人才和产业工人的需求量。在目前已批设的 13 个国家级承接产业转移示范区中，大多是所属省份的传统老工业基地，这些地区通过承接产业转移必然成为拉动区域经济快速发展的主导力量，重化工、装备制造、电子信息、汽车等传统主导优势产业承接力度将持续增加，因此对此类技能型和研发型人才需求会随着产业承接力度的加大而进一步增加；同时，各示范区根据差异化的承接定位，一些示范区如皖江城市带承接产业转移示范区、重庆沿江承接产业转移示范区、四川广安承接产业转移示范区等将致力于推进战略性新兴产业发展，未来对于研发人才、技能型劳动力、高端金融人才、物流人才、高级管理人才还较紧缺。因此，创新人才培养和引入模式、推动人力资源素质升级成为各示范区通过承接产业转移推进经济高质量发展的关键。具体而言，各示范区一方面需要充分利用本地的人口优势，创新教育培养模式，实行订单化的人才培养输送机制，积极开展普通劳动者的职业化教育、操作技能培养，以满足转移企业用工需求；另一方面需要拓宽人才的培养和引进渠道，积极开展与东部沿海地区、海外各国的人才培养交流，加大科研与开发经费的投入，吸引高端人才进入，进一步提升示范区对人力资源的吸纳力和竞争力。

四、优化人才流动环境，完善示范区人才流动机制

人才是最灵活的流动生产要素，知识的交流、创新的传播、技术的扩散等都离不开人才流动。虽然每个组织都想留住优秀的人才，但正如诺贝尔经济学奖获得者 Schultz（1961）所认为的那样，人才流动是人力资源的主要表现形式，最

好的留人方式恰恰就是营造良好的人才流动环境。为此，示范区应以中共中央印发的《关于深化人才发展体制机制改革的意见》为根本指导，从以下几方面具体展开工作：一是要推动示范区人才流动公共服务便民化，加快建立一体化的人才流动公共服务体系，拓宽公共服务的供给渠道，推动线下实体网点服务与线上互联网服务深度融合；要大力发展示范区人力资源服务业，完善示范区的人才中介服务，建立统一的区域人才信息网络。二是要打破户籍、地域、身份、学历及人事关系等制约，完善社会保障制度，为示范区内人才跨地区、跨行业、跨体制流动提供便利条件、解决后顾之忧。三是要促进人才柔性流动。示范区各级组织要强化柔性引才理念，创新柔性引才方式，坚持不求所有、但求所用，不求所在、但求所为。鼓励用人单位在不改变人才的人事、档案、户籍等关系前提下，吸引示范区外高层次人才通过挂职、兼职、技术咨询、周末（假期）工程师等形式，为示范区经济社会发展提供智力支持。

第七章 主要结论与研究展望

本书围绕产业转移推进国家级示范区高质量发展的机制与路径展开了专门的理论、实证及政策研究。基于前文研究成果，本章将从以下两个方面对本书研究结论进行总结与展望：①主要研究结论与重要理论观点；②研究存在的局限与进一步研究展望。

第一节 主要研究结论与重要理论观点

围绕产业转移推进国家级示范区高质量发展这一研究主线，本书从理论分析到调查实证再到政策设计三个层面展开研究。在理论层面，分析了区域经济高质量发展的内涵与特征，并探讨了其测评指标体系；阐释了新一轮全球产业转移的特点、动因及风险，从微观角度构建产业转移的区位决策模型并分析了企业异质性的影响，从宏观角度构建新经济地理学模型探讨了产业转移与区域经济高质量发展的内在关联，进而归纳了产业转移推进区域经济高质量发展的理论机制。在调查实证层面，对示范区经济高质量发展及承接产业转移的现状进行了定量分析，构建计量模型对产业转移推进示范区经济高质量发展进行了实证检验，运用QCA方法对产业转移推进示范区经济高质量发展的路径进行了探讨。在政策设计层面，综合理论与实证分析结论，以金融、财税、土地、人力为抓手进行了具体的政策设计。综合上述研究，本书得出了以下主要研究结论并提炼了一些重要理论观点。

一、主要研究结论

(1)区域经济高质量发展的测评需要将经济、社会及生态放在同等重要的位置上。通过文献研究发现,当前关于高质量发展的测评学术界主要有两条思路:单一指标法和综合指标法。其中,综合指标法是主流,但其指标体系十分庞杂,且指标权重差别较大。本书从区域经济高质量发展的本质内涵出发,从众多指标中筛选了九个最具代表性的指标来反映高质量发展的经济、社会及生态三个维度,并采用均等权重法作为测算方法。

(2)新一轮全球产业转移的特征、动因及风险更为复杂。本书认为,新一轮全球产业转移的特征主要包括产业承接主体与产业转移类型更加多元、低端产业集群式转移与高端产业回归式转移并行、国际产业转移松散化与区域产业转移紧密化并存;其动因主要包括市场的驱动、政府的引导及产业的自我维持三个方面;其使我国面临的风险主要包括"产业空心化"风险、"转型升级陷阱"风险及"产业链双向挤压"风险。

(3)欠发达地区在进行产业承接时要由单个项目的承接转向集群式承接。本书通过梳理全球五次产业转移浪潮的历史进程发现,在当前分工不断深化的背景下,产业集群式转移已成为新一轮全球产业转移的主导模式。因此,欠发达地区在承接产业转移时要跳出以往"只见项目,不见产业"的陷阱,由单个项目的承接转向集群式承接。

(4)企业微观转移决策的主要影响因素是区域边际生产成本和企业异质性特征。本书构建的企业微观转移决策模型显示:对于单个企业而言,在承接地具有比转出地更低的边际生产成本的情景下,企业转移的基本条件是承接地与转出地的劳动价格或资本价格的差异达到某一阈值;企业规模、生产率与企业转移倾向正相关,劳动强度对企业转移倾向的影响大小取决于企业的要素密集度与承接地优势要素的匹配程度。

(5)产业转移与区域经济高质量发展的内在关联机制为中间投入及产业关联。本书在 FE 模型基础上构建的新经济地理学模型显示:影响模型短期均衡和长期均衡的主要是"市场规模"效应、"市场拥挤"效应、"市场分散"效应、"生活成本"效应等各种力量,而这些效应之所以能够通过产业转移来作用于区域经济高质量发展,关键在于产业间基于中间投入而形成的产业关联。为有效地运用产业转移推进区域经济高质量发展,其"应然"机制为:以产业转移打破承接地经济系统的平衡，推进生产力和生产关系螺旋上升至更高层次，进而全面改善承接地经济发展的投入质量、过程质量及产出质量。

（6）东部政府、西部政府及东部企业三个行为主体的利益博弈决定了实践层面上产业转移的效果。本书构建的三方演化博弈模型表明：政企协同下，区际产业转移的关键影响因素是目标多元问题、成本分担问题、信息共享问题及风险防控问题；政企协同在国家级示范区承接产业转移过程中已取得了初步成效，在三方参与意愿均较低的情况下，系统仍将向"积极、转移、支持"这一方向演进；承接地的隐性收益，三方协同收益及其分配、直接投入成本、信息收集成本、风险防控成本均对演化结果有重要影响。

（7）国家级示范区承接产业转移与经济高质量发展在总体上已取得了一定成绩。本书对示范区承接产业转移及经济高质量发展的定量测算结果表明：示范区承接产业转移规模呈现先上升后下降的趋势，大多数年份尤其是近年来，中部示范区承接产业转移规模高于西部，且差距呈扩大之势；示范区经济高质量发展水平总体呈上升趋势，但发展不平衡，分维度指数中的环境效果均值最高、经济和社会效果波动较大、社会效果表现较差。

（8）产业转移对国家级示范区经济高质量发展具有显著的促进作用。本书的计量实证表明：在处理内生性问题及进行稳健性检验后，产业转移对国家级示范区经济高质量发展仍具有显著的促进作用，这种促进作用主要体现在经济效果方面，社会效果和环境效果方面则还不太理想；其中介机制主要是技术进步和产业集聚；政府能力较强的地区、产业基础较好的地区和高质量发展水平较低的地区，产业转移促进经济高质量发展的作用更大。

（9）产业转移推进示范区经济高质量发展存在三条基本路径。本书通过分析认为，示范区的承载力与承接产业转移的效应构成了示范区经济高质量发展的前因因素，具体包括城镇化、基础设施、产业结构及人力资本四个方面；运用QCA方法的研究结果表明，示范区地级市所处发展阶段各有不同，与之相匹配的经济高质量发展组态路径包括城镇化核心环绕型、固"基"强"本"保障型、产业"基"累与升级型三条。

（10）产业转移驱动示范区经济高质量发展的引导政策设计是一个复杂的系统工程。应从拓宽金融支持产业转移的资金筹措渠道、有重点地加大金融支持产业转移的力度、全面创新金融支持产业转移的服务方式、打造金融机构集群化的区域开放金融体系等方面制定金融引导政策。从以下几方面制定土地引导政策：强化土地整治，适度增加土地供给；完善土地市场，充分保障各方权益；提高利用效率，鼓励适度规模经营；创新管理方式，匹配产业承接需求等。从构建科学的财税政策体系、争取合理的财税分成政策、加大财政支持承接的力度、创新产业转移的税收政策等方面制定财税引导政策。从以下几方面制定人力引导政策：加快户籍制度改革，构建城乡一体化就业体制；提升公共服务水平，稳定示范区人力资源队伍；强化人才内培外引，提升示范区人力资源素质；优化人才流动环境，完善示范区人才流动机制等。

二、重要理论观点

（1）区域经济高质量发展是我国高质量发展战略的基石。自高质量发展战略提出以来，学术界及实践界就将这一概念迅速延伸到诸多领域并成为一时讨论之热潮。然而，根据经济基础决定上层建筑基本原理，对于一个区域发展不平衡不充分的发展中大国而言，如果没有区域经济的高质量发展，那么其他领域的高质量发展则无从谈起。

（2）中国在新一轮全球产业转移浪潮中处于主导和枢纽位置。我国通过承接上一轮全球产业转移成为世界制造中心，根据世界制造中心必然是下一轮全球产业的主要转出地这一前几轮全球产业转移的一般规律，以及当前全球产业转移的特征事实，我国将成为本轮全球产业转移的主要转出地。同时，我国又是一个区域发展不平衡不充分的发展中大国，这就决定了我国既要向国内和国外进行大规模的产业转出，又要从外国进行相关产业的引入。

（3）分工是推进全球产业转移浪潮兴起的根本动力且分工形式决定了产业转移的主导模式。五次全球产业转移浪潮兴起的根本动力是社会分工由产业间分工到产业内分工再到产品内分工最后到工序间分工。在当前社会分工由产品内分工深化至工序间分工的背景下，企业与产业生产网络间的关系越来越紧密，这使企业常常需要"抱团"进行转移，即集群式转移。

（4）产业转移的微观本质是企业实现利润最大化目标的区位战略决策过程。宏观层面的产业转移经典理论中关于企业具有同质性的假设可能会使其不能对产业转移现象进行完全准确的描述。自异质性企业理论提出以来，越来越多的研究表明，区域间的产业转移不仅取决于产品或产业的生命周期、区域的经济发展阶段或产业政策等宏观因素，而且与企业内部要素禀赋差异和核心生产力的差异等企业异质性特征密切相关。

（5）区域经济发展的质量取决于经济体内各种力量长期博弈的结果。长期来看，产业转移将引致区域间的要素流动加快、产业集聚度提升、产业关联深化。要素流动是产业转移的微观反映，产业集聚是产业转移中观层面的表现，产业关联深化是产业转移的宏观效果。通过这三个方面的数理逻辑推演可以深刻揭示产业转移驱动区域经济高质量发展的内在机理。

（6）亟须打造一个跨区域的政企协同机制来引导产业向国家级示范区有序转移。在当前逆全球化背景下，为了防止产业空心化风险和保持制造业稳定，中国主导的本轮全球产业转移亟须向国内区际产业转移进一步纵深拓展，而对处于制度和经济转型关键时期的中国来说，政企协同无疑将在示范区承接国内产业转移过程中起关键性作用。

（7）中国经济高质量发展的内在要求将诱致新一轮全球产业转移高潮的来临。始于21世纪初的新一轮全球产业浪潮，前期在市场机制的自发作用下，进展十分缓慢。当前，中国中西部地区及东北地区存在承接产业转移大量需求，在共建"一带一路"国家和地区中的发展中国家也存在承接产业转移的需求，而作为世界制造中心的我国东部地区，其经济高质量发展要求将使其产业转出的规模不断扩大。

（8）产业转移是新时代我国欠发达地区经济高质量发展的重要动力。产业转移将通过产能扩大效应、产业关联效应、制度变迁效应等促使欠发达地区生产系统升级，将通过资本累积效应、就业扩大效应、贸易顺差效应等促使欠发达地区消费系统升级，将通过基础设置改善效应、政府政策优化效应、生态环境改善效应等促使欠发达地区经济承载系统升级，从而为欠发达地区的经济高质量发展分别提供内部动力、外部动力和辅助动力。

（9）各示范区在承接产业转移过程中必须结合自身发展情况来选择其高质量发展的组态路径。示范区在进行路径选择时要摒弃亦步亦趋的战略思想，避免盲目地跨阶段、跨路径发展。处于起步阶段或对自身路径选择不明确的示范区可以优先选择发展具有关键核心促进作用的城镇化、基础设施；处于低水平产业结构的示范区，应循序渐进，有序扩大承接规模；处于向高质量发展阶段转型的示范区，应根据自身的发展特点和承接能力量体裁衣，因地制宜。

（10）产业转移驱动示范区经济高质量发展离不开政府政策的引导。本轮全球产业转移浪潮的前期主要是在市场机制的自发作用下进行的。在此时期，我国国内产业转移进展缓慢，且处于无序状态，这使我国面临的相关经济风险剧增。

政府的引导政策能有效地克服市场机制固有的缺陷，将我国国内产业转移引导至驱动欠发达地区经济高质量发展的轨道上来。

第二节　研究存在的局限与进一步研究展望

本书围绕国家级承接产业转移示范区经济高质量发展这一核心研究对象，对区域经济高质量的内涵及其测评指标体系，产业转移驱动承接地（示范区）经济高质量发展的基本动力、影响因素、效应评估、路径优化及引导政策等理论命题和实践难题进行了尝试性研究，取得了一定的研究成果。但受制于项目组的研究水平及研究时间等主客观条件，本书还存在一些局限。同时，结合本书存在的局限、本领域的学术研究逻辑及未来社会实践的可能走向，项目组尝试性地提出了进一步研究展望。

一、研究存在的局限

（1）研究层面存在局限性。本书聚焦于产业转移驱动示范区经济高质量发展研究，并期望将本书的基本结论推广至欠发达地区。国家级承接产业转移示范区虽然全部都处于我国中西部及东北欠发达地区，但作为国家批设的以承接产业转移为主要功能的示范区，享受了国家层面、地方政府层面等多重政策红利，这是其他普通欠发达地区难以比肩的。而本书并未专门研究示范区与普通欠发达地区间的这种差别，因此本书获得的相关研究结论是否对欠发达地区具有普遍意义还需得到更多相关研究的支持和印证。

（2）研究角度存在局限性。本书基于全球产业转移浪潮的历史梳理，提出了在新一轮全球产业转移浪潮中中国处于主导及枢纽地位的学术观点。这一学术观点在逻辑上隐含了产业转移在我国区域经济高质量发展中的重要地位和作用，构成了本书现实意义的基础。然而，本书更多的是从中国自身这一角度来看待当前的全球产业转移，并没有从全球角度对新一轮产业转移的基本现状进行定量描述，这就使本书所提出的上述学术观点尚缺乏数据证据的支持。事实上，虽然对国内产业转移的测算已经比较成熟，但如何对全球产业转移进行测算一直是本领域的一个难点。

（3）研究方法存在局限性。除了本领域较为常用的新经济地理学模型、计量实证模型、产业转移测算等方法和技术，本书尝试性地在区域经济高质量发展的测评、产业转移的实践过程、产业转移驱动示范区经济高质量发展的路径优化三个方面进行方法和技术的改进。在区域经济高质量发展的测评中，本书将五大新发展理念融入三个维度，并筛选了九个指标，采用均等权重的测算方法。这一测算方法的显著特点就是简洁、可比，但在当前众多高质量发展的测评方法中能否获得学术界认可还有待进一步观察。在产业转移的实践过程中，本书考虑地方政府在我国区域经济发展中的重要作用，认为当前我国区域产业转移是承接地政府、转出地政府及拟转移企业三方的博弈过程。为了从理论上推演这一过程，本书引入了演化博弈方法。然而，演化博弈模型中所设定的相关参数很难与现实数据相对应，这就给经验分析造成了障碍，虽然本书采用数值仿真技术作了一定程度的弥补，但相关结论是否具有一般性尚有待进一步检验。在产业转移驱动示范区经济高质量发展的路径优化方面，本书试图突破传统定性分析的局限，尝试性地引入了 QCA 方法。该方法从组态视角对前因素进行量化分析，将路径问题从定性研究纳入定量研究的范畴。然而，该方法得到的路径常常是与现实数据紧密联系在一起的，从而可能有失一般性。

二、进一步研究展望

（1）将研究对象拓展至欠发达地区层面。未来，可以将研究对象拓展至一般意义上的欠发达地区层面。具体可以通过将中西部地区和东北地区乃至"一带一路"沿线发展中国家纳入国内生产网络及全球生产网络，分析产业转移驱动这些欠发达地区经济高质量发展的机制与路径。在此基础上，综合运用探索性时空数据分析、投入产出模型、空间计量等方法验证不同类别的产业转移对欠发达地区经济高质量发展的具体影响，从而形成比较完整的研究体系。

（2）构建新雁阵模型拓展研究深度。日本学者提出的"雁阵模型"是最经典的国际产业转移理论。未来，可以在"雁阵模型"的基础上构建以东部地区为"头雁"、以中部地区和东北部地区为"中雁"、以西部地区为"尾雁"的国内新雁阵模型，从而从全局的视野将发达的东部地区和欠发达的中西部地区纳入产业转移与经济高质量发展的分析框架，进而构建具有中国特色和一定国际话语权的新的产业转移理论体系。

（3）进一步拓展博弈论在产业转移中的研究。无论是国内产业转移还是国际产业转移，利益相关的行为主体的博弈现象具有一定的普遍性。然而，目前这方面的相关研究还较为薄弱。本书运用演化博弈理论分析了政府参与下的产业转移博弈行为。未来可循此思路，并结合我国当前产业转移中的一些具体问题，如高载能产业转移中的博弈问题、政府运用土地作为政策工具而展开产业承接竞争博弈问题、共建"一带一路"国家和地区产业转移博弈问题等展开研究。

（4）引入链路预测模型对具体路径进行模拟仿真。本书在研究过程中发现，链路预测模型可以通过已知的网络结构等信息，预测网络中尚未产生连边的两个节点之间产生连边的可能性，并根据这个可能性来度量任意两个节点之间的相似性。根据此思路，笔者认为可以引入该模型对本书运用 QCA 方法获得的三条路径进行模拟仿真分析，以预测不同路径可能产生的实际经济效果，从而进一步增强政策设计的科学性。

（5）引入多智能体对产业转移微观行为进行模拟仿真。宏观层面的涌现性现象产生于微观层面主体间的相互作用，而产业转移的区位决策涉及企业、政府、地理环境之间的交互作用。本书运用一般经济学方法构建了产业转移的微观决策模型并探讨了企业异质性的影响。未来，可循此思路，将异质性企业定义为具有一定独立性、自主性、智能性的复杂 Agent，构建一个基于 Agent 的动态经济合作区域模型，对企业的微观转移决策进行模拟仿真分析。

（6）进一步验证和完善区域经济高质量测评指标及方法。针对当前学术界要么采用极为简单的单一指标对高质量发展进行度量，要么采用极为繁杂的综合指标体系和复杂方法对高质量发展进行度量的实际情况，本书构建了三维度九指标并采用均等权重的区域经济高质量发展测评方案。该测评方案的最大特点就是简洁、可比。未来，笔者将以此测评方案为基础，进一步对我国区域经济高质量发展进行测评研究，并在研究过程中不断完善相关指标。

（7）进一步拓展 QCA 方法在高质量发展路径中的研究。本书尝试性地引入QCA方法对产业转移驱动国际级示范区经济高质量发展的路径进行了初步研究，相对于传统定性方法而言，获得了更具政策指导意义的研究结论，显示了该方法在路径分析中的价值。在我国区域经济发展不平衡、不充分的现实情景下，各区域高质量发展的路径必然不尽相同，因此未来可运用该方法从更一般意义的角度探讨我国区域经济高质量发展的实现路径。

参考文献

[1] Akamatsu K. A Historical Pattern of Economic Growth in Developing Countries [J]. The Developing Economies, 1962 (1): 3-25.

[2] Ang Y Y. Domestic Flying Geese: Industrial Transfer and Delayed Policy Diffusion in China [J]. The China Quarterly, 2018, 234: 1-24.

[3] Anonymous. On the Profound Problems of Textile and Apparel Industrial Transfer's Acceptance in the Central-and-Western China [J]. China Textile Leader, 2010 (6): 24-28.

[4] Arrow K J. The Economic Implication of Learning by Doing [J]. Review of Economics and Statistics, 1962, 29 (3): 155-173.

[5] Caves R E. Multinational Firms, Competition and Productivity in Host County Markets [J]. Economica, 1974, 41 (162): 176-193.

[6] Chapman S D. Economic Growth, Trade and Energy: Implications for the Environmental Kuznets Curve [J]. Ecological Economics, 1998 (25): 195-208.

[7] Coase R H. The Institutional Structure of Production [J]. The American Economic Review, 1992, 82 (4): 713-719.

[8] Coe D T, Helpman E. International R&D Spillovers [J]. European Economic Review, 1993, 39 (5): 859-887.

[9] Compbell D. Foreign Investment, Labour Immobility and the Quality of Employment [J]. International Labour Review, 1994, 133 (2): 121-139.

[10] Dewit G, Görg H, Temouri Y. Employment Protection and Firm Relocation: Theory and Evidence [J]. Economica, 2019 (86): 663-688.

[11] Dixit A, Stiglitz J. Monopolistic Competition and Optimum Product Diversity

[J]. American Economic Review, 1977: 297-308.

[12] Dou J, Han X. How Does the Industry Mobility Affect Pollution Industry Transfer in China: Empirical Test on Pollution Haven Hypothesis and Porter Hypothesis [J]. Journal of Cleaner Production, 2019, 217: 105-115.

[13] Dunning. The Eclectic Paradigm of International Production: A Restatement and Some Possible Extension [J]. Journal of International Business Studies, 1988, 1 (19): 1-31.

[14] Ehizuelen O M M. More African Countries on the Route: The Positive and Negative Impacts of the Belt and Road Initiative [J]. Transnational Corporations Review, 2017, 9 (4): 341-359.

[15] Feils D J, Rahman M. The Impact of Regional Integration on Africa's Manufacturing Exports [J]. Management International Review, 2019, 51 (1): 41-63.

[16] Forslid R, Ottaviano G I P. An Analytically Solvable Core-Periphery Model [J]. Journal of Economic Geography, 2003 (3): 229-240.

[17] Gao Z Y, Li L Q, Hao Y. Resource Industry Dependence and High-quality Economic Development of Chinese Style: Reexamining the Effect of the "Resource Curse" [J]. Structural Change and Economic Dynamics, 2023, 68: 1-16.

[18] Glaser B G, Strauss A L. Discovery of Grounded Theory: Strategy for Qualitative Researcher [M]. London: Wiedenfeld and Nicholson, 1967.

[19] Guan X, Wei H, Lu S, et al. Assessment on the Urbanization Strategy in China: Achievements, Challenges and Reflections [J]. Habitat International, 2018, 71: 97-109.

[20] Haken H. Advanced Synergetics: Instability Hierarchies of Self-organizing Systems and Devices [M]. New York: Springer-Verlag, 1993.

[21] Hamermesh D S, Pfann G A. Adjustment Costs in Factor Demand [J]. Journal of Economic Literature, 1996, 34 (3): 1264-1292.

[22] Hayes A F. Beyond Baron and Kenny: Statistical Mediation Analysis in the New Millennium [J]. Communication Monographs, 2009, 76 (4): 408-420.

[23] Helpman E, Melitz M, Yeaple S. Export Versus FDI With Heterogeneous Firms [J]. American Economic Review, 2004 (94): 300-316.

[24] Henderson J, Dicken P, Hess M, et al. Global Production Networks and

the Analysis of Economic Development [J]. Review of International Political Economy, 2002, 9 (3): 436-464.

[25] Hirschman A O. A Propensity to Self-Subversion Cambridge [J]. Economic Development and Cultural Change, 1998, 46 (2): 435-440.

[26] Hoechle D. Robust Standard Errors for Panel Regressions with Cross-sectional Dependence [J]. The Stata Journal, 2007, 7 (3): 281-312.

[27] Hu J, Liu Y, Fang J, et al. Characterizing Pollution-intensive Industry Transfers in China From 2007 to 2016 Using Land Use Data [J]. Journal of Cleaner Production, 2019, 223: 424-435.

[28] Jin L, Wang C, Zhang H, et al. Evolution and Mechanism of the "Core-Periphery" Relationship: Micro-Evidence from Cross-Regional Industrial Production Organization in a Fast-Developing Region in China [J]. Sustainability, 2019, 12 (1): 189-189.

[29] Keller W. Absorptive Capacity: On the Creation and Acquisition of Technology in Development [J]. Journal of Development Economics, 2004, 49 (1): 199-227.

[30] Kimura F. International Production and Distribution Networks in East Asia: Eighteen Facts, Mechanics and Policy Implications [J]. Asian Economic Policy Review, 2006 (1): 326-344.

[31] King G, Keohane R O, Verba S. Designing Social Inquiry: Scientific Inference in Qualitative Research [M]. Princeton, N J: Princeton University Press, 1994.

[32] Koizumi T, Kopecky K J. Economic Growth, Capital Movements and the International Transfer of Technical Knowledge [J]. Journal of International Economics, 1977, 7 (1): 45-65.

[33] Kojima K. Direct Foreign Investment: A Japanese Model of Multinational Business Operations [M]. London: Croom Helm, 1978.

[34] Kojima K. Reorganizational of North-South Trade: Japan's Foreign Economic Policy for the 1970s [J]. Hitotsubashi Journal of Economics, 1973 (2): 13-26.

[35] Krugman P. Increasing Returns and Economic Geography [J]. Journal of Political Economy, 1991, 99 (3): 483-499.

［36］ Krugman. Complex Landscape in Economic Geography ［J］. American Economic Review, 1994, 84 (2): 412-415.

［37］ Kui-yin C, Lin P. Spillover Effects of FDI on Innovation in China: Evidence from the Provincial Data ［J］. China Economic Review, 2004, 15 (1): 25-44.

［38］ Kuznets S. Modern Economic Growth: Findings and Reflections ［J］. The American Economic Review, 1973, 63 (3): 247-258.

［39］ Larsson R, Bengtsson L, Henriksson K, et al. The Interorganizational Learning Dilemma: Collective Knowledge Development in Strategic Alliances ［J］. Organization Science, 1998, 9 (3): 285-303.

［40］ Lee T P, Lee S, Hu Z, et al. Promoting Korean International Trade in the East Sea Economic Rim in the Context of the Belt and Road Initiative ［J］. Journal of Korea Trade, 2018, 22 (3): 212-227.

［41］ Lucas Jr R E. On the Mechanics of Economic Development ［J］. Journal of Monetary Economics, 1988 (22): 3-42.

［42］ Macdougall D S. The Dollar Problem: A Reappraisal ［J］. Princeton Essays in International Finance, 1960 (34): 33-35.

［43］ Managi S. Foreign Direct Investment and Technology Spillovers in Sub-Saharan Africa ［J］. Applied Economics Letters, 2010, 17 (6): 605-608.

［44］ Mariotti G, Corda L, Brandano M, et al. Indicators of Paleoseismicity in the Lower to Middle Miocene Guadagnolo Formation, Central Apennines, Italy ［J］. Special Paper of the Geological Society of America, 2002, 359 (Special Paper 359): 87-98.

［45］ Melitz M J. The Impact of Trade on Intra-Industry Reallocations and Aggregate Industry Productivity ［J］. Econometrica, 2003, 71 (6): 1695-1725.

［46］ Meur G D, Berg-Schlosser D. Conditions of Authoritarianism, Fascism, and Democracy in Interwar Europe ［J］. Comparative Political Studies, 1996, 29 (4): 423-468.

［47］ Moore B, Tyler P, Elliott D. The Influence of Regional Development Incentives and Infrastructure on the Location of Small and Medium Sized Companies in Europe ［J］. Urban Studies, 1991, 28 (6): 1001-1026.

［48］ Munnell A H. Policy Watch: Infrastructure Investment and Economic Growth ［J］. Journal of Economic Perspectives, 1992, 6 (4): 189-198.

［49］ North D C. Structure and Performance: The Task of Economic History ［J］. Journal of Economic Literature, 1978, 16 (3): 963-978.

［50］ Okabe T, Kam T. Regional Economic Growth Disparities: A Political Economy Perspective ［J］. European Journal of Political Economy, 2016 (46): 26-39.

［51］ Ottaviano G I P, Robert-Nicoud F. The "Genome" of NEG Models with Vertical Linkages: A Positive and Normative Synthesis ［J］. Journal of Economic Geography, 2006, 6 (2): 113-139.

［52］ Pontes J, Pires A. A Geographical Theory of (De) Industrialization ［J］. Structural Change and Economic Dynamics, 2021, 59: 567-574.

［53］ Ragin C C. Redesigning Social Inquiry: Fuzzy Sets and Beyond ［M］. Chicago: University of Chicago Press, 2008.

［54］ Ragin C C. The Comparative Method: Moving Beyond Qualitative and Quantitative Strategies ［M］. Berkeley, Los Angeles, and London: University of California Press, 1987.

［55］ Ragin C C. Set Relations in Social Research: Evaluating Their Consistency and Coverage ［J］. Political Analysis, 2006, 14 (3): 291-310.

［56］ Rihoux B, Ragin C C. QCA 设计原理与应用: 超越定性与定量研究的新方法 ［M］. 杜运周, 李永发, 译. 北京: 机械工业出版社, 2017.

［57］ Romer P. Increasing Returns and Long-Run Growth ［J］. Journal of Political Economy, 1986, 94 (5): 1002-1037.

［58］ Rostow W W. The Stages of Economic Growth: A Non-Communist Manifesto ［M］. Cambridge: Cambridge University Press, 1960.

［59］ Sato R, Morita T. Quantity or Quality: The Impact of Labour Saving Innovation on US and Japanese Growth Rates, 1960-2004 ［J］. Japanese Economic Review, 2009, 60 (4): 407-434.

［60］ Schneider C Q, Wagemann C. Set-theoretic Methods for the Social Sciences: A Guide to Qualitative Comparative Analysis ［M］. Cambridge: Cambridge University Press, 2012.

［61］ Schultz T W. Investment in Human Capital ［J］. American Economic Review, 1961, 51 (1): 1-17.

[62] Schumpeter J A. Business Cycles: A Theoretical, Historical and Statistical Analysis of the Capitalist Process [M]. New York: McGraw-Hill Book Company Inc., 1939.

[63] Schumpeter J A. The Analysis of Economic Change [M]. Whitefish: Kessinger Publishing, 1935.

[64] Solow R. A Contribution to the Theory of Economic Growth [J]. The Quarterly Journal of Economics, 1956 (1): 65-94.

[65] Song H F, Tian W, Wang Y M, et al. Regional High-quality Development Evaluation and Spatial Balance Analysis [J]. Procedia Computer Science, 2022, 214: 1032-1039.

[66] Sukati I, Abu B, Abdul H, et al. A Study of Supply Chain Management Practices: an Empirical Investigation on Consumer Goods Industry in Malaysia [J]. International Journal of Business and Social Science, 2011, 2 (17): 166-176.

[67] Taylor J. An Analysis of the Factors Determining the Geographical Distribution of Japanese Manufacturing Investment in the UK, 1984-91 [J]. Urban Studies, 1993, 30 (7): 1209-1224.

[68] Taylor P, Jonker L. Evolutionarily Stable Strategies and Game Dynamics [J]. Mathematical Bioscience, 1978 (40): 145-156.

[69] te Velde D W, Nair S. Foreign Direct Investment, Services Trade Negotiations and Development [J]. Development Policy Review, 2006, 24 (4): 437-454.

[70] Thacker S, Adshead D, Fay M, et al. Infrastructure for Sustainable Development [J]. Nature Sustainability, 2019, 2 (4): 324-331.

[71] Theyel G, Hofmann K. Manufacturing Location Decisions and Organizational Agility [J]. Multinational Business Review, 2021, 29 (2): 166-188.

[72] Vernon R. International Investment and International Trade in the Product Cycle [J]. Quarterly Journal of Economics 1966 (5): 190-207.

[73] Von Bartalanffy L. General System Theory: Foundations, Development, Applications [M]. New York: George Braziller, 1969.

[74] Walter I, J Ugelow J L. Environmental Policies in Developing Countries [J]. Ambio, 1979, 8 (3): 102-109.

［75］Wihlborg E，Söderholm K. Mediators in Action：Organizing Sociotechnical System Change［J］. Technology in Society，2013，35（4）：267-275.

［76］Willianmson O E. Markets and Hierarchies：Anti-trust Implications［M］. New York：The Free Press，1975.

［77］Zhang C J，Mao D，Ma F F. Digital Finance in the Context of Common Wealth Helps Regional Economic Development of High Quality［J］. Applied Mathematics and Nonlinear Sciences，2023，8（1）：2957-2974.

［78］Zhao H，Liu Y，Lindley S，et al. Change，Mechanism，and Response of Pollutant Discharge Pattern Resulting from Manufacturing Industrial Transfer：A Case Study of the Pan-Yangtze River Delta，China［J］. Journal of Cleaner Production，2020，244：118587-118587.

［79］Zhao X，Yin H. Industrial Relocation and Energy Consumption：Evidence from China［J］. Energy Policy，2011，39（5）：2944-2956.

［80］白雪洁. 中国新一轮产业转移：动因、特征与举措［J］. 国家治理，2022（15）：27-31.

［81］本报评论员. 推进中国式现代化需要处理好若干重大关系：论深入学习领会习近平总书记在学习贯彻党的二十大精神研讨班开班式上重要讲话［J］. 人民日报，2023-02-13.

［82］蔡昉. 早熟的代价：保持制造业发展的理由和对策［J］. 国际经济评论，2022（1）：31-42.

［83］蔡国梁，廖为鲲，涂文涛. 区域经济发展评价指标体系的建立［J］. 统计与决策，2005（19）：45-46.

［84］蔡文著，杨慧. 产业集群企业间心理契约、信任与网络学习效果研究［J］. 当代财经，2014（8）：79-88.

［85］曹炳汝，谢守红，黎晶晶. 长江三角洲区域低碳经济发展水平评价［J］. 地域研究与开发，2014，33（6）：159-163.

［86］曹翔，傅京燕. 污染产业转移能够兼顾经济增长和环境保护吗?：来自广东省的经验证据［J］. 广东社会科学，2016（5）：33-42.

［87］常健聪. 凯恩斯经济理论视角下投资、消费与出口对中国经济增长贡献的分析［J］. 商业时代，2012（13）：4-5.

［88］常静，许合先. 文化创新推动产业园区发展的逻辑与构想：以湖北荆

州承接国家产业转移示范区为例［J］．武汉理工大学学报（社会科学版），2015，
28（6）：1100-1106.

［89］车路遥．中国国有企业"一带一路"海外投资面临的特殊规制及解决
思路［J］．国资报告，2023（10）：82-85.

［90］陈春，董冰洁．货币外部性对地区产业转移的影响研究：基于 CP 模
型视角［J］．宏观经济研究，2019（9）：27-46.

［91］陈凡，周民良．国家级承接产业转移示范区是否加剧了地区环境污染
［J］．山西财经大学学报，2019，41（10）：42-54.

［92］陈凡，周民良．国家级承接产业转移示范区是否推动了产业结构转型
升级？［J］．云南社会科学，2020（1）：104-110.

［93］陈红蕾，陈秋锋．"污染避难所"假说及其在中国的检验［J］．暨南
学报（哲学社会科学版），2006（4）：51-55.

［94］陈建军．中国现阶段产业区域转移的实证研究：结合浙江 105 家企业
的问卷调查报告的分析［J］．管理世界，2002（6）：64-74.

［95］陈景华，陈姚，陈敏敏．中国经济高质量发展水平、区域差异及分布
动态演进［J］．数量经济技术经济研究，2020，37（12）：108-126.

［96］陈俊忠．完善韶关产业转移升级的财税扶持政策建议［J］．当代经济，
2017（25）：48-51.

［97］陈龙，张力．区域产业转移与就业技能结构：来自中国的经验证据
［J］．宏观经济研究，2021（6）：62-79.

［98］陈蕊，熊必琳．基于改进产业梯度系数的中国区域产业转移战略构想
［J］．中国科技论坛，2007（8）：8-12.

［99］陈诗一，陈登科．雾霾污染、政府治理与经济高质量发展［J］．经济
研究，2018，53（2）：20-34.

［100］陈煦，白永秀，薛飞．承接产业转移政策的区域创新效应：来自
"国家级承接产业转移示范区"的证据［J］．经济体制改革，2023（1）：80-88.

［101］成艾华，赵凡．基于偏离份额分析的中国区域间产业转移与污染转移
的定量测度［J］．中国人口·资源与环境，2018，28（5）：49-57.

［102］程惠芳，唐辉亮，陈超．开放条件下区域经济转型升级综合能力评价
研究：中国 31 个省市转型升级评价指标体系分析［J］．管理世界，2011（8）：
173-174.

［103］程启月. 评测指标权重确定的结构熵权法［J］. 系统工程理论与实践，2010，30（7）：1225-1228.

［104］崔新蕾，刘欢，白莹莹. 承接产业转移与区域创新能力：基于国家级承接产业转移示范区的准自然实验［J］. 科技管理研究，2023，43（2）：91-100.

［105］戴翔. 高质量开放型经济：特征、要素及路径［J］. 天津社会科学，2019（1）：95-100.

［106］戴翔. 主动扩大进口：高质量发展的推进机制及实现路径［J］. 宏观质量研究，2019，7（1）：60-71.

［107］戴正，包国宪. QCA 在中国公共管理研究中的应用：问题与改进［J］. 公共管理评论，2023，5（2）：188-212.

［108］邓慧慧，赵家羚，虞义华. 地方政府建设开发区：左顾右盼的选择？［J］. 财经研究，2018，44（3）：139-153.

［109］丁建勋，罗润东. 新基建投资、原发式技术进步与我国居民消费扩容［J］. 西南民族大学学报（人文社会科学版），2023，44（5）：102-111.

［110］杜运周，贾良定. 组态视角与定性比较分析（QCA）：管理学研究的一条新道路［J］. 管理世界，2017（6）：155-167.

［111］杜运周，李佳馨，刘秋辰，等. 复杂动态视角下的组态理论与 QCA 方法：研究进展与未来方向［J］. 管理世界，2021，37（3）：180-197.

［112］范剑勇，冯猛，李方文. 产业集聚与企业全要素生产率［J］. 世界经济，2014，37（5）：51-73.

［113］范剑勇. 长三角一体化、地区专业化与制造业空间转移［J］. 管理世界，2004（11）：77-84.

［114］范剑勇. 市场一体化、地区专业化与产业集聚趋势：兼谈对地区差距的影响［J］. 中国社会科学，2004（6）：39-51.

［115］方竹兰，徐腾达. 人力资本制度与区域创新绩效：基于模糊集定性比较分析（fsQCA）的研究［J］. 经济理论与经济管理，2021，41（11）：23-34.

［116］菲利普·阿吉翁，史蒂文·杜尔劳夫. 增长经济学手册（第 2A 卷中译本）［M］. 北京：经济科学出版社，2019.

［117］冯根福，刘志勇，蒋文定. 我国东中西部地区间工业产业转移的趋势、特征及形成原因分析［J］. 当代经济科学，2010，32（2）：1-10.

［118］冯苑，聂长飞．政府门户网站政务服务能力的组合评价研究［J］．情报科学，2020，38（8）：153-158.

［119］高培勇，杜创，刘霞辉，等．高质量发展背景下的现代化经济体系建设：一个逻辑框架［J］．经济研究，2019，54（4）：4-17.

［120］高培勇，刘霞辉，袁富华．经济高质量发展理论大纲［M］．北京：人民出版社，2020.

［121］高培勇，袁富华，胡怀国，等．高质量发展的动力、机制与治理［J］．经济研究，2020，55（4）：4-19.

［122］高奇琦．国家数字能力：数字革命中的国家治理能力建设［J］．中国社会科学，2023（1）：44-61.

［123］葛和平，吴福象．数字经济赋能经济高质量发展：理论机制与经验证据［J］．南京社会科学，2021（1）：24-33.

［124］龚雪，高长春．国际产业转移技术溢出效应的实证研究：以中国为例［J］．管理现代化，2008（3）：7-9.

［125］关爱萍，陈超．区际产业转移对承接地行业内技术溢出效应的联动研究：以甘肃省为例［J］．软科学，2015，29（1）：87-91.

［126］郭晨，张卫东．产业结构升级背景下新型城镇化建设对区域经济发展质量的影响：基于 PSM-DID 经验证据［J］．产业经济研究，2018（5）：78-88.

［127］郭凯明，潘珊，颜色．新型基础设施投资与产业结构转型升级［J］．中国工业经济，2020（3）：63-80.

［128］郭淑芬，马宇红．资源型区域可持续发展能力测度研究［J］．中国人口·资源与环境，2017，27（7）：72-79.

［129］郭芸，范柏乃，龙剑．我国区域高质量发展的实际测度与时空演变特征研究［J］．数量经济技术经济研究，2020，37（10）：118-132.

［130］国家发展改革委经济研究所课题组．推动经济高质量发展研究［J］．宏观经济研究，2019（2）：5-17.

［131］国家统计局．中国统计年鉴 2023［M］．北京：中国统计出版社，2023.

［132］韩峰，柯善咨．追踪我国制造业集聚的空间来源：基于马歇尔外部性与新经济地理的综合视角［J］．管理世界，2012（10）：55-70.

［133］韩军，孔令丞．产业转移能否促进创新绩效提升：基于创新要素流动

视角〔J〕. 中国科技论坛, 2023 (4): 73-81.

[134] 郝洁. 我国区域产业转移的动力机制分析〔J〕. 全国流通经济, 2022 (25): 104-107.

[135] 何立峰. 大力推动高质量发展 积极建设现代化经济体系〔J〕. 宏观经济管理, 2018 (7): 4-6.

[136] 何良兴, 张玉利. 创业意愿与行为: 舒适区和可承担损失视角的清晰集定性比较分析〔J〕. 科学学与科学技术管理, 2020, 41 (8): 26-42.

[137] 何龙斌. 东部地区工业产业转移特征及解释〔J〕. 经济纵横, 2015 (7): 85-89.

[138] 何盛明. 财经大辞典〔M〕. 北京: 中国财政经济出版社, 1990.

[139] 何雄浪. 地理空间技术溢出、环境污染与多重经济地理均衡〔J〕. 西南民族大学学报 (人文社会科学版), 2015, 36 (1): 125-135.

[140] 贺曲夫, 刘友金. 我国东中西部地区间产业转移的特征与趋势: 基于2000-2010 年统计数据的实证分析〔J〕. 经济地理, 2012, 32 (12): 85-90.

[141] 贺胜兵, 刘友金, 段昌梅. 承接产业转移示范区具有更高的全要素生产率吗?〔J〕. 财经研究, 2019, 45 (3): 127-140.

[142] 贺胜兵, 张倩. 承接产业转移示范区提升区域创新创业水平了吗〔J〕. 当代财经, 2022 (4): 111-123.

[143] 胡鞍钢, 谢宜泽, 任皓. 高质量发展: 历史、逻辑与战略布局〔J〕. 行政管理改革, 2019 (1): 19-27.

[144] 胡必亮, 唐幸, 殷琳, 等. 新兴市场国家的综合测度与发展前景〔J〕. 中国社会科学, 2018 (10): 59-85.

[145] 胡大立. 基于耗散结构论的产业集群形成及演进机理研究〔J〕. 当代财经, 2008 (10): 70-74.

[146] 胡国恒. 制度红利、能力构建与产业升级中"低端锁定"的破解〔J〕. 河南师范大学学报 (哲学社会科学版), 2013, 40 (1): 144-148.

[147] 胡汉辉, 王莹, 缪超男. 文化与经济发展的组态效应对国家层面创业水平的影响: 基于模糊集定性比较分析〔J〕. 东南大学学报 (哲学社会科学版), 2020, 22 (6): 55-64.

[148] 胡黎明, 汪立, 赵瑞霞. 产业转移的经济效应及其作用机制研究〔J〕. 对外经贸, 2013 (1): 60-62.

［149］胡黎明，王秋浪．产业双向转移驱动下的开放创新生态构建与演化逻辑［J］．长沙理工大学学报（社会科学版），2023，38（4）：33-41.

［150］胡黎明，赵瑞霞．产业集群式转移与区域生产网络协同演化及政府行为研究［J］．中国管理科学，2017，25（3）：76-84.

［151］胡黎明，赵瑞霞．产业集群式转移整合区域产业链的机理研究［J］．统计与决策，2017（19）：56-59.

［152］胡黎明，赵瑞霞．产业转移微观决策模型及企业异质性［J］．西部经济管理论坛，2021，32（5）：42-47.

［153］胡黎明，赵瑞霞．基于区域 CGE 模型的产业转移效应研究：一个新的分析框架［J］．西华大学学报（哲学社会科学版），2013，32（5）：30-33.

［154］胡黎明，赵瑞霞．集群式转移企业与承接地政府转—承行为的演化博弈研究［J］．中国科技论坛，2016（11）：55-61.

［155］胡黎明，赵瑞霞．中国区域间产业转移的定量测度与特征研究：基于一般均衡理论的视角［J］．河北科技师范学院学报（社会科学版），2014，13（1）：98-103.

［156］胡永刚，刘方．劳动调整成本、流动性约束与中国经济波动［J］．经济研究，2007，42（10）：32-43.

［157］黄聪英．中国实体经济高质量发展的着力方向与路径选择［J］．福建师范大学学报（哲学社会科学版），2019（3）：51-61.

［158］黄庆华，时培豪，刘晗．区域经济高质量发展测度研究：重庆例证［J］．重庆社会科学，2019（9）：82-92.

［159］黄欣荣．复杂性究竟是什么：复杂性的语义分析［J］．自然辩证法研究，2004（5）：31-35.

［160］黄娅娜，邓洲．新时代经济高质量发展的内涵、现状、问题和对策［J］．中国井冈山干部学院学报，2019，12（5）：23-30.

［161］黄银英，岑露晶．习近平绿色发展理念的传统文化根基及时代价值［J］．中共济南市委党校学报，2020（4）：28-32.

［162］姜泽林，叶燚，陈灿平．环境规制、财政分权与区际污染密集型产业转移［J］．四川师范大学学报（社会科学版），2021，48（1）：33-41.

［163］蒋殿春，夏良科．外商直接投资对中国高技术产业技术创新作用的经验分析［J］．世界经济，2005（8）：5-12.

[164] 靳卫东，王林杉，徐银良．区域产业转移的定量测度与政策适用性研究 [J]．中国软科学，2016（10）：71-89．

[165] 荆文君，孙宝文．数字经济促进经济高质量发展：一个理论分析框架 [J]．经济学家，2019（2）：66-73．

[166] 寇明龙，孙慧，门柯平．国际产业转移对中国制造业 GVC 地位的影响研究 [J]．国际商务（对外经济贸易大学学报），2023（3）：1-20．

[167] 黎文勇．中国区域经济高质量发展水平测度：以长三角地区为例 [J]．统计与决策，2022，38（13）：21-25．

[168] 李成刚．绿色金融对经济高质量发展的影响 [J]．中南财经政法大学学报，2023（2）：65-77．

[169] 李春梅．区际产业转移与区域经济差距 [J]．经济经纬，2021，38（4）：13-22．

[170] 李国平，等．产业转移与中国区域空间结构优化 [M]．北京：科学出版社，2016．

[171] 李郇，洪国志，黄亮雄．中国土地财政增长之谜：分税制改革、土地财政增长的策略性 [J]．经济学（季刊），2013，12（4）：1141-1160．

[172] 李金昌，史龙梅，徐蔼婷．高质量发展评价指标体系探讨 [J]．统计研究，2019，36（1）：4-14．

[173] 李靖华，郭耀煌．主成分分析用于多指标评价的方法研究：主成分评价 [J]．管理工程学报，2002（1）：39-43．

[174] 李俊玮，高菠阳．产业转移的就业效应研究：基于区域间投入产出表分析 [J]．工业经济论坛，2015（3）：61-69．

[175] 李茂．产业关联网络演变与影响机制研究：基于北京市 12 个年度投入产出表的分析 [J]．产经评论，2016，7（6）：50-66．

[176] 李梦洁，杜威剑．产业转移对承接地与转出地的环境影响研究：基于皖江城市带承接产业转移示范区的分析 [J]．产经评论，2014，5（5）：38-47．

[177] 李明，王卫．基于飞地经济视角的区域经济高质量发展机理与路径 [J]．经济纵横，2023（6）：90-98．

[178] 李松亮，曾小明，曾祥炎，等．地级市尺度下人力资本的空间特征及驱动因子 [J]．经济地理，2020，40（8）：43-48．

[179] 李小平，卢现祥．国际贸易、污染产业转移和中国工业 CO_2 排放

[J]. 经济研究，2010，45（1）：15-26.

[180] 李晓西，刘一萌，宋涛. 人类绿色发展指数的测算 [J]. 中国社会科学，2014（6）：69-95.

[181] 李亚玲. FDI 引进与中国区域制度变迁的互动机制研究：来自中国各地区的经验证据 [J]. 科学决策，2010（6）：38-47.

[182] 李媛，任保平. 改革开放前中国经济社会发展绩效评价 [J]. 经济学家，2015（1）：42-49.

[183] 廖直东，代法涛，荣幸. 高质量发展的创新驱动路径：基于工业创新产出变化及其驱动效应的 LMDI 分解 [J]. 产经评论，2019，10（3）：131-143.

[184] 林海明，张文霖. 主成分分析与因子分析的异同和 SPSS 软件：兼与刘玉玫、卢纹岱等同志商榷 [J]. 统计研究，2005（3）：65-69.

[185] 林平凡，刘城. 产业转移：转出地与转入地政府博弈分析：以广东产业转移工业园为例 [J]. 广东社会科学，2009（1）：33-37.

[186] 林毅夫，付才辉，任晓猛. 金融创新如何推动高质量发展：新结构经济学的视角 [J]. 金融论坛，2019，24（11）：3-13.

[187] 林毅夫. 新结构经济学的理论基础和发展方向 [J]. 经济评论，2017（3）：4-16.

[188] 林毅夫. 一带一路与自贸区：中国新的对外开放倡议与举措 [J]. 北京大学学报（哲学社会科学版），2017，54（1）：11-13.

[189] 刘丰. 定性比较分析与国际关系研究 [J]. 世界经济与政治，2015（1）：90-110.

[190] 刘红光，刘卫东，刘志高. 区域间产业转移定量测度研究：基于区域间投入产出表分析 [J]. 中国工业经济，2011（6）：79-88.

[191] 刘军梅. 经济全球化与转型国家的制度变迁 [J]. 世界经济研究，2002（5）：12-16.

[192] 刘莉君，刘雪婧，刘友金. 东道国金融发展影响中国与"一带一路"国家间产业转移的实证检验 [J]. 财经理论与实践，2021，42（6）：19-26.

[193] 刘满凤，李昕耀. 产业转移对地方环境规制影响的理论模型和经验验证：基于我国产业转移的实证检验 [J]. 管理评论，2018，30（8）：32-42.

[194] 刘盛宇，尹恒. 资本调整成本及其对资本错配的影响：基于生产率波动的分析 [J]. 中国工业经济，2018（3）：24-43.

[195] 刘思明，张世瑾，朱惠东．国家创新驱动力测度及其经济高质量发展效应研究 [J]．数量经济技术经济研究，2019，36（4）：3-23.

[196] 刘卫东．"一带一路"战略的科学内涵与科学问题 [J]．地理科学进展，2015，34（5）：538-544.

[197] 刘伟，张辉．中国经济增长中的产业结构变迁和技术进步 [J]．经济研究，2008，43（11）：4-15.

[198] 刘文革，何斐然．中国经济高质量发展的指标体系构建及国际比较研究 [J]．经济问题探索，2023（9）：15-33.

[199] 刘晓光，龚斌磊．面向高质量发展的新增长分析框架、TFP 测度与驱动因素 [J]．经济学（季刊），2022，22（2）：613-632.

[200] 刘欣，戴芸．解构中美贸易顺差问题：试析生产全球化、国际产业转移之影响 [J]．亚太经济，2012（3）：53-58.

[201] 刘新争．基于产业关联的区域产业转移及其效率优化：投入产出的视角 [J]．经济学家，2016（6）：43-50.

[202] 刘新争．区域产业联动与产业转移：基于内生比较优势的视角 [J]．江汉论坛，2016（12）：43-47.

[203] 刘修岩，李松林，秦蒙．城市空间结构与地区经济效率：兼论中国城镇化发展道路的模式选择 [J]．管理世界，2017（1）：51-64.

[204] 刘亚婕，董锋．产业转移推动地区技术进步了吗？[J]．产经评论，2020，11（1）：96-106.

[205] 刘英群，高帅雄．资本积累、制度变迁与我国经济增长 [J]．财经问题研究，2014（9）：19-24.

[206] 刘友金，等．中部地区承接沿海产业转移：理论与政策 [M]．北京：人民出版社，2016.

[207] 刘友金，冯晓玲．制造业成长与地域产业承载系统适配性及空间差异 [J]．系统工程，2013，31（10）：34-42.

[208] 刘友金，胡黎明，赵瑞霞．基于产品内分工的国际产业转移新趋势研究动态 [J]．经济学动态，2011（3）：101-105.

[209] 刘友金，胡黎明．产品内分工、价值链重组与产业转移：兼论产业转移过程中的大国战略 [J]．中国软科学，2011（3）：149-159.

[210] 刘友金，尹延钊，曾小明．中国向"一带一路"国家产业转移的互

惠共生效应：基于双边价值链升级视角的研究［J］．经济地理，2020，40
（10）：136-146.

［211］刘友金，尹延钊．"一带一路"沿线国家产业共生适配性与产业转移
路径选择［J］．经济地理，2023，43（9）：101-110.

［212］刘友金，袁祖凤，易秋平．共生理论视角下集群式产业转移进化博弈
分析［J］．系统工程，2012，30（2）：22-28.

［213］刘友金，周健，曾小明．中国与"一带一路"沿线国家产业转移的
互惠共生效应研究［J］．中国工业经济，2023（2）：55-73.

［214］刘友金，周健．"换道超车"：新时代经济高质量发展路径创新［J］．
湖南科技大学学报（社会科学版），2018，21（1）：49-57.

［215］刘友金，周健．变局中开新局：新一轮国际产业转移与中国制造业的
未来［J］．湖南科技大学学报（社会科学版），2021，24（2）：63-70.

［216］刘媛媛，刘斌．劳动保护、成本粘性与企业应对［J］．经济研究，
2014，49（5）：63-76.

［217］刘志彪，凌永辉．结构转换、全要素生产率与高质量发展［J］．管理
世界，2020，36（7）：15-29.

［218］刘志彪，吴福象．"一带一路"倡议下全球价值链的双重嵌入［J］．
中国社会科学，2018（8）：17-32.

［219］刘志彪．理解高质量发展：基本特征、支撑要素与当前重点问题
［J］．学术月刊，2018，50（7）：39-45.

［220］刘志彪．强化实体经济 推动高质量发展［J］．产业经济评论，2018
（2）：5-9.

［221］刘志东，惠诗濛，荆中博．"一带一路"倡议下省际对外直接投资能
提升技术创新效率吗?：基于中国全球投资追踪数据的实证检验［J/OL］．
［2023-11-11］．管理评论：1-14.

［222］柳欣．经济分析的基础：技术关系还是社会关系——对西方主流新古
典理论的反思［J］．经济学动态，2006（7）：36-44.

［223］鲁邦克，邢茂源，杨青龙．中国经济高质量发展水平的测度与时空差
异分析［J］．统计与决策，2019，35（21）：113-117.

［224］鲁俊群．大力发展数字经济是高质量发展必由之路［J］．红旗文稿，
2019（3）：26-28.

［225］鹿晨昱，李文磊，李恒吉，等．区域经济—社会—资源—环境协调发展的综合测度研究：以甘肃省庆阳市为例［J］．资源开发与市场，2017，33（8）：916-921.

［226］吕大国，耿强，简泽等．市场规模、劳动力成本与异质性企业区位选择：中国地区经济差距与生产率差距之谜的一个解释［J］．经济研究，2019，54（2）：36-53.

［227］罗长远.FDI与国内资本：挤出还是挤入［J］.经济学（季刊），2007（2）：381-400.

［228］罗良文，赵凡．工业布局优化与长江经济带高质量发展：基于区域间产业转移视角［J］．改革，2019（2）：27-36.

［229］罗默．高级宏观经济学［M］．吴化斌，龚关，译．上海：上海财经大学出版社，2014.

［230］罗小龙，曹姝君，顾宗倪．回流城镇化：中部地区城镇化开启新路径［J］．地理科学，2020，40（5）：685-690.

［231］罗知，齐博成．环境规制的产业转移升级效应与银行协同发展效应：来自长江流域水污染治理的证据［J］．经济研究，2021，56（2）：174-189.

［232］马克星，刘红梅，王克强，等．上海市土地市场供给侧改革研究［J］．中国土地科学，2017，31（1）：37-47.

［233］马利霞．恩格斯《自然辩证法》的系统思维探析及当代价值［J］．系统科学学报，2022，30（1）：52-56.

［234］马茹，罗晖，王宏伟，等．中国区域经济高质量发展评价指标体系及测度研究［J］．中国软科学，2019（7）：60-67.

［235］马晓琨．经济学研究主题与研究方法的演化：从古典经济增长理论到新经济增长理论［J］．西北大学学报（哲学社会科学版），2014，44（4）：51-57.

［236］缪尔达尔．世界反贫困的挑战［M］．北京：北京经济学院出版社，1991.

［237］奈格里，哈维，普舒同，等．马克思的《大纲》与当代资本主义：纪念马克思《1857-1858年经济学手稿》160周年［J］．南京大学学报（哲学·人文科学·社会科学），2018，55（4）：10-25.

［238］楠玉．中国迈向高质量发展的人力资本差距：基于人力资本结构和配

置效率的视角 ［J］. 北京工业大学学报（社会科学版），2020，20（4）：30-39.

［239］欧阳康. 全球治理变局中的"一带一路"［J］. 中国社会科学，2018（8）：5-16.

［240］欧阳秋珍，蔡紫霞. 国内外产业转移对中国技术溢出效应的研究［J］. 商业经济，2022（12）：33-36.

［241］潘雅茹，罗良文. 基础设施投资对经济高质量发展的影响：作用机制与异质性研究［J］. 改革，2020（6）：100-113.

［242］庞加兰，吴思思，宋梦醒. 科技金融投入、技术创新与民营经济高质量发展［J］. 山西经济管理干部学院学报，2023，31（1）：40-47.

［243］彭荣. 高质量发展评价方法及其应用研究［M］. 广州：中山大学出版社，2022.

［244］齐秀强，于海龙. 论共享发展理念的传统文化底蕴及其创新超越［J］. 华北电力大学学报（社会科学版），2020（4）：111-117.

［245］邱斌，张亮，曾彦博. 企业异质性与中间品全球采购决策：支出分配的视角［J］. 经济学动态，2020（3）：35-51.

［246］邱立成，张兴. FDI 对国内投资挤入挤出效应再检验——以我国农产品加工业为例［J］. 中央财经大学学报，2010（11）：47-50.

［247］邱玉霞，袁方玉，石海瑞. 模式创新与动态能力联动：互联网平台企业竞争优势形成机理［J］. 经济问题，2021（10）：68-76.

［248］区域经济模型［EB/OL］.（2023-01-08）［2023-09-26］. http：//www.ijjbk.com/jjgn/55749.html.

［249］任保平，等. 新时代中国经济高质量发展研究［M］. 北京：人民出版社，2020.

［250］任保平，巩羽浩. 黄河流域城镇化与高质量发展的耦合研究［J］. 经济问题，2022（3）：1-12.

［251］任保平，李梦欣. 人力财富推动中国经济高质量发展的理论与机制研究［J］. 中国经济问题，2022（3）：146-163.

［252］任保平，李禹墨. 新时代我国高质量发展评判体系的构建及其转型路径［J］. 陕西师范大学学报（哲学社会科学版），2018，47（3）：105-113.

［253］任保平，刘笑. 新时代我国高质量发展中的三维质量变革及其协调［J］. 江苏行政学院学报，2018（6）：37-43.

[254] 任保平，文丰安. 新时代中国高质量发展的判断标准、决定因素与实现途径 [J]. 改革，2018（4）：5-16.

[255] 任保平，张星星. 高质量发展对中国发展经济学新境界的开拓 [J]. 东南学术，2019（6）：127-136.

[256] 任保平. 从中国经济增长奇迹到经济高质量发展 [J]. 政治经济学评论，2022，13（6）：3-34.

[257] 任保平. 新时代中国经济增长的新变化及其转向高质量发展的路径 [J]. 社会科学辑刊，2018（5）：35-43.

[258] 桑瑞聪，彭飞，康丽丽. 地方政府行为与产业转移：基于企业微观数据的实证研究 [J]. 产业经济研究，2016（4）：7-17.

[259] 桑瑞聪，郑义. 产业转移与产业升级：基于三个典型产业的案例分析 [J]. 当代经济管理，2016，38（7）：68-74.

[260] 沈家文. 论后危机时代的基础设施建设与区域经济合作 [J]. 学术交流，2011（7）：77-80.

[261] 沈体雁，齐子翔，王彦博. 京津冀产业区际有序转移的市场设计：基于双边匹配算法 [J]. 经济学家，2016（4）：42-52.

[262] 师博，张冰瑶. 全国地级以上城市经济高质量发展测度与分析 [J]. 社会科学研究，2019（3）：19-27.

[263] 石超明，孙居涛. 就业促进经济发展与社会和谐的路径分析 [J]. 武汉大学学报（哲学社会科学版），2007（5）：663-668.

[264] 石华平，易敏利. 环境治理、高质量发展与居民幸福感：基于 CGSS（2015）微观调查数据的实证研究 [J]. 管理评论，2020，32（9）：18-33.

[265] 石文慧. 消费攀比、劳动调整成本与中国经济波动 [J]. 财经科学，2012（12）：50-56.

[266] 史恩义，王娜. 金融发展、产业转移与中西部产业升级 [J]. 南开经济研究，2018（6）：3-19.

[267] 宋来敏. 中部地区产业转移承接地的环境承载力动态综合评价研究：以皖江城市带为例 [J]. 财贸研究，2021，32（9）：47-56.

[268] 宋群. 承接国际产业转移的利弊分析：承接国际产业转移对促成贸易强国的积极影响与局限性 [J]. 国际贸易，2005（8）：17-20.

[269] 宋洋，李先军. 新发展格局下经济高质量发展的理论内涵与评价体系

[J]. 贵州社会科学, 2021 (11): 120-129.

[270] 宋准, 孙久文, 夏添. 承接产业转移示范区促进了城市创新创业吗?: 基于城市层面面板数据的研究 [J]. 西南民族大学学报 (人文社会科学版), 2022, 43 (12): 121-131.

[271] 苏丹妮, 盛斌, 邵朝对. 产业集聚与企业出口产品质量升级 [J]. 中国工业经济, 2018 (11): 117-135.

[272] 苏丹妮, 盛斌. 产业集聚、集聚外部性与企业减排——来自中国的微观新证据 [J]. 经济学 (季刊), 2021, 21 (5): 1793-1816.

[273] 孙华平, 黄祖辉. 区域产业转移中的地方政府博弈 [J]. 贵州财经学院学报, 2008 (3): 6-10.

[274] 孙雷, 崔育宝, 刘桂建. 产业转移区域经济—社会—环境协调发展研究——以皖江城市带承接产业转移示范区为例 [J]. 电子科技大学学报 (社会科学版), 2020, 22 (5): 50-59.

[275] 孙敏. 欠发达地区承接产业转移的风险研究: 基于宏观政治经济环境的视角 [J]. 经济问题探索, 2013 (10): 45-49.

[276] 孙祁祥, 周新发. 科技创新与经济高质量发展 [J]. 北京大学学报 (哲学社会科学版), 2020, 57 (3): 140-149.

[277] 孙文浩, 张杰. 中美贸易战何以影响制造业高质量发展 [J]. 科学学研究, 2020, 38 (9): 1559-1569.

[278] 孙晓华, 郭旭, 王昀. 产业转移、要素集聚与地区经济发展 [J]. 管理世界, 2018, 34 (5): 47-62.

[279] 孙学工, 郭春丽. 中国经济高质量发展研究 [M]. 北京: 人民出版社, 2020.

[280] 孙焱林, 李格, 高达. "一带一路" 倡议能否改善劳动力错配?: 来自中国地级市的经验证据 [J]. 人口与经济, 2022 (2): 124-139.

[281] 孙中伟. 产业转移与污染灾难: 基于 "依附性" 省际关系的分析 [J]. 北京行政学院学报, 2015 (1): 23-28.

[282] 覃成林, 熊雪如. 区域产业转移的政府动机与行为: 一个文献综述 [J]. 改革, 2012 (7): 73-78.

[283] 谭文垦, 石忆邵, 孙莉. 关于城市综合承载能力若干理论问题的认识 [J]. 中国人口·资源与环境, 2008 (1): 40-44.

[284] 汤维祺，吴力波，钱浩祺．从"污染天堂"到绿色增长：区域间高耗能产业转移的调控机制研究［J］．经济研究，2016，51（6）：58-70.

[285] 唐松林，周文兵，王国成．房价变动、产业转移与区域协调发展：以京津冀地区为例［J］．中国管理科学，2021，29（3）：14-23.

[286] 田秋生．高质量发展的理论内涵和实践要求［J］．山东大学学报（哲学社会科学版），2018（6）：1-8.

[287] 涂正革，陈立．技术进步的方向与经济高质量发展：基于全要素生产率和产业结构升级的视角［J］．中国地质大学学报（社会科学版），2019，19（3）：119-135.

[288] 托马斯．增长的质量［M］．北京：清华大学出版社，2000.

[289] 妥燕方，孔令池．中国产业转移的技术升级效应［J］．山西财经大学学报，2023，45（2）：73-86.

[290] 万广华，吕嘉滢．中国高质量发展：基于人民幸福感的指标体系构建及测度［J］．江苏社会科学，2021（1）：52-61.

[291] 万志博．新形势下欠发达地区产业结构调整的战略选择［J］．河北大学学报（哲学社会科学版），2009，34（3）：37-40.

[292] 汪瑞，安增军．区域产业转移效应评价指标体系的构建：以F省产业转移为例［J］．河北科技大学学报（社会科学版），2014，14（2）：9-14.

[293] 汪闻涛．人类命运共同体理念对世界现代化的文化促成［J］．西北民族大学学报（哲学社会科学版），2023（3）：14-20.

[294] 王斌会，李雄英．稳健因子分析方法的构建及比较研究［J］．统计研究，2015，32（5）：84-90.

[295] 王兵，吴福象．双循环新发展格局下中国产业链供应链地理重塑研究：兼论主场全球化与统一大市场［J］．新疆社会科学，2023（3）：28-39.

[296] 王海军，王婧，马士华，等．模糊供求条件下应急物资动态调度决策研究［J］．中国管理科学，2014，22（1）：55-64.

[297] 王红梅，鲁志辉．京津冀协同发展战略下河北经济协调发展的政策效应研究：基于京津产业转移的RD分析［J］．当代经济管理，2020，42（12）：38-44.

[298] 王建民，蒋倩颖，张敏，等．皖江城市带承接产业转移示范区低碳发展效应分析［J］．地域研究与开发，2019，38（2）：50-54.

[299] 王今. 产业集聚的识别理论与方法研究 [J]. 经济地理, 2005 (1): 9-11.

[300] 王军, 刘小凤, 朱杰. 数字经济能否推动区域经济高质量发展? [J]. 中国软科学, 2023 (1): 206-214.

[301] 王珺. 以高质量发展推进新时代经济建设 [J]. 南方经济, 2017 (10): 1-2.

[302] 王千. 中国经济高质量发展的统计测评体系建构理路: 基于全象资金流量观测系统的视角 [J]. 河南师范大学学报 (哲学社会科学版), 2020, 47 (1): 79-86.

[303] 王恕立, 吴永亮. 全球价值链模式下的国际产业转移: 基于贸易增加值的实证分析 [J]. 国际贸易问题, 2017 (5): 14-24.

[304] 王思薇, 陈西坤. 中国区域经济高质量发展水平测度、空间分布及动态演进 [J]. 统计与决策, 2023 (21): 90-96.

[305] 王婷, 陈凯华, 卢涛, 等. 重大科技基础设施综合效益评估体系构建研究: 兼论在 FAST 评估中的应用 [J]. 管理世界, 2020, 36 (6): 213-236.

[306] 王文东. 《德意志意识形态》中的空间正义思想解读 [J]. 哲学研究, 2016 (4): 8-14.

[307] 王喜成. 试论推动高质量发展的路径和着力点 [J]. 河南社会科学, 2018, 26 (9): 1-6.

[308] 王霞, 陈柳钦. FDI 对中国制度变迁的影响及其实证分析 [J]. 南京社会科学, 2007 (11): 7-17.

[309] 王小腾, 张春鹏, 葛鹏飞. 承接产业转移示范区能够促进制造业升级吗? [J]. 经济与管理研究, 2020, 41 (6): 59-77.

[310] 王晓芳, 谢贤君, 赵秋运. "一带一路"倡议下基础设施建设推动国际产能合作的思考: 基于新结构经济学视角 [J]. 国际贸易, 2018 (8): 22-27.

[311] 王莹莹, 陈玲. 河北省承接产业转移的就业效应 [J]. 中国产经, 2022 (23): 138-140.

[312] 王永昌, 尹江燕. 论经济高质量发展的基本内涵及趋向 [J]. 浙江学刊, 2019 (1): 91-95.

[313] 王宇. 江苏"一带一路"创新合作与技术转移的实践与思考 [J]. 科技管理研究, 2020, 40 (7): 104-109.

［314］韦鸿，王凯，陈凡．承接产业转移示范区政策的经济效应评价［J］．统计与决策，2019，35（23）：123-127.

［315］未良莉，孙欣，王立平．产业转移与环境污染的空间动态面板分析［J］．经济问题探索，2010（10）：23-27.

［316］魏后凯，年猛，李玏．"十四五"时期中国区域发展战略与政策［J］．中国工业经济，2020（5）：5-22.

［317］魏后凯．加入 WTO 后中国外商投资区位变化及中西部地区吸引外资前景［J］．管理世界，2003（7）：67-75.

［318］魏艳华，王丙参，马立平．中国经济高质量发展测度与区域差异研究［J］．统计与信息论坛，2023，38（8）：41-54.

［319］吴传清，陈晓．长江中上游地区产业转移承接能力研究［J］．经济与管理，2017，31（5）：49-57.

［320］吴传清，黄磊．承接产业转移对长江经济带中上游地区生态效率的影响研究［J］．武汉大学学报（哲学社会科学版），2017，70（5）：78-85.

［321］吴飞驰．关于共生理念的思考［J］．哲学动态，2000（6）：21-24.

［322］吴慧玲，齐晓安，张玉琳．我国区域生态文明发展水平的测度及差异分析［J］．税务与经济，2016（3）：36-41.

［323］吴立元，刘研召．贸易成本、要素流动与区域经济差异［J］．中国经济问题，2018（3）：12-22.

［324］吴雨星，吴宏洛．马克思经济发展质量思想及其中国实践：暨经济高质量发展的理论渊源［J］．当代经济管理，2021，43（11）：13-18.

［325］伍戈，谢洁玉．论凯恩斯主义的理论边界与现实约束：国际金融危机后的思考［J］．国际经济评论，2016（5）：82-99.

［326］伍万云．人口发展与城镇化水平协调研究：基于皖江城市带承接产业转移示范区的调查［J］．科学社会主义，2013（2）：116-120.

［327］习近平．高举中国特色社会主义伟大旗帜　为全面建设社会主义现代化国家而团结奋斗［N］．人民日报，2022-10-26（001）.

［328］习近平．关于《中共中央关于党的百年奋斗重大成就和历史经验的决议》的说明［N］．人民日报，2021-11-17（002）.

［329］习近平．加快构建新发展格局 把握未来发展主动权［J］．求是，2023（8）：4-8.

［330］习近平．决胜全面建成小康社会 夺取新时代中国特色社会主义伟大胜利：在中国共产党第十九次全国代表大会上的报告［M］．北京：人民出版社，2017．

［331］习近平．习近平谈治国理政（第二卷）［M］．北京：外文出版社，2017．

［332］习近平．习近平谈治国理政（第一卷）［M］．北京：外文出版社，2018．

［333］习近平．在省部级主要领导干部学习贯彻党的十八届五中全会精神专题研讨班上的讲话［N］．人民日报，2016-05-10（002）．

［334］习近平．之江新语［M］．杭州：浙江人民出版社，2007．

［335］肖土盛，吴雨珊，亓文韬．数字化的翅膀能否助力企业高质量发展：来自企业创新的经验证据［J］．经济管理，2022，44（5）：41-62．

［336］谢赤，钟赞．熵权法在银行经营绩效综合评价中的应用［J］．中国软科学，2002（9）：109-111．

［337］熊广勤，石大千．承接产业转移示范区提高了能源效率吗？［J］．中国人口·资源与环境，2021，31（7）：27-36．

［338］熊凯军，张柳钦．产业转移、收入分配与共同富裕：以国家承接产业转移示范区为例［J］．软科学，2023，37（6）：9-16．

［339］熊凯军．产业转移示范区建设有助于缩小地区城乡收入差距吗？：基于国家级承接产业转移示范区准自然实验［J］．中国地质大学学报（社会科学版），2022，22（3）：123-136．

［340］徐浩．制度环境影响技术创新的典型机制：理论解读与空间检验［J］．南开经济研究，2018（5）：133-154．

［341］徐华洋，武巍泓，赵红．皖江城市带承接产业转移示范区信息资源共享机制构建研究［J］．现代情报，2011，31（10）：117-120．

［342］徐君．产业集聚与企业集团集群式创新的协助效应［J］．科学管理研究，2010，28（6）：8-11．

［343］徐勇，樊杰．区域发展差距测度指标体系探讨［J］．地理科学进展，2014，33（9）：1159-1166．

［344］宣旸，张万里．集聚经济、基础设施与制造业全要素生产率：来自中国207个地级市的证据［J］．产经评论，2020，11（1）：107-121．

［345］鄢萍．资本误配置的影响因素初探［J］．经济学（季刊），2012，11（2）：489-520．

［346］颜银根，王光丽．劳动力回流、产业承接与中西部地区城镇化［J］．财经研究，2020，46（2）：82-95．

［347］杨本建，王珺．地方政府合作能否推动产业转移：来自广东的经验［J］．中山大学学报（社会科学版），2015，55（1）：193-208．

［348］杨飞．贸易摩擦、国内市场规模与经济高质量发展：国际技术竞争的视角［J］．中国软科学，2021（8）：8-18．

［349］杨凯栋，苏向辉，马瑛，等．河南省农村绿色经济发展水平评价及对策建议［J］．农业展望，2022，18（6）：53-58．

［350］杨玲丽，万陆．关系制约产业转移吗？："关系嵌入—信任—转移意愿"的影响研究［J］．管理世界，2017（7）：35-49．

［351］杨柳，王笑笑，王晓敏．经济转型时期的资本调整成本、技术冲击与扩张性货币政策效果［J］．数量经济技术经济研究，2014，31（3）：56-73．

［352］杨茜淋，张士运．京津冀产业转移政策模拟研究：基于多区域 CGE 模型［J］．中国科技论坛，2019（2）：83-89．

［353］杨世伟．国际产业转移与中国新型工业化道路［M］．北京：经济管理出版社，2009．

［354］杨箫滢，吕汉阳．新旧国际产业转移浪潮特征对比及其对我国制造业发展的影响与建议［J］．智慧中国，2023（7）：14-19．

［355］杨新房，任丽君，李红芹．外国直接投资对国内资本"挤出"效应的实证研究：从资本形成角度看 FDI 对我国经济增长的影响［J］．国际贸易问题，2006（9）：74-78．

［356］杨亚平，周泳宏．成本上升、产业转移与结构升级：基于全国大中城市的实证研究［J］．中国工业经济，2013（7）：147-159．

［357］杨耀武，张平．中国经济高质量发展的逻辑、测度与治理［J］．经济研究，2021，56（1）：26-42．

［358］姚凤阁，梁珈源，汪晓梅，等．数字金融、技术进步与区域经济高质量发展［J］．统计与决策，2022，38（18）：142-146．

［359］姚鹏，李慧昭，孙久文．工业用地价格扭曲、产业转移与产能回潮［J］．经济学动态，2022（10）：81-100．

[360] 姚枝仲. 贸易强国的测度：理论与方法 [J]. 世界经济，2019，42 (10)：3-22.

[361] 叶堂林，李治锦，何悦珊，等. 制造业转移的路径、影响因素与促进效应：以长江经济带制造业转移为例 [J]. 中国软科学，2021 (4)：60-70.

[362] 易靖韬. 企业异质性、市场进入成本、技术溢出效应与出口参与决定 [J]. 经济研究，2009，44 (9)：106-115.

[363] 应瑞瑶，周力. 外商直接投资、工业污染与环境规制：基于中国数据的计量经济学分析 [J]. 财贸经济，2006 (1)：76-81.

[364] 于成学. 中国区域经济差异的泰尔指数多指标测度研究 [J]. 华东经济管理，2009，23 (7)：40-44.

[365] 于海静，吴国蔚. 北京 FDI 对服务业增长的作用机制探析 [J]. 商业时代，2009 (14)：25-26.

[366] 于铭. 中国产业集聚与区域经济增长问题研究 [D]. 沈阳：辽宁大学，2008.

[367] 余娟娟，余东升，张辉. "一带一路"倡议对沿线国家碳排放的影响 [J]. 中国人口·资源与环境，2023，33 (5)：75-84.

[368] 余珮，孙永平. 集聚效应对跨国公司在华区位选择的影响 [J]. 经济研究，2011，46 (1)：71-82.

[369] 余泳泽，胡山. 中国经济高质量发展的现实困境与基本路径：文献综述 [J]. 宏观质量研究，2018，6 (4)：1-17.

[370] 余泳泽，杨晓章，张少辉. 中国经济由高速增长向高质量发展的时空转换特征研究 [J]. 数量经济技术经济研究，2019，36 (6)：3-21.

[371] 俞可平. 国家治理的中国特色和普遍趋势 [J]. 公共管理评论，2019，1 (3)：25-32.

[372] 袁宝龙，李琛. 创新驱动我国经济高质量发展研究——经济政策不确定性的调节效应 [J]. 宏观质量研究，2021，9 (1)：45-57.

[373] 袁富华，李兆辰. 高质量发展的制度分析：效率—福利动态平衡与治理 [J]. 中共中央党校（国家行政学院）学报，2023，27 (2)：90-100.

[374] 袁富华. 长期增长过程的"结构性加速"与"结构性减速"：一种解释 [J]. 经济研究，2012，47 (3)：127-140.

[375] 袁红林，辛娜，邓宏亮. 承接产业转移能兼顾经济增长和环境保护

吗?：来自江西省的经验证据［J］．江西社会科学，2018，38（7）：66-74.

［376］袁晓玲，王军，李政大．空间生态责任视角下的区域高质量发展测度［J］．统计与信息论坛，2022，37（4）：84-98.

［377］袁艺，张文彬．共同富裕视角下中国经济高质量发展：指标测度、跨区比较与结构分解［J］．宏观质量研究，2022，10（4）：95-106.

［378］湛泳，李珊．智慧城市建设、创业活力与经济高质量发展：基于绿色全要素生产率视角的分析［J］．财经研究，2022，48（1）：4-18.

［379］张彩霞，吕伟彩，付小明．基于科学发展观的区域经济发展评价指标体系研究［J］．经济与管理，2010，24（11）：84-87.

［380］张彩云，郭艳青．污染产业转移能够实现经济和环境双赢吗?：基于环境规制视角的研究［J］．财经研究，2015，41（10）：96-108.

［381］张公嵬．珠三角产业转移与产业集群升级路径分析［J］．现代管理科学，2008（7）：69-71.

［382］张国庆，李卉．财税政策影响产业升级的理论机制分析——基于地方政府竞争视角［J］．审计与经济研究，2020，35（6）：105-114.

［383］张红凤，李晓婷．高质量发展视域下中国经济增长动能转换的供需耦合效应：理论、测度与比较研究［J］．宏观质量研究，2022，10（5）：34-48.

［384］张虹，胡金，胡明骏，等．国家级承接产业转移示范区设立能促进绿色发展吗［J］．科技进步与对策，2023，40（20）：65-75.

［385］张军，高远，傅勇，等．中国为什么拥有了良好的基础设施？［J］．经济研究，2007（3）：4-19.

［386］张军扩，侯永志，刘培林，等．高质量发展的目标要求和战略路径［J］．管理世界，2019，35（7）：1-7.

［387］张克进，张超，刘振坤．河南省产业集聚区通信基础设施规划方法研究［J］．中国新通信，2013，15（24）：114-116.

［388］张立建．两次国际产业转移本质探讨——基于产品生命周期理论视角［J］．统计研究，2009，26（10）：39-46.

［389］张利庠．产业组织、产业链整合与产业可持续发展［J］．管理世界，2007（4）：78-87.

［390］张辽．要素流动、产业转移与地区产业空间集聚——理论模型与实证检验［J］．财经论丛，2016（6）：3-10.

［391］张明，杜运周．组织与管理研究中 QCA 方法的应用：定位、策略和方向 ［J］．管理学报，2019，16（9）：1312-1323.

［392］张平．中国经济增长路径转变中经济与非经济因素共同演进机制构建 ［J］．社会科学战线，2020（10）：37-49.

［393］张倩肖，李佳霖．新时期优化产业转移演化路径与构建双循环新发展格局：基于共建"一带一路"背景下产业共生视角的分析 ［J］．西北大学学报（哲学社会科学版），2021，51（1）：124-136.

［394］张强．古典经济学与新古典经济学经济增长理论的比较分析 ［J］．商业经济，2013（10）：37-38.

［395］张少军，刘志彪．全球价值链模式的产业转移——动力、影响与对中国产业升级和区域协调发展的启示 ［J］．中国工业经济，2009（11）：5-15.

［396］张述存，顾春太．"一带一路"倡议背景下中德产业合作：以山东省为分析重点 ［J］．中国社会科学，2018（8）：44-57.

［397］张侠，高文武．经济高质量发展的测评与差异性分析 ［J］．经济问题探索，2020（4）：1-12.

［398］张小蒂，曾可昕．基于产业链治理的集群外部经济增进研究：以浙江绍兴纺织集群为例 ［J］．中国工业经济，2012（10）：148-160.

［399］张欣．"一带一路"背景下国有企业海外并购的趋势、挑战与对策 ［J］．国际贸易，2017（11）：34-40.

［400］张欣莉．区域经济发展水平分析的投影寻踪方法 ［J］．统计与决策，2006（21）：33-34.

［401］张新月，师博，甄俊杰．高质量发展中数字普惠金融促进共同富裕的机制研究 ［J］．财经论丛，2022（9）：47-58.

［402］张永缜．共生理念的哲学辨析：基于生态文明建设的一种哲学理念探索 ［J］．社会科学论坛，2015（8）：218-224.

［403］张云云，张新华，李雪辉．经济发展质量指标体系构建和综合评价 ［J］．调研世界，2019（4）：11-18.

［404］张志强．中华优秀传统文化是我们党创新理论的"根"的实践价值 ［J］．河南社会科学，2023，31（4）：1-8.

［405］张自如．当前国际产业转移的背景、特点及效应分析 ［J］．经济论坛，2008（6）：62-64.

[406] 赵峰. 新古典主义经济增长理论：批评性回顾 [J]. 当代经济研究，2009（8）：21-25.

[407] 赵辉. 新古典经济增长理论的发展脉络及评论 [J]. 生产力研究，2010（12）：35-36.

[408] 赵剑波，史丹，邓洲. 高质量发展的内涵研究 [J]. 经济与管理研究，2019，40（11）：15-31.

[409] 赵敏华，李国平. 区域经济可持续发展评估方法的分析 [J]. 求索，2006（11）：5-7.

[410] 赵萍. 扩大出口与扩大消费：重商主义的理论视角 [J]. 国际贸易，2012（5）：33-37.

[411] 赵瑞霞，胡黎明. 产业集群式转移驱动资源型城市制度变迁的机制：基于区域产业链整合的视角 [J]. 河北联合大学学报（社会科学版），2013，13（6）：40-42.

[412] 赵瑞霞，胡黎明. 产业转移的制度变迁效应及其地区差异：基于湖南与安徽的比较分析 [J]. 西华大学学报（哲学社会科学版），2015，34（3）：85-91.

[413] 赵瑞霞，胡黎明. 产业转移制度变迁效应的实证研究：基于中部地区面板数据的分析 [J]. 长春理工大学学报（社会科学版），2012，25（12）：70-73.

[414] 赵瑞霞，李焕茹，胡黎明. 国家级示范区承接产业转移的金融支持研究 [J]. 现代金融导刊，2022（6）：54-58.

[415] 赵涛，张智，梁上坤. 数字经济、创业活跃度与高质量发展：来自中国城市的经验证据 [J]. 管理世界，2020，36（10）：65-76.

[416] 郑春勇. 区域产业转移背景下的"依附性"府际关系及其风险 [J]. 社会科学文摘，2017（12）：39-41.

[417] 郑鑫，陈耀. 运输费用、需求分布与产业转移：基于区位论的模型分析 [J]. 中国工业经济，2012（2）：57-67.

[418] 中国经济增长前沿课题组，张鹏，张平，等. 绿色优先战略下的增长路径探索与治理实践 [J]. 经济研究，2022，57（9）：27-45.

[419] 中国经济增长前沿课题组，张平，刘霞辉，等. 突破经济增长减速的新要素供给理论、体制与政策选择 [J]. 经济研究，2015，50（11）：4-19.

［420］中国经济增长前沿课题组，张平，刘霞辉，等．中国经济增长的低效率冲击与减速治理［J］．经济研究，2014，49（12）：4-17.

［421］周均旭，江奇．中部产业转移的经济效应及对劳动力就业的影响：以湖北蕲春为例［J］．当代经济，2012（3）：88-89.

［422］周文，李思思．全面理解和把握好高质量发展：内涵特征与关键问题［J］．天府新论，2021（4）：109-117.

［423］周文慧，钞小静．自由贸易试验区建设推进中国高质量出口了吗？［J］．经济评论，2023（2）：92-106.

［424］周小亮．高质量发展新旧动能转换机制与路径：学术梳理的视角［J］．东南学术，2020（4）：157-168.

［425］朱方明，刘丸源．马克思的经济发展理论与西方经济发展理论比较：兼论中国经济高质量发展的路径［J］．政治经济学评论，2019，10（1）：54-72.

［426］朱虹，储骁奕．产业转移对碳排放和大气污染的协同治理效应与空间溢出分析：基于国家级承接产业转移示范区政策的实证研究［J］．产经评论，2023，14（4）：77-91.

后　记

在顺利完成一个国家自然科学基金项目及一个教育部人文社会科学基金项目后，我开始尝试"转行"申报国家社会科学基金项目。幸运的是，在经过两个多月的艰辛论证申报后，该项目最终获得了全国哲学社会科学办公室的立项资助。

为了高质量完成项目研究任务，课题组在接到项目立项通知后，就按照研究计划开始投入紧张的研究工作。课题组坚持每月召开一次内部课题交流会，同时，利用我校商学院作为全国产业转移知名研究平台的优势，每三个月组织校内相关专家召开一次课题研讨会。课题组按分工安排，先后到长三角、珠三角、湘南湘西承接产业转移示范区、皖江城市带承接产业转移示范区、重庆沿江承接产业转移示范区、广西桂东承接产业转移示范区等国内主要产业转出地和承接地开展了 12 批次实地调研。经过课题组全体成员的共同努力，较好地完成了研究任务，取得了系列研究成果：在 CSSCI、SSCI、SCI、AMI 核心等期刊共发表学术论文 10 篇；撰写决策建议 2 篇；培养硕士研究生 5 名；撰写鉴定等级为良好的结题研究报告 1 篇；在此项目基础上，我接续申报获批国家社会科学基金项目"中西部地区承接产业转移能力评价及提升路径研究" 1 项。

该项目力求在研究方法上进行新的突破：构建区域经济高质量发展测评指标体系，对示范区经济高质量发展进行测算；构建产业转移微观决策模型并分析企业异质性的影响；构建新经济地理学模型，探讨产业转移与承接地经济高质量发展的内在关联；构建东部政府、西部政府、东部企业三方演化博弈模型，分析参与人在产业转移过程中的行为选择；构建计量经济学模型，对产业转移驱动示范区经济高质量发展的影响效应进行实证检验，并分析其作用机制；构建 QCA 分析框架，采用 fcQCA 技术研究示范区经济高质量发展路径。这些研究方法的引入与改进，为项目的深入研究提供了科学工具。

该项目研究得到了一些新的学术观点和结论：经济高质量发展是以产业为基础的发展；承接产业转移是新时代我国欠发达地区经济高质量发展的重要途径；中国在新一轮全球产业转移浪潮中处于主导和枢纽位置。项目研究发现，示范区在承接产业转移与经济高质量发展方面已取得了一定的成绩，但也还存在较多问题与不足；新一轮全球产业转移的特征、动因及风险更为复杂，东部政府、西部政府及东部企业三个行为主体的利益博弈决定了实践层面的产业转移效果；产业转移对国家级示范区经济高质量发展具有显著的促进作用，中间投入及产业关联是其内在作用机制；示范区经济高质量发展组态路径包括城镇化核心环绕型、固"基"强"本"保障型、产业"基"累与升级型三条；示范区在进行产业承接时，在承接方式上要由单个项目的承接转向集群式承接，在政策的制定上要从金融、土地、财税、人力等角度进行综合施策。

本书是以该国家项目的结项报告为主体，并结合了两个相关省级项目的部分研究成果进行完善而出版的，是全体课题组成员智慧的结晶，在此对全体课题组成员及课题资助单位表示衷心的感谢！此外，我还要对我的导师刘友金教授表示特别的感谢！刘友金教授作为国家社会科学基金重大招标项目首席科学家，在近15年内连续主持承担了三项有关"产业转移"的国家社会科学基金重大招标项目。我作为他的学生，非常有幸地全程参与了这三项课题的申报与研究工作。从这个意义上讲，我能在产业转移这一领域取得些许成绩，与这三项课题的培育是密不可分的，而且在该课题的申报和具体研究中，刘老师也给予了许多具体的建议和指导。我还要特别感谢经济管理出版社相关工作人员及王玉林编辑对本书出版所付出的心血和努力！项目结题后，作为结题主材料的研究报告，我本无出版的"硬需求"，正是王编辑的再三鼓励才使我下定了出版的决心。

最后需要指出的是，该项目研究直接引用和参考了国内外许多学者的研究成果和学术观点，尽管本书出版时力求在参考文献中一一列出，但唯恐挂一漏万，如有遗漏敬请谅解。同时，受制于课题调研覆盖面的局限、基础数据采集的困难及本人学识水平的限制，本书定然还存在很多不足之处，敬请各位学术同仁批评指正！

胡黎明

2024 年 11 月 30 日